劳动与社会保障系列教材

社会救助通论

林闽钢　主编

科学出版社
北　京

内 容 简 介

社会救助是社会保障发展史上最为久远的制度安排,是现代社会保障体系的主要构成之一。本书系统地对社会救助的起源与发展、中外社会救助的历史沿革和现状进行阐述,论述社会救助的概念、特点和理论,重点对社会救助体系中的生活救助、灾害救助、医疗救助、教育救助、住房救助、就业救助、临时救助等主要项目进行介绍,对社会救助管理和社会救助法进行总括,全面反映国内外社会救助的最新发展,特别是突显中国新型社会救助体系确立后的最新研究成果。

本书每章配有本章小结、关键术语、案例和复习思考题,具有很强的指导性、概括性和启发性,适合作为高等学校社会保障专业本科生教材,同时也可供从事行政管理、社会学、社会工作的相关人员阅读和参考。

图书在版编目(CIP)数据

社会救助通论/林闽钢主编. —北京:科学出版社,2017.10
劳动与社会保障系列教材
ISBN 978-7-03-054581-7

Ⅰ. ①社⋯ Ⅱ. ①林⋯ Ⅲ. ①社会救济—教材 Ⅳ. ①C913.7

中国版本图书馆 CIP 数据核字(2017)第 231049 号

责任编辑:王京苏/责任校对:樊雅琼
责任印制:张 伟/封面设计:蓝正设计

科 学 出 版 社 出版
北京东黄城根北街 16 号
邮政编码:100717
http://www.sciencep.com

涿州市般润文化传播有限公司 印刷
科学出版社发行 各地新华书店经销

*

2017 年 10 月第 一 版 开本:787×1092 1/16
2022 年 8 月第五次印刷 印张:13
字数:309 000

定价:42.00 元
(如有印装质量问题,我社负责调换)

目 录

第一章　社会救助概述 1
　第一节　社会救助概念 1
　第二节　社会救助历史 4
　第三节　社会救助功能 13
　第四节　社会救助与社会保障 14
　第五节　社会救助与社会福利 15

第二章　社会救助原理 19
　第一节　社会救助的思想基础 19
　第二节　社会救助的基础理论 30
　第三节　社会救助的价值取向 39

第三章　生活救助 44
　第一节　生活救助概述 44
　第二节　国外生活救助 48
　第三节　中国生活救助 51

第四章　灾害救助 59
　第一节　灾害救助概述 59
　第二节　国外灾害救助 61
　第三节　中国灾害救助 69

第五章　医疗救助 76
　第一节　医疗救助概述 76
　第二节　国外医疗救助 77
　第三节　中国医疗救助 83

第六章 教育救助 ... 91
- 第一节 教育救助概述 ... 91
- 第二节 国外教育救助 ... 93
- 第三节 中国教育救助 ... 100

第七章 住房救助 ... 109
- 第一节 住房救助概述 ... 109
- 第二节 国外住房救助 ... 113
- 第三节 中国住房救助 ... 121

第八章 就业救助 ... 126
- 第一节 就业救助概述 ... 126
- 第二节 国外就业救助 ... 130
- 第三节 中国香港地区就业救助 ... 135
- 第四节 中国内地就业救助 ... 137

第九章 临时救助 ... 145
- 第一节 临时救助概述 ... 145
- 第二节 国外临时救助 ... 148
- 第三节 中国临时救助 ... 154

第十章 社会救助管理 ... 162
- 第一节 社会救助筹资 ... 162
- 第二节 社会救助运行 ... 167
- 第三节 社会救助评估 ... 170
- 第四节 社会救助监管 ... 173

第十一章 社会救助法 ... 179
- 第一节 社会救助法概述 ... 179
- 第二节 国外社会救助法 ... 180
- 第三节 中国社会救助法制 ... 190

参考文献 ... 199

后记 ... 203

第一章

社会救助概述

生存权和发展权是现代社会中每个公民的基本权利,获得社会救助是公民生存权和发展权的主要内容。从世界各国来看,社会救助是现代社会保障体系的主要构成之一,是现代社会保障制度的基础。它对维持社会成员的基本生活需求、实现社会公平、维护社会稳定和促进经济发展有着重要作用。

第一节 社会救助概念

一、社会救助的定义

社会救助是世界上最古老的社会保障。一般认为,它起源于人类因恻隐之心或宗教信仰而对贫困者施以援手的慈善行为。现代社会救助制度起源于16世纪欧洲的国家济贫制度,当时,工业革命引发的激烈的社会变迁,使原来由教会或私人兴办的慈善无法解决不断涌现的社会问题,迫使国家不得不将救济贫民视为己任。从社会救助的发展来看,社会救助是一个动态的、具有历史范畴的概念。因此,可以从不同的阶段、不同的侧面和不同的角度来理解社会救助。

1965年,美国出版的《社会工作百科全书》认为"社会救助是社会保险的补充,当个人或家庭生计断绝急需救助时,乃给予生活上的帮扶,是在整个社会保障制度体系内,最富有弹性而不受约束的一种计划"[①]。

1998年,经济合作与发展组织(Organization for Economic Co-operation and Development, OECD)在《对排斥开战》中对社会救助的定义是"以家计调查为基础,

---

① Fauri F F. Foreword: Encyclopedia of Social Work.15th Issue. NewYork:Boyd Printing Company Inc., 1965:vii.

以现金或实物为支付形式，通过资格条件审查将给付定位于那些处于低收入阶层或低于类似收入门槛线的个人或家庭"[1]。该定义明确了社会救助的对象、内容和性质，但没有涉及社会救助的筹资方式。

1999年，美国出版的《社会工作词典》则主要从资金来源和福利性质来界定社会救助。其认为社会救助是一种由政府一般税收提供资金，并通过对申请者的需要和家计进行审核的社会保障形式。在大多数国家，这是一种补缺型的福利供给。但在那些没有采用社会保险供款系统的国家，社会救助则是它们的主要福利计划[2]。

亚洲开发银行（Asian Development Bank）则给出了一个比较宽泛的社会救助定义，认为"社会救助计划是用来援助最弱势的个人、家庭和社区，并使他们达到生存水平和改善生活标准的。……社会救助通常被定义为由政府（中央或地方）提供资金，以家计或收入调查为基础的现金或实物援助。社会救助也包括全民的福利计划——那些由政府税收提供资金，但不进行家计调查的计划，如家庭津贴。它还可能包括各式各样的补贴，如住房补贴、能源补贴、食品补贴、教育补贴和健康补贴。此外，它也适用于由私营部门，如慈善团体、宗教机构和非政府组织（non-government organization，NGO）等，提供的其他形式的服务和救济"[3]。

总之，从国际上对社会救助的理解来看，还没有统一或公认的定义，但基于对现代社会救助内涵和外延的基本共识，现代社会救助应该包括以下主要内容。

第一，政府是现代社会救助的主体，提供社会救助是政府应该承担的责任和义务。政府承担着社会救助管理的主要责任，并形成政府主导、社会组织和民众广泛参与的现代社会救助运行格局。

第二，社会救助的对象是由各种原因导致难以维持基本生活的社会成员及其家庭，他们依靠自身能力难以摆脱生活困境，在生活及就业中处于明显不利地位。

第三，社会救助通常都有规范的救助标准、救助方式和救助程序。在救助对象的确定中，家计调查（means-tested）是最基本的使用手段。

第四，社会救助的主要方式有现金、实物和服务等，采用非供款的无偿原则，通常不具有交易特性。

第五，社会救助的目标主要是让受助者的基本生活得到保障，同时通过对弱势群体的救助，促进社会公平，维护社会稳定和促进经济发展。

总之，现代社会救助是国家通过立法确保的公民最基本的权利之一，它是指国家和其他社会主体对于社会的弱势群体和个人，为维持其基本生活需求所采取的各种形式的援助。它对实现社会公平、维护社会稳定和促进经济社会发展有着重要的作用，是现代社会保障的基础和重要构成。

---

[1] OECD. The Battle Against Exclusion. Paris：Organization for Economic Co-operation and Development，1998：3.
[2] Barker R L. The Social Work Dictionary. Washington：NASW Press，1999：447.
[3] Howell F. Social assistance: theoretical background//Ortiz I. Social Protection in Asia and the Pacific. Manila：Asian Development Bank，2001：257.

二、社会救助的特点

社会救助的主要对象是社会中的弱势群体。社会救助是现代社会保障体系中最基础的项目构成，与其他保障项目相比，其具有如下基本特点。

（一）目标定位的兜底性

社会救助是社会保障安全网的"网底"。绝大多数国家社会救助的目标定位都是维持国民的基本生活，对保障贫困人口和遭受意外事件者的生活发挥着至关重要的兜底作用。当然，基本生活的内涵和标准是与社会经济发展相适应的，不同国家和地区、不同的时期，其社会认定标准和范围也明显不同。

社会救助在部分社会成员因遭受自然灾害、失去劳动能力或因其他原因不能维持其基本生活后开始发挥作用，其成为最后一道防线，能够有效地保障被救助者的基本生活需要，对发挥社会保障安全网的作用具有重大意义。可以说，社会救助在国家治理中是最基础和最有效的手段。

（二）救助主体的多元性

在现代社会中，政府是社会救助中最主要的责任主体。政府要在社会救助中发挥主导作用，主要体现在统筹规划、制度建设、财政投入、人才培养、组织协调等方面。此外，还需要充分利用市场机制和社会资源参与社会救助，其中企业、社会团体、家庭、个人等都扮演着重要的角色，多元主体的参与可以形成社会救助安全网，满足救助对象多层次的需求。

（三）对象确认的选择性

在现代社会中，任何一个社会成员都有可能成为社会救助的实施对象。以灾害救助为例，任何人均有可能遭遇自然灾害并成为救助的对象，但实际上受到自然灾害的影响并成为救助对象的往往是少数群体和个人。在社会生活中，符合条件有资格获得社会救助的家庭和个人在整个社会中仅是少数，为确保将有限的社会救助资源用到最需要的对象上，各国通常对生活救助开展家计调查，需要经过一系列的资格审查，把应该需要救助的对象选取并确定下来。

（四）救助手段的复合性

一般来说，根据社会救助对象的需求差异，社会救助手段包括现金救助、实物救助、服务救助等项目，大多数国家通常以现金救助为主，辅之以实物和服务救助。近二十年来随着社会救助体系的完善和救助水平的提高，社会救助服务获得重视。在社会救助的对象中，一些老年人、残疾人等贫困人口和弱势群体，他们不仅需要资金支持和物质帮助，也有着多样性的救助服务需求。同时在现金救助和实物救助的基础上介入服务救助，社会救助的效果会有所提高。

第二节 社会救助历史

一、国外社会救助的发展历程

社会救助萌芽于中世纪时期同业行会的互济互助和基督教会的慈善施舍，此时主要是通过同业行会的互济互助和基督教会的慈善施舍两种方式来应对贫困问题。行会章程中通常包含贫困救济和互助互济的措施，以确保每个会员的基本生活条件。与此同时，基督教会等宗教组织通过修道院与慈善组织，以提供衣食住的方式承担救济穷人和丧失劳动能力者、照顾麻风病人和流浪者的慈善职能。修道院是当时的救济之所和避难之所。教区承担救济病人、老年人、精神病人和丧失劳动能力的人，看护病者和埋葬死者，帮助安慰苦恼和悲伤的人，短期救济失业工人，为孤儿提供技能培训等服务。

追溯西方发达国家的社会救助发展历程，其大致可以分为四个阶段：一是济贫制度的产生时期；二是社会救助制度的确立和发展时期；三是福利国家的兴起与"黄金时代"；四是福利国家的改革阶段。

（一）济贫制度的产生时期：1531~1833年

现代社会救助制度发源于最早实现工业化的英国。1531~1601年是英国社会救济制度的初创和奠基时期，社会救济制度框架与政策模式逐步建立，国家开始在社会救济中扮演重要的角色。1531年亨利八世颁布的《救济物品法令》(The 1531 Vagabonds Act) 规定，征收救济物品并由地方当局分发。1536年亨利八世颁布的《亨利济贫法》(The Henry Poor Law) 规定，地方团体负责办理救贫事业，救济对象以老弱、失业及贫困病患者为主[1]。1572年都铎政府强制征收济贫税条例规定[2]，每个教区需对其贫民负责，规定每周向地方征收救贫税费以救济贫民，由此便开启了政府征税救贫的先河，确定贫民的"属地管理"原则，防止贫民四处流浪乞讨，影响正常社会秩序。

1601年伊丽莎白一世颁布《伊丽莎白济贫法》(The Elizabethan Poor Law，又称《旧济贫法》)，主要内容是规定地方政府负责办理救济贫民工作，为失业者提供就业机会，对贫穷家庭的孩子施行就业培训，对老年人、患病者和孤儿进行收容，用严酷手段惩罚"不值得帮助"的穷人[3]。民族国家的兴起与行会制度的衰落，特别是贫困人口数量迅猛增加和贫困程度的加深，导致原来由基督教会和行会承担的慈善救济已无法满足社会需要，社会救济责任转向国家已成为不可逆转的趋势。

16世纪中期到18世纪初期是英国院内救济的鼎盛时期，其核心理念是惩罚和规管穷人，严格审查救济对象的资格和财产状况，严格限制救济对象人身自由，习艺所（workhouse）成为规管救济穷人的主要场所和机构。1722年，英国颁布《习艺所收容失业贫民法》(Workhouse Test Act)，规定贫民不入习艺所者不予救济，实际上是强迫所

---

[1] 江亮演. 社会救助的理论与实务. 台北：桂冠图书股份有限公司，1989：14.
[2] 陈晓律. 英国福利制度的由来与发展. 南京：南京大学出版社，1996：12.
[3] Sullivan M. The Development of the British Welfare State. London: Prentice Hall, 1996: 15.

有穷人进入习艺所①。习艺所生活状况十分恶劣，与其说是救济院，不如说像监狱。18世纪后期，贫困问题引起社会广泛关注，人们对贫困成因的看法发生根本转变：贫困不再被认为是无远见和堕落的后果。这种转变体现在1782年的《吉尔伯特法》（Gilbert Act）中，该法对贫民的惩罚和规管有所放松②。总之，1601~1795年是济贫法精神付诸实践的时期，也是古典自由主义发展的黄金时期，院内救济是济贫法精神的典型反映。但到了18世纪晚期，济贫法的价值基础已受到猛烈冲击，变得摇摇欲坠。

1795~1833年是实施普及性救济和维护人们基本生活水平的时代。这个时期虽短，但在英国社会救济历史中占有举足轻重的地位。1795年伯克郡治安法官和士绅贤达在斯皮纳姆兰商定救济贫民的办法，制定了著名的《斯皮纳姆兰法令》（Speenhamland Law）。这个法令的主要原则是，按照面包价格涨落幅度来确定当地人的最低生活费用标准③。该法令标志着英国的社会救助进入崭新的阶段。第一，该法规定任何贫民均有在家中请求及接受救济的权利，开启了"院外救济"（outdoor relief）的先河④；第二，该法令明确表达"最低生活保障"思想与"普及性权利"原则；第三，1795年法令取消了1662年《居住法》（The Act of Settlements）和地方当局的预防性驱逐权，只有那些确实成为公共救济对象的人才应被遣送回原籍；第四，1795年法令将工资津贴与社会救济结合起来，将现金救济与实物救济结合起来，将工资津贴与家庭收入结合起来，将生活费用与需要标准的粗浅指数结合起来，这对缓解贫困和保障基本生活水平具有积极的意义⑤。

（二）社会救助制度的确立和发展时期：1834~1944年

1834年到20世纪初期，英国最终确立了社会救助制度，标志着社会救助制度的成熟和定型。1834年由自由主义者查德维克（Edwin Chadwick）主笔的《皇家委员会济贫法报告》发表，其主题和基调是通过惩治"懒惰"贫民根治贫穷问题。查德维克在报告中提出著名的劣等处置（less eligibility）原则和济贫院检验（workhouse test）原则。劣等处置原则是指救助对象的生活状况应低于任何独立自由劳动者的水平。济贫院检验是指将救助对象放在济贫院中，并予以准监狱式的严格规管，以使穷人道德完善并使懒汉勤奋起来⑥。这个报告成为1834年《济贫法修正案》（The Poor Law Amendment Act）的理论基础。1834年颁布的《济贫法修正案》的主要内容如下：一是停止对身体健康和游手好闲者的院外救济，将救济对象严格局限在丧失劳动能力的老弱病残幼身上，重新缩小救济对象的范围；二是废除以教区为单位的救济行政，扩大为较大的地方单位，实行中央督导制，组建济贫法实施委员会管理救济工作，提高国家对救济的行政监管力度。

19世纪晚期以来，贫困内涵与表现有了新的变化，人们对贫困成因的看法也发生了重大变化，由个人责任转变为结构因素学说。1909年发表的皇家济贫法、救济事业调查

---

① 辜燮高. 一六九八~一八一五年的英国（上、下）. 北京：商务印书馆，1997：74.
② 芒图 P. 十八世纪产业革命：英国近代大工业初期的概况. 杨人楩，陈希秦，吴绪译. 北京：商务印书馆，1983：351.
③ 辜燮高. 一六九八~一八一五年的英国（上、下）. 北京：商务印书馆，1997：184.
④ 江亮演. 社会救助的理论与实务. 台北：桂冠图书股份有限公司，1989：16.
⑤ 克拉潘 J H. 现代英国经济史（上）. 姚曾廙译. 北京：商务印书馆，1974：81.
⑥ 陈晓律. 英国福利制度的由来与发展. 南京：南京大学出版社，1996：26.

委员会和著名少数派报告均主张应彻底废除济贫法，通过教育、年金、公费医疗等手段建立国民最低生活标准体系，以取代济贫法式的社会救助制度①。1908年英国政府通过《老年年金法》(Old-Age Pensions Act)，对70岁以上老人实施免费年金制度。1911年颁布的《国民保险法》(National Insurance Act)，使工人在患病、失业时可获得经济安全保障。1925年《寡妇孤儿及养老年金法》(Widows', Orphans', and Old Age Contributory Pension Act)使鳏寡孤独及老年人皆有保障。这些法律从不同程度上防范了贫困问题的产生和降低了贫困的程度，标志着英国现代社会救助的最终形成。

事实上，现代社会救助制度确立于20世纪初，主要标志是人们已经普遍认识到贫困并非万恶之源。特别是进入工业社会后，导致贫困的主要原因已经不在于个人而在于社会。因此，给贫困者提供物质援助也应当成为政府与社会的责任，社会救助应当成为国民的一项基本权益。尤其是1929~1931年西方发达国家爆发了严重的经济危机，出现了大量贫困人口，社会陷入不稳定状态。在传统济贫手段和社会保险都不足以解决问题的前提之下，各国政府不得不尝试建立社会救助制度，以解决社会稳定问题，社会救助制度成为国家治理体系和治理能力的主要构成②。

（三）福利国家的兴起与"黄金时代"：1945年至20世纪70年代

第二次世界大战之后，以英国为代表的西方国家受《贝弗里奇报告》(The Beveridge Report)的影响，先后建立起了福利国家，社会保障进入了一个崭新发展的黄金时代，社会救助由此也得到了大发展。1948年，英国通过了《国民救助法》(National Assistance Act)，最终取代了已实施三百多年的《济贫法》，建立起了现代社会救助制度。该法规定凡是没有收入或收入太低，没有缴纳国民保险费者，可以领取国民救助；救助资金由议会批准的拨款提供，并且国家专门建立国民救助局为英国民众提供帮助和救济。后来该法又经过了1966年和1976年两次修改，对社会救助的对象、内容等方面进行了更为明确的规定，不仅强化长期待遇，还规定凡是16岁以上的英国居民，其收入来源不能满足最低生活需要者，都可以申请救助。1964年，美国约翰逊总统发起了著名的"向贫困宣战"(War on Poverty)与"伟大社会"(Great Society)运动，强化联邦政府责任，同时颁布了《经济机会法》(Economic Opportunity Act)，最大限度地增加了穷人获得救助与福利项目的机会，开始强调"以人为本"的救助理念，使反贫困成为现代国家治理的核心内容。

西方发达国家在这一时期，从根本上确立了普遍的国民救助权原则和国家责任主导原则。但是，这一时期强调对贫困结果的关注而忽略了产生贫困的成因，忽略了贫困人口的异质性和被救助者的个人责任，也开始产生了许多弊端。

（四）福利国家的改革阶段：20世纪70年代至今

20世纪70年代末以后，石油危机给发达资本主义国家带来了沉重的经济打击，以

---

① 考特 W H B. 简明英国经济史（1750年至1939年）. 北京：商务印书馆, 1992: 323.
② 林闽钢. 社会保障如何能成为国家治理之"重器"？基于国家治理现代化视角的研究. 社会保障评论, 2017, (1): 34-42.

经济发展停滞和通货膨胀并存为特征的经济萧条笼罩着整个资本主义世界。人们在寻找原因时认定包括社会救助在内的各种保障项目是造成经济萧条的重要原因之一，当时过高的支付待遇以及过于充分的保障项目给国家财政带来了沉重的负担，已经严重阻碍了经济的发展。同时，过于完善的社会救助制度还造成了一部分人对救助制度的依赖现象，人们认为第二次世界大战后建成的福利国家会大规模地"养懒汉"，他们即使具有劳动能力并能够找到工作，但还是愿意依赖较高的救助待遇而非自己的劳动所得。这种状况给正在找工作的人也带来了很大的影响，并使在职劳动者对整个社会产生不满，结果导致其劳动积极性下降。这不仅造成了在职劳动者与救助群体的对立情绪，而且对整个经济的发展也产生了消极的影响。此外，社会救助项目的增加和实施范围的扩大还必然造成参与社会救助管理的人数不断增多，社会救助管理机构规模也日趋扩大，这些都造成了社会救助管理费用的迅速增长。与之对应的，是社会救助管理效率和服务质量的逐步下降。

为此，改革社会救助制度的呼声日益高涨，许多发达国家开始对社会救助制度和政策进行全面调整和大幅度改革，其中以英国和美国最为典型。1979 年，英国撒切尔夫人上台执政以后，开始了对英国长达 18 年的新自由主义改革，其中很重要的一项改革内容就是社会救助制度，这集中反映在 1986 年通过的《社会保障法》（*Social Security Act 1986*）中，该法规定要在社会救助制度实施过程中实现资产调查方式的转变，强调通过提高并严格申请资格、削弱受助者的权利、减少补助金额等措施，强调个人在社会救助制度中应该发挥的作用，要求在一定程度上减少政府责任。1996 年其确立了"把福利分配给最需要的人、激发个人责任感、提高就业和储蓄的积极性"的改革目标。1997 年，以布莱尔为首的英国工党上台执政，提出了以"第二代福利"为核心的"第三条道路"改革主张，其指导思想是强调权利和义务的对等，通过促进就业来使受助者获得或增加社会保障，国家、社会组织和个人都应投资参与社会保障的供给。这个阶段英国对社会救助进行了重大改革：引入目标管理的要素，在全民范围内大幅提高救助的资格条件，以期缩小给付范围，减少给付压力。

1998 年，英国政府在下院公布了《福利改革绿皮书》，并开始实施了一项大规模的"从福利到工作"（welfare to work）一揽子政策方案，对失业救助金的发放进行改革，力促失业者重返就业市场，充分体现了新工党政府对"积极福利"的追求。2010 年 5 月，由保守党与自由民主党共同组建的联合政府开始执政，并酝酿出台《新福利契约》（*A New Welfare Contract*）。2012 年 3 月，英国女王签署《2012 年福利改革法案》（*Welfare Reform Act 2012*），拉开了英国最大规模社会保障制度改革的序幕，此项改革旨在形成一个更加简化、公平的福利体系并确保工作就有酬劳，通过权利支持和激励措施使工作成为每个有劳动能力者的志向，以使人们彻底摆脱福利依赖和贫困陷阱。

1981 年里根就任美国总统后，对社会救助制度也进行了实质性改革。1981 年里根在《联邦预算报告》中明确提出要大幅度降低联邦社会福利制度预算，并对抚养未成年子女家庭援助计划（Aid to Families with Dependent Children，AFDC）的改革提出构想，报告大幅度改变了对抚养未成年子女家庭的津贴数目，降低了联邦政府对各州的补贴率，实行联邦政府与地方政府分级管理，并严格了申领福利的附加条件。1988 年，美国国会通过了《家庭支持法案》(Family Support Act)。在《家庭支持法案》下，领取福利者有义务努力尝试经济自立，而政府有责任继续提供收入支持给符合资格的家庭，并通过《工作机会和基本技能训练方案》(Opportunity and Basic Skills Training Programs，JOBS)，提供教育、训练和就业服务给福利领取者。这些劳动力附加策略起到了提升就业率并减少抚养未成年子女家庭援助计划申领者的作用。1996年，美国克林顿总统签署了《个人责任与工作机会权衡法案》(Personal Responsibility and Work Opportunity Reconciliation Act，PRWORA)。在《个人责任与工作机会调和法案》中，改革最彻底、影响最深远的是对抚养未成年子女家庭援助计划项目的改革，并代之以"贫困家庭临时救助"(Temporary Assistance for Needy Families，TANF)。贫困家庭临时救助项目最显著的特点就是取消了美国《社会保障法》第IV-A条款下将享受现金援助作为一种资格的权利，将接受临时援助与参加工作结合起来，对接受临时援助者的工作时间和收益时间有严格的限制，并为促进接受援助者参加工作提供一系列配套激励措施。

以英国和美国为代表，在发达国家的此轮改革中，社会救助的发展呈现出以下三个特征。

第一，主张削减社会救助开支以适应经济发展。在传统的福利国家中，公共开支逐年增加，不利于经济发展。通过对社会救助覆盖范围、领取条件和救助水平等方面进行改革，并在国家责任的基础上引入多元主体参与，起到了削减社会救助支出，为经济发展减负的作用。

第二，开始强调救助目标定位管理。更关注造成贫困的原因而非结果，将不具备工作能力的人作为社会救助对象的主体，而对包括失业者、单身父母等有福利依赖的高风险人群则严格救助申请条件，实施促进就业的系列政策。

第三，主张积极救助，强调受助者的个人责任，主张权利与义务的对等。20世纪70年代后福利国家的改革，主张维护公民受助权利的手段，而非使他们依赖政府或者社会的施舍；强调"无责任即无权利"，采取各种措施激活受助者，注重受助者的就业能力建设，而非仅仅向他们提供经济救助。

二、中国社会救助的发展历程

中国的社会救助源远流长，采取一定的措施来救助社会弱势群体成为许多朝代政府的恤政和民间的善举。从常态下的养老、慈幼育、助残、仓储到临灾时的应急救济，均是救助弱势人群的具体措施。

《周礼》就以儒家的"仁""孝"等信条对老者及鳏寡孤独的救助做出了指导性规定。汉代以后，从存问制度的设立到对年老、鳏寡、废疾及贫困之人的定期或不定期物质赏赐，使国家对这些人的救助更加系统化。到南北朝时期，国家设立了六疾馆和孤独园等专门的收养机构，对鳏寡孤独、贫病无依者给予集中救助。从此以后，历代王朝开始由国家出面设立专门的救济机构，如唐代的悲田养病坊，目的是"矜孤恤穷，敬老养病"；宋代的福田院、居养院和安济坊则分别以收养安置鳏寡孤独和废疾疾病之人为主，各种明目的救济机构也遍布全国，将国家救济事业推向了高潮；元、明、清各代也设立了官办的养济院、惠民药局、栖流所等救济机构①。

此外，在我国历史上，每值灾荒之年，钱粮赈济是各朝代救荒理政的主要救济方式，而以工代赈之举则是赈济灾民更有效的手段。以工代赈是官方或民间乡绅借助兴修公共基础工程，招募灾区流民贫农趋之赴工，并给予其劳动报酬的有偿赈济方式。与钱粮赈济这类无偿性的直接赈济方式相比，以工代赈这种积极的有偿赈济方式具有帮助灾民缓解饥馑之困、增修公共工程以保百姓生计、驱使灾民生产自救以去屈辱之感等多重社会功效②。同时，除了国家救济以外，以宗族、宗教机构等为主要组织的民间社会救济也很发达。尤其是在社会群体面临大规模危机如灾荒、战乱时期，这些救济机构的作用十分明显。

近代以来，由于天灾不断，战祸频发，弱势人群有增无减，地方士绅商人和宗教机构等创办的民间慈善机构及西方传教士经办的慈善事业作用凸显。另外，带有西方色彩的红十字会、华洋义赈会等慈善机构的活动及其运作受西方影响很大，在灾荒与战乱频仍的近代中国发挥了重要作用。

1943年国民政府公布实施了《社会救济法》，这是中国历史上第一部国家济贫法。同时，国民政府还公布了一系列法规，逐渐形成了一整套与济贫相关的法律法规体系。

回顾中华人民共和国成立之后中国社会救助的改革与发展历程，其大致可以分为四个阶段：一是中华人民共和国成立初期到社会主义改造时期的社会救济；二是全面建设社会主义时期的社会救济；三是改革开放前期到20世纪90年代初期的社会救济制度，即改革开放前期社会救济制度的过渡和转型时期；四是居民最低生活保障制度的逐步建立与制度全面建设时期。

（一）中华人民共和国成立初期到社会主义改造时期的社会救济：1949~1955年

由于连年战乱，民生凋敝，中华人民共和国成立初期的社会经济面临艰难的困境，主要问题是迫切需要安抚贫民，解决他们最为紧迫的生存问题以维护基层社会稳定。加之从1949年到1952年接连发生全国性的水、旱、风暴等自然灾害，造成这一时期城乡贫困人口众多，需要救济的人群包括灾民、难民、贫民、散兵游勇、失业人员和无依无靠的孤老残幼等十余种。解决这部分群众的生活困难，保障他们的基本生活，对解放战争的彻底胜利和新生人民政权的巩固具有重要意义。

新成立的中央政府对困难群众救济工作十分重视。1950年4月，中央人民政府组织召开中国人民救济代表会议，会议确定了"在政府领导下，以人民自救自助为基础开展人民大众的救济福利事业"的基本原则。会后成立中国人民救济总会，并确立救灾救济工作的方针是"在自力更生原则下，动员与组织人民实行劳动互助，实行自救、自助、助人"。1950年7月，第一次全国民政会议将救灾救济确定为内务部的重点工作之一，并设立社会司主管全国社会救济工作。1953年7月，内务部增设救济司，主管农村救灾

---

① 郑军，彭欢. 中西方社会救助制度中政府责任差异的比较分析——基于制度文化的视角. 经济问题探索，2010，(2)：168-173.
② 康镇，林闽钢. "以工代赈"作为国家治理工具的历史考察. 理论探讨，2017，(2)：34-38.

和社会救济事务。各级政府也相应设立了专门的职能机构，社会救济工作随之在全国范围内展开。这一时期的社会救济具有明显的突击性紧急救助的特征，针对不同群体采取不同救助政策，主要包括五种救济形式：一是为困难群众发放救济款物，主要是针对城市无依无靠的孤老病残人员以及其他生活困难人员，通过经常性救济或临时性救济方式维持其基本生活。二是发动慈善募捐，组织群众互助互济。三是通过遣散、教育、改造等方式，解决游民、娼妓等问题。对于流散在大小城市的国民党军队散兵游勇，除一小部分经短期集训教育后安置到厂矿就业外，大部分发给路费钱粮资遣回乡。四是妥善安置农村流入城市的难民、灾民和贫民。采取的安置措施主要是疏散、收容、遣送等。五是解决失业人员基本生活问题。通过积极发展生产，吸引就业；同时采取以工代赈为主，以生产自救、专业训练、还乡生产、发给救济金等为补充的方法，进行救济和安置。

中华人民共和国成立初期大规模的紧急救济，不仅使数千万名挨冻受饿、挣扎在死亡线上的人员解决了基本生活问题，而且对妥善解决旧社会的遗留问题，恢复发展国民经济，巩固新建立的人民政权起到了至关重要的作用。这一时期确立的社会救济方针、原则和方式，成为我国社会救助制度的雏形，同时也为今后我国社会救助事业的发展奠定了基础。

（二）全面建设社会主义时期的社会救济：1957~1977年

1957年，随着"三大改造"任务的基本完成，我国进入全面建设社会主义时期，公有制主导地位确立，人民的物质生活有了明显改善，城乡困难人员大量减少，社会救济的对象、内容和方式都发生了新的变化，救助模式由紧急性救济向经常性救济转变，城乡救济也开始呈现二元经济结构特征。

在农村，五保供养制度初步建立，集体经济组织开始承担社会救济责任。1956年，在第一届全国人民代表大会第三次会议通过的《高级农业生产合作社示范章程》中，首次提出"农业生产合作社对于缺乏劳动力或者完全丧失劳动力、生活没有依靠的老、弱、孤、寡、残疾的社员，在生产上和生活上给以适当的安排和照顾，保证他们的吃、穿和柴火的供应，保证年幼的受到教育和年老的死后安葬，使他们生养死葬都有依靠"。1958年12月，中共八届中央委员会六次会议通过的《关于人民公社若干问题的决议》中提出，"要办好敬老院，为那些无子女依靠的老年人（五保户）提供一个较好的生活场所"。农村人民公社体制建立后，贫困以及丧失劳动能力的农户，其生老病死都由生产队负责。1960年4月，二届全国人大二次会议通过的《1956年到1967年全国农业发展纲要》中明确要求：农村集体经济组织要对缺乏劳动力、生活没有依靠的鳏寡孤独社员在生活上给以适当的照顾，使他们的生养死葬都有指靠。而农村五保供养制度的建立和发展是这一时期最突出的制度创新。对其他农村困难户的救济，则主要采用农村集体经济组织为主、国家保障为辅的救济方式。20世纪60年代初，受自然灾害影响，农村贫困户大增，国家一方面组织农民生产自救，另一方面加大了对农村救济的力度。

在城镇，随着计划经济体制的确立，建立了一整套就业与社会保障一体化的单位保障制度。社会救助在整个国家社会保障体系中的作用大大削弱，主要发挥"拾遗补缺"的作用。从救助对象上看，主要可分为孤老病残人员救济和特殊人员救济两类；从救助形式上看，可分为定期定量救济和临时救济两种。孤老病残人员是指无固定收入、无生活来源、无劳动能力、基本生活发生困难，需要依靠国家和集体给予救济的居民家庭，对他们的救助主要采取定期定量的经常性救济。此外，国家还对一些特殊救济对象采取按规定标准进行定期定量救助的政策。20世纪60年代初期，国民经济再次出现严重困难，城市中生活困难需要救助的人数明显增加。为应对这一局面，政府通过生产自救、收容遣送、安置闲散劳动力、增加财政投入等方法不断加大社会救济力度。

"文化大革命"期间，党和国家的各项工作受到了严重冲击。1969年内务部撤销，各地民政部门也被冲垮，社会救济一度处于混乱停滞状态，各项救济政策无法得到全面落实，很多按规定应该享受救济的人员得不到救济。此时的农村社会救济主要依托农村人民公社开展，城市社会救济主要依靠企事业单位组织实施。

（三）改革开放前期社会救济制度的过渡和转型时期：1978年至20世纪90年代初

党的十一届三中全会以后，我国进入新的历史时期，同其他民政工作一样，对困难群体的社会救济得到了党和政府的高度重视。1978年5月，民政部正式恢复成立，在设置的8个司局级单位中，农村社会救济司主管农村社会救济工作，城市社会福利司主管城市社会救济工作。各级民政部门也迅速建立了社会救济专门工作机构，这为社会救济各项政策的制定和实施提供了组织保障。1983年4月召开的第八次全国民政会议明确新时期我国社会救济工作的基本方针是："依靠群众，依靠集体，生产自救，互助互济，辅之以国家必要的救济和扶持"。

农村贫困救济是这一时期社会救济工作的重点。随着家庭联产承包责任制的推行，集体经济组织的统筹保障功能日益弱化，迫切需要政府改革救济方式。针对改革开放初期农村贫困面较大的情况，农村救济采取的主要措施包括：一是探索定期定量救济。救济对象主要是农村常年生活困难的特困户、孤老病残人员和精减退职老职工，一般按照一定周期给予固定数额的救济金或救济粮等实物，以保障其基本生活。对其他贫困人口，则通过灾民荒情救济的方式给予临时救济。二是继续完善农村五保供养救助。中央明确从村提留和乡统筹（即"三提五统"）经费中列支资金用于农村五保供养。1985年起，全国逐步推行乡镇统筹解决五保供养经费的办法，以保证五保对象的基本生活来源。1994年国务院颁布的《农村五保供养工作条例》，再次明确五保供养经费由"村提留或乡统筹"中列支。三是通过开发式扶贫改善农村贫困状况。针对农村绝对贫困人口主要集中在"老、少、边、穷"地区的现状，国家开展了有计划、有组织、大规模的农村扶贫开发。扶贫工作的深入开展使农村绝对贫困人口逐年减少。

城市社会救助工作也得到快速恢复和发展。1979年11月，民政部召开全国城市社会救济福利工作会议，明确城镇救济对象主要是"无依无靠、无生活来源的孤老残幼和无固定职业、无固定收入、生活有困难的居民。对中央明文规定给予救济的人员，按规定办理"。从救济对象看，享受社会救济的特殊人员范围扩大到"文化大革命"受迫害人员、平反释放人员、返城知青、台胞台属以及宽大释放的原国民党县团级以下人员等，之后又将释放托派头子、错定成分人员、被解散文艺剧团无着人员、高校毕业生有病人员、解除劳动教养人员、刑事罪犯家属等纳入特殊救济范围。从救济标准看，从20世纪80年代开始，各地民政部门在深入调查的基础上，根据当地经济发展和物价上涨情况分别调整了定期救济标准。从资金投入看，国家也不断增加城市社会救济费的支出额度。

这一时期的社会救济工作虽然得到比较快的恢复和发展，但并未突破原有体制和框架，城乡社会救济分别按各自路径发展。救助经济的投入缺乏必要的保障机制，救助工作的随意性较大，救助对象的认定、救助标准和救助程序有待进一步完善。从总体上看，这一时期的社会救济制度具有过渡性特征，无论是制度设计、具体操作，还是资金投入，都与困难群众的需求有较大差距，城乡贫困问题依然十分突出。

（四）居民最低生活保障制度的逐步建立与制度全面建设时期：20世纪90年代初至今

1993年，中共中央十四届三中全会通过的《中共中央关于建立社会主义市场经济体制若干问题的决定》中，明确提出建立多层次的社会保障体系。这个多层次的社会保障体系包括社会保险、社会救济、社会福利、优抚安置、社会互助和个人储蓄积累保障。在这之中，还没有社会救助的概念，与社会救助概念有关的，是社会救济、优抚安置和社会互助。

随着社会主义市场经济体制的确立，改革的步伐进一步加快，尤其是城市国有企业改革进一步深化。市场经济的加速发展，导致资源在社会阶层和社会人群中配置的数量、内容和方式均发生重大变化。市场经济体制的确立导致大量失业下岗人员生活无着落，城市贫困人口迅速增加，收入差距的拉大导致相对贫困问题日益突出，此时，传统的社会救济制度已不能适应经济体制改革和社会发展的需要，居民最低生活保障制度正是在这样的社会背景下，首先在城市产生，而后扩大到农村地区。

1993年6月，上海市民政局等部门发出了《关于在本市建立城镇居民最低生活保障线的通知》，在全国率先试点城市居民最低生活保障制度，拉开了社会救助制度改革的序幕。1995年，民政部在实地调研的基础上，邀请各部门和科研单位的专家学者，召开座谈会研讨可供参考的方案，并继续扩大试点城市。1997年，国务院下发《关于在全国建立城市居民最低生活保障制度的通知》，明确了保障范围、保障标准、保障资金等重要政策问题，就城市居民最低生活保障工作做出了全面部署。1999年9月，国务院颁布《城市居民最低生活保障条例》。《城市居民最低生活保障条例》的颁布，标志着我国社会救助制度在经济体制和社会转型中迈出了关键一步，也是社会救助制度从幕后走向前台、从残补型走向制度型的重要标志。2001年11月，国务院办公厅下发《关于进一步加强城市居民最低生活保障的通知》，明确要求"尽快把所有符合条件的城镇贫困人口纳入最低生活保障范围"。

在启动城市最低生活保障制度的同时，农村最低生活保障制度也开始在一些地区探索建立。1996年12月，民政部办公厅印发《关于加快农村社会保障体系建设的意见》，明确提出"凡开展农村社会保障体系建设的地方，都应该把建立最低生活保障制度作为重点，即使标准低一点，也要把这项制度建立起来"。1996~1997年，吉林、广西、甘肃、河南、青海等省（自治区）先后以省政府名义出台相关文件，规定资金要从村提留和乡统筹中列支，推进农村最低生活保障工作。到2002年，全国绝大多数省份都不同程度地实施了农村最低生活保障。对于尚无法建立农村最低生活保障制度的地区，2003年4月，民政部下发《关于进一步做好农村特困户救济工作的通知》，要求按"政府救济、社会互助、子女赡养、稳定土地政策"的原则，继续施行农村特困户救助制度，即对达不到"五保"条件但生活极为困难的鳏寡孤独人员、丧失劳动能力的重残家庭及患有大病而又缺乏自救能力的困难家庭，按照一定数额的资金或实物标准，定期发放救济物资。2006年10月，中共中央十六届六中全会第一次提出在全国"逐步建立农村最低生活保障制度"的要求。2007年5月，国务院常务会议专题研究农村最低生活保障问题；6月国务院召开"在全国建立农村最低生活保障制度工作会议"，研究完善有关政策措施，对在全国建立农村最低生活保障制度进行部署；7月国务院印发《关于在全国建立农村最低生活保障制度的通知》，对农村最低生活保障标准、救助对象、规范管理、资金落实等内容做出了明确规定，要求在年内全面建立农村最低生活保障制度并保证最低生活保障金按时足额发放到户。至此，农村最低生活保障进入全面实施的新阶段。

城乡居民最低生活保障制度的实施初步解决了困难家庭吃饭、穿衣等日常生活问题，但仍无法满足他们在就医、就学及住房方面的专门需求。为此，民政部适时提出以最低生活保障为核心建设新型社会救助体系，在城乡最低生活保障之外，努力推动五保供养、医疗救助、住房救助、教育救助、临时救助等救助制度的发展，构建完整的社会救助体系。

2014年2月，国务院颁布《社会救助暂行办法》，第一次以行政法规形式规定了最低生活保障、特困人员供养、受灾人员救助、医疗救助、教育救助、住房救助、就业救助、临时救助八项社会救助制度，鼓励社会力量参与社会救助，构建了一个分工负责、相互衔接、协调实施，政府救助和社会力量参与相结合的中国特色社会救助制度体系，它标志着我国社会救助体系化进程加快，全面进入定型和规范发展的新阶段[1]。

第三节 社会救助功能

现代社会救助具有多方面的功能：一方面缓解贫困问题，维持社会稳定；另一方面在增强救助对象的发展能力，促进经济社会发展方面起到重要作用。

（一）缓解贫困问题

社会救助首先是为了解决贫困和不平等带来的社会问题的一种制度安排。其中，贫困是现代社会救助制度的重要催生力量，社会救助是伴随消除贫困的努力而逐步完善的。

---

[1] 林闽钢. 中国社会救助发展报告//郑功成. 中国社会保障发展报告（2016）. 北京：人民出版社，2016：16.

在现代社会中，部分社会成员因各种先天因素或后天因素的不利影响，难免会陷入生活贫困状态，而他们又无法通过自己的努力摆脱生存危机，这就需要国家和社会对这部分社会成员进行现金或实物救助，以缓解他们的物质匮乏状况，改善其生活水平。保护社会成员免受饥饿、疾病、失业等天灾人祸的侵害，既是现代公民权利发展的内在要求，又是国家和社会理应承担的基本责任。

（二）维持社会稳定

一般来说，社会稳定是以社会收入分配的公平和社会成员生存权利的保证为前提的，当一部分社会成员由于各种原因无法从市场上获得维持生存所需的收入从而陷入贫困，导致生存的基本权利得不到保障时，就会成为社会不稳定的因素。因此，社会救助不仅可以在最低层次上缓解贫困问题，更能够降低由于贫困所导致的积怨和不满，化解社会矛盾，维持社会稳定。

社会救助通过扶贫济弱、救残扶伤、解救急难，可以实现解除贫困家庭和个人的生存危机，在一定程度上化解社会矛盾，有利于促进社会的团结和稳定。它通过提供直接的现金救助和物质帮助，使贫困家庭和个人的收入得到最直接、明显的改观，还能够在缩小不同社会成员间的收入差距、实现社会公平方面起到显著作用。

（三）促进经济社会发展

在市场经济条件下，弱势群体因为自身参与竞争的能力不足及其他各种原因，在激烈的市场竞争中明显处于劣势地位。因此，如果不采取社会救助的方式对其基本生活和发展能力予以扶持，除了会造成不公平和社会矛盾外，更意味着社会失去了一部分发展的主体。例如，生活在贫困家庭的儿童往往会失去上学的机会，从而得不到良好的教育和正常的发展，陷入贫困恶性循环的怪圈。因此，社会救助不仅仅具有保障生活的意义，而且具有提高弱势群体社会竞争力的功能，可以弥补弱势群体的发展不足，为社会经济发展提供支撑。

此外，现代社会救助除了物质救助，越来越重视对被救助对象的基本技能、生活观念、发展理念、心理健康等进行干预。这些救助方式不仅可以改善被救助对象的生产和生活条件，更重要的是有助于提高被救助对象的增产增收能力、综合发展能力、自我管理和自我发展能力。在此意义上，社会救助不但"授人以鱼"，而且通过"授人以渔"提高被救助对象的社会适应能力和发展能力。

第四节 社会救助与社会保障

一、社会保障缘起于社会救助

社会保障发展至今已成为项目众多、内容复杂的庞大体系。但从历史发展过程来看，社会保障是在社会救助的基础上，经过建立与工业化社会中的风险相适应的制度体系而不断发展起来的。

在前工业化社会中，社会保障主要是以救灾济贫的形式出现，既有政府出面组织的救灾济贫事业，也有教会组织的各种慈善事业。进入工业社会以后，社会保险开始全面实施，社会福利亦变得日益重要，社会救助便成为当代社会保障体系中的一个子系统。

二、社会救助是社会保障的主要内容

国际劳工组织界定，社会保障服务内容主要由社会救助、社会保险、国家财政收入资助的津贴、家庭津贴、储蓄基金、雇主规定的补充条款和环绕社会保障发展的各种补充方案七部分组成[①]。其中，社会救助归为社会保障服务的一个分支。

在中国社会保障体系中，社会保险、社会救助、社会福利是基础，基本养老、基本医疗、最低生活保障制度为重点，慈善事业、商业保险为补充。社会救助是社会保障体系的重要组成部分，它与社会保险、社会福利共同构成了我国社会保障体系的主要内容。

至今，尽管许多国家的社会保险和社会福利逐渐发展起来，并占据社会保障的主体地位，但大多数国家社会保障体系中，社会救助的基础作用和地位仍没有改变。在有些国家，如澳大利亚和新西兰，它们的社会保障体系就是由一系列社会救助计划措施合并构成的。可以说，在社会保障体系中可以没有社会福利，甚至也可以暂时没有社会保险，但不能没有社会救助，古今中外概莫如此。

第五节 社会救助与社会福利

一、广义视角下社会福利与社会救助的关系

社会福利的内涵和外延既有狭义的理解也有广义的理解，狭义上的社会福利指为帮助特殊的社会群体、疗救社会病态而提供的服务，又称为社会福利服务。而在国际比较社会政策的研究中，一般使用的是广义的社会福利概念，将社会福利理解为国家和社会为满足社会成员的物质与精神生活需要而提供的一切资源保障与服务支持，强调社会福利在促进和实现人类共同幸福中的作用。美国学者弗里德曼（Milton Friedman）认为，社会福利包括社会保障、公共援助、房屋津贴和医疗保健[②]。如果从广义的角度理解社会福利，社会救助只是社会福利的一个最基本的组成部分。如果从这个角度来考察两者的关系，可以从以下四个方面进行。

第一，从政策目标和制度目标角度看，社会救助制度的核心目标是满足弱势群体的基本需要，进而达至缓解贫困和维持社会秩序的目的。与此对应，社会福利制度目标体系更为复杂多样，它的总体目标是通过各种方法（包括收入保障、实物救济和服务提供

---

① 联合国国际劳工组织. 社会保障基础. 王刚义，魏新武译. 长春：吉林大学出版社，1989：4.
② Friedman M. Free to Choose. California：Avon Books，1981：82-118.

等)提高所有社会成员的福祉。社会福利制度目标具有多样性,而且随社会经济发展状况有所不同,缓解和消除贫困只是其中之一。

第二,从服务范围和服务内容看,社会救助主要提供现金和实物救助,与此对应,社会福利不仅范围广泛,覆盖个人生活需要所有领域,而且世界各国福利范围与内容普遍随社会经济发展水平的提高而不断扩大。也就是说,世界各国社会救助范围比较固定和有限,但是社会福利范围与内容则随社会经济发展日益增多。

第三,从服务对象来看,社会救助服务对象主要是弱势群体,如老弱病残幼和遭遇突发困难的群体,他们无法通过自己的努力满足自己及其家庭成员的基本需要。社会福利对象不仅仅是弱势群体,其主要面对的是全体社会成员。

第四,从服务功能与服务性质角度看,社会救助制度主要发挥社会治疗、强化工作伦理和社会控制的作用。有时候,社会救助的社会治疗和社会控制还会导致接受救助之人产生耻辱感的情况。社会福利的基本功能则是确保人们有效发挥功能,降低社会不平等,提高社会成员生活质量,营造机会平等的社会环境并促进人的最大化发展和发掘人的潜能[1]。

二、狭义视角下社会福利与社会救助的关系

在中国,社会保障体系被定义为:以社会保险、社会救助、社会福利为基础,以基本养老、基本医疗、最低生活保障制度为重点,以慈善事业、商业保险为补充。可见,对于社会福利与社会救助的关系,更多地将其看做并列的,二者是隶属于社会保障体系的两个子系统。

从中国社会救助与社会福利关系的历史发展来看,社会救助与社会福利长期并列于社会保障体系中,改革开放以后,中国社会福利事业开始由救济型向福利型转变,由供养型向供养康复型转变,由封闭型向开放型转变,逐步强化了社会福利的性质,标志着中国社会福利走过了一条最初与社会救助难分彼此,到最终独立于社会救助之外的发展之路[2]。

在中国,社会福利通过提供服务、设施和社会津贴来保障社会成员的基本生活和提高社会成员的生活质量。其特点有三个:一是保障方式凸显了社会化福利服务,强调通过服务保障提高社会成员的生活水平;二是社会福利以社会津贴作为重要的保障方式,是政府基于社会成员的普遍性需求和个性化的特殊需求而提供的资金保障,具有很强的针对性,不与收入挂钩,不需经家庭经济调查,只要是本国国民即可获得普遍性福利津贴,如果符合年龄、身心残障等资格条件的,还可获得选择性福利津贴;三是社会福利有一定的"发展型"和"享受型"功能,以提高人民的生活水平和生活质量为目的,与社会救助相比是更高层次的保障,更有利于提升社会成员的幸福感。

当然,狭义的社会福利与社会救助相辅相成、相互补充。二者在基本理念上具有相似之处,都将为社会弱势群体提供帮助看做政府和社会义不容辞的责任,而一些选择性

---

[1] 刘继同. 社会福利与社会保障界定的"国际惯例"及其中国版涵义. 学术界,2003,(2):57-66.
[2] 王振耀. 社会福利与慈善事业. 北京:中国社会出版社,2009:22-23.

的社会福利项目与社会救助的对象也高度重合。例如，二者都强调对老年人、残疾人等弱势群体的保障，对他们的保障常常是综合使用社会救助手段与社会福利服务手段。在这种情况下，社会救助和社会福利就是一种相辅相成、相互补充的状态。同时，不论是社会救助还是社会福利，都带有一定的福利性，体现的权利义务关系不同于社会保险。

【本章小结】

现代社会救助是国家通过立法确保的公民最基本的权利之一，它是指国家和其他社会主体对于社会的弱势群体和个人，为维持其基本生活需求所采取的各种形式的援助。它对实现社会公平、维持社会稳定和促进经济社会发展有着重要的作用，是现代社会保障的基础和重要构成。社会救助具有目标定位的兜底性、救助主体的多元性、对象确认的选择性、救助手段的复合性的基本特点。

从社会救助的发展历程来看，国外社会救助的发展可以分为四个阶段：一是济贫制度的产生时期；二是社会救助制度的确立和发展时期；三是福利国家的兴起与"黄金时代"；四是福利国家的改革阶段。中国社会救助制度的发展历程可以划分为四个阶段：一是中华人民共和国成立初期到社会主义改造时期的社会救济；二是全面建设社会主义时期的社会救济；三是改革开放前期到20世纪90年代初期的社会救济制度，即改革开放前期社会救济制度的过渡和转型时期；四是居民最低生活保障制度的逐步建立与制度全面建设时期。

社会救助具有多方面的功能，主要体现在两个方面：一方面缓解贫困问题，维持社会稳定；另一方面在增强救助对象的发展能力，促进经济社会发展方面起到重要作用。

从社会救助与社会保障的关系看，社会保障缘起于社会救助，社会救助是社会保障的主要内容。而社会救助与社会福利的关系从广义和狭义角度理解是不同的，根据国际上常用的社会福利的广义概念，社会救助被视为社会福利的一个子系统，是社会福利的第一层次和最低层次。而在中国，从社会救助与社会福利关系的历史发展和政策体系来看，两者是并列的，是相辅相成、相互补充的关系。

【关键术语】

社会救助　兜底性　选择性　济贫法　劣等处置　济贫院检验　斯皮纳姆兰法令　福利国家　社会保障　社会福利

【案例】

社会救助如何推动英国向工业社会转型？

西方社会保障发展的第一次时间窗口出现在15世纪末到16世纪初，由于工业化运动，英国大批农民被迫出卖土地，或远走他乡，或到处流浪，陷于极端悲惨的境地，大量的圈地导致了大量的流民。16世纪英国统治者被迫考虑救济贫民问题。救济贫民问题成为16世纪英国的首要问题，为此，1601年英国历史上第一部专门的济贫法——《伊丽莎白济贫法》出台。它规定以教区作为济贫的基本单位，并将贫困者划分为三类：一是无工作能力的老弱病残者；二是失去依靠的儿童；三是有劳动能力者，对于这一类人不予救助，强制其做工自给。救济资金的来源则分为济贫税、自愿捐款及罚款三项。将原来分散化、应急性的济贫事务转化为政府的一项基本职能，《伊丽莎白济贫法》成为第一部表明政府承担公民福利的正式法律。由此，确立了社会救助在英国经济和政治发展中的托底性作用，将济贫与英国经济发展很好地协调起来，济贫由一件出于人道主义责任的善举变为一项与经济紧密相连的重要制度安排。

之后，1834年英国又出台了《济贫法修正案》，新济贫法制度的经济功能从旧济贫法制度所具有的保证农业劳动力规模以促进农业经济稳定为主，变为提供大量自由流动的劳动力以适应工业经济的扩展为主，并发展成为适应和促进工业经济发展的政策工具。新济贫法制度自上而下建立了全国性济贫工作行政管理体制，通过合并教区，建立济贫院，任命地方济贫工作人员，并向首相汇报各地济贫政策的执行情况等，推行全国一致的济贫措施，使济贫管理工作正式化、规范化。英国摸索出一套自治分权的社区型政府体系来走出转型中的困境。政府既能够有足够权威获取资金，又能够因地制宜地给不同群体提供救济和福利。因此，英国幸运地避开了托克维尔悖论，是全世界第一个在没有革命的情况下实现了工业化和城市化的国家。

总的来看，济贫法制度与英国政治、经济和社会的变迁直接联系，更对英国政治、经济与社会变化产生了重要影响，英国政治、经济与社会变迁决定了济贫法制度性质与功能的变化，济贫法制度性质与功能的变化反过来影响了英国政治、经济与社会的发展变化。

资料来源：林闽钢.社会保障如何能成为国家治理之"重器"？——基于国家治理现代化视角的研究.社会保障评论，2017，（1）：34-42

【复习思考题】

1. 现代社会救助有哪些主要特点？
2. 国内外社会救助的发展主要经历了哪几个阶段？
3. 社会救助有哪些主要功能？
4. 社会救助与社会保障的关系是什么？
5. 社会救助与社会福利的关系是什么？

第二章

社会救助原理

在人类社会的历史发展进程中，社会救助从思想萌芽到理论建立，经历了长期的实践探索。正是这些丰富的社会救助思想与理论，直接推动了社会救助从早期济贫救困的慈善行为向现代社会救助制度的转型。

第一节 社会救助的思想基础

一、中国古代贫困与救助思想

中国古代社会救助思想可谓源远流长。早在先秦时期，"以保息六政养万民"就是当时统治者扶困济贫的指导思想。据《周礼》记载，"保息"政策分为"一曰慈幼，二曰养老，三曰振穷，四曰恤贫，五曰宽疾，六曰安富"，意指慈爱幼小、赡养老人、赈济穷民、抚恤贫民、宽待残疾人、安定富人。可见，爱护老幼、救助贫民的理念在当时就已得到统治阶级的重视，保息养民思想得以孕育萌芽，并对中国古代历朝历代的社会救助政策实践产生了深远影响。

早在春秋战国时期，以孔孟为代表的儒家学派提倡"仁政""爱人""大同"思想。孔子认为君主理应"仁者爱人""以德治国"，强调对待百姓要轻徭薄赋，以民为本，主张"养民也惠"，君主应在时艰之年通过广施救济以助百姓安稳度日。孟子的"民贵君轻"思想，主张统治者能够"以不忍人之心，行不忍人之政"，爱护自己的臣民百姓，提倡社会"老吾老以及人之老，幼吾幼以及人之幼"，在爱护自己亲人的同时能够帮助其他老弱群体，以实现社会"大同"。

自汉代"罢黜百家、独尊儒术"以后，获得正统地位的儒家思想便成为我国传统社会统治思想的主流意识形态。与道家"无为而治""休养生息"的治国主张不同，儒家学派提倡国家积极介入贫困救济和灾害救助，这种主张国家介入社会救助的思想在父权式农业社会主要表现在官府建立的仓储制度、各类慈善救助机构以及各种形式的以工代赈项目。在遇到饥馑抑或灾荒年份时，朝廷或地方乡绅利用养恤、贷赈、开仓赈济、以工代赈、调粟等手段救济穷民百姓，通过养老育幼等慈善机构收养救助老弱孤寡。各类传统社会救助实践的丰富开展，成功地孕育了历史上不同时期救灾济贫的父爱悯民理念。

中国历代各朝的父爱养民思想，倡导统治者以仁爱民，以悲悯之心同情穷苦大众，体恤民困，维持百姓生计。朝廷或地方乡绅通过实物或货币支付的形式直接或间接地救助受灾民众和贫苦百姓，使其免受贫困流离之苦，民众通过获得朝廷恩惠，从而民心安定、社会稳定，达到民惠则国顺的国家治理目的。

在中国历史上，以工代赈作为国家治理的工具，在保障灾民基本生活、维护社会安定、增修公共设施方面发挥了积极作用。中国传统的安土重迁观念促使百姓安于留居乡土维持生计，然而在遇到灾荒饥馑年份时，穷苦百姓因谋食维生大多被迫选择背井离乡，逃离灾害之地，导致大批的难民流民遍布朝野，社会不稳定因素丛生。以工代赈作为应急救灾状态下的应急举措，可以就地招揽流民投身工役，灾民通过参与以工代赈能够从中获得短期的食粮救助，既解流民食粮燃眉之急，又能够降低饥民抢食、盗窃等暴力违法事件的发生概率。

在受灾地区实施以工代赈，如汉哀帝绥和二年（公元前7年），贾让谏言"昔大禹治水，山陵当路者毁之，故凿龙门，辟伊阙，析底柱，破碣石，堕断天地之性，此乃人功所造，何足言也！今濒河十郡，治堤岁费且万万；及其大决，所残无数。如出数年治河之费以业所徙之民，遵古圣之法，定山川之位，使神人各处其所而不相奸；且以大汉方制万里，岂其与水争咫尺之地哉？此功一立，河定民安，千载无患，故谓之上策"[①]。贾让主张仿效古人先贤之法兴修水利，招募迁徙游民出工治河，可以让流民安居定所，杜绝邪念，消除动荡隐患，实现社会稳定。另外清朝乾隆二年（1737年），直隶、山东两省二麦歉收，乾隆帝深知免税救济饥民、平价售粮的措施仍然不能保证百姓免受艰食之忧，于是下令直隶总督应按次序兴办以工代赈项目，"如开渠筑堤修葺城垣等事，酌量举行，使贫民佣工就食，兼赡家口，庶可免于流离失所也"，乾隆皇帝念及两省子民因歉收受饥，故借以工代赈救济贫民，以避免百姓流离失所。后至嘉庆元年（1796年），湖北各属地因汉江水位上涨被江水淹没，荆门灾情严重，堤坝原本应由官督民修，嘉庆念及该地匪患滋扰，下令堤坝改为官办修理，下谕"救荒之策，莫善于以工代赈"，对附近护城河"通行查勘，将应行疏浚之处，雇集附近穷民兴工挑挖，于以工代赈两有裨益"[②]。

兴办各项以工代赈与直接钱粮赈济相比，不但可以回应灾民暂时的食粮生计需求，而且通过以工代赈兴修的各类公共基础设施可以保证灾民日后安心地从事日常生产生活，为实现百姓的安居乐业提供基本的物质基础。因此，以工代赈作为回应劳苦大众满足自给自足需求的有效救灾抚困措施，具有保民增收、敦促农功、安定社会的间接功能。

在中国历史上，历代各朝各类济贫济困实践的丰富开展，形成并发展了中国封建统治者的荒政思想，这些荒政思想主要包括救民思想、养民思想、爱民思想，体现了儒家

---

① 班固. 汉书. 上海：上海古籍出版社，1986：161.
② 杨景仁. 筹济篇（卷十三）//李文海，夏明方. 中国荒政全书. 北京：北京古籍出版社，2004：204-205.

的民本理念。救民思想体现在朝廷或地方乡绅通过实物或货币支付的形式直接或间接地救助受灾民众和贫苦百姓，使其免受灾害、贫困之苦，民众获得朝廷恩惠，从而民心安定、社会稳定，达到民惠则国顺的社会控制目的；养民思想主张减轻灾民和贫民的税赋徭役，诱导贫民灾民就地或返乡开田耕种，使其自给自足，自力更生，在敦促发展农业生产的同时注重引导地方储粮备荒，以应对突发的天灾人祸；爱民思想主张以仁爱民，以悲悯之心同情穷苦大众，体恤民困，尽其所能地救助所需抚养的子民。此外，针对老年人和残疾人需要照顾的状况，提倡减免当事人的劳役，并酌情减轻其家属的劳役负担。

总之，中国古代社会救助思想具有明显的恩赐和慈善特点，国家介入社会救助是出于统治者的仁爱之心和社会稳定的目的，因此，社会救助作为国家治理的主要工具在中国封建社会得到了广泛应用。尽管以儒家为代表的古代社会救助思想，其根本目的在于社会控制和维护统治，但其所发扬的仁爱、大同、养民、爱民、救民、互助互济、敬老爱幼、济贫济弱等理念为后世社会救助理论和实践的发展奠定了思想基础。

二、现代西方贫困与救助思想

（一）马尔萨斯的贫困观

马尔萨斯（Thomas Robert Malthus，1766~1834年），英国人口学家、经济学家、牧师，于1798年出版了著名的《人口原理》。他提出人口按几何级数增长而生活资料只能按算术级数增长，所以会不可避免地导致贫困、战争和疾病的论断[1]，也正是这一论断直接影响了马尔萨斯对社会贫困根源的看法和对当时英国《伊丽莎白济贫法》的批评。

马尔萨斯认为，人口之所以会按几何级数增长是由人的本性决定的，人口增长是社会固有的自然现象和自然规律，而生活资料按算数级数增长则是受"土地肥力递减规律"的限制，因而在一段时期内生活资料的供给必然是有限的。在此基础上，马尔萨斯认为人口增长与生活资料增长的不平衡，必然导致人均生活资料的减少；同时，人口增长必然会导致劳动力市场的劳动力供给增加，劳动力供大于求的结果就是工人工资收入水平下降甚至面临失业；生活资料的价格则因短缺而趋于上升，因此，人们只能处于最低生活水平，甚至陷入贫困。

马尔萨斯认为贫困是人口增长的必然结果，提出抑制人口增长是缓解贫困的主要方法之一，同时认为贫困本身就是抑制人口增长的重要因素，贫困人口出于养家糊口的忧虑会理性地减少生育。除此之外，马尔萨斯提倡通过道德抑制来减缓人口增长的趋势，道德抑制会迫使人们出于谨慎考虑，在一定时间内或长久地不结婚，并在独身期间性行为严格遵守道德规范。值得注意的是，在道德抑制方面，马尔萨斯鼓励贫困人口晚婚晚育，将自己所生子女的数目控制在自己的抚养能力之内，并将其看做应当遵守的社会道德义务[2]。

马尔萨斯认为《伊丽莎白济贫法》不利于限制贫困人口的增加，反而是以供养穷人

---

[1] 马尔萨斯 TR. 人口原理. 朱泱，等译. 北京：商务印书馆，1992: 6-8.
[2] 马尔萨斯 TR. 人口原理. 朱泱，等译. 北京：商务印书馆，1992: 26-29.

的方式在创造更多的穷人。在他看来,虽然《伊丽莎白济贫法》缓解了一部分人的苦难,但得到救助的贫民会因此结婚生育,因而《伊丽莎白济贫法》往往使人口趋于增长,而有限的生活资料却并没有增加,带来的直接后果就是产生更多济贫法要供养的穷人。

马尔萨斯反对向富人征收济贫税并转移给穷人,因为获得社会救济的穷人会增加生活资料的消费,而生活资料消费的增加会带动生活资料价格的上升,进而导致更多的人陷入贫困;同时,穷人收入的增加,会使其拿更多的时间来偷闲,而不是致力于生活资料的创造,生活资料与人口之间不成比例增长,最终将会导致社会的普遍贫穷。

马尔萨斯反对《伊丽莎白济贫法》中以教区为单位管理济贫事务的规定,认为这项规定阻碍了人们的行动自由和劳动力的自由流动。以教区为单位给予穷人救济的规定"经常在劳动市场上制造障碍,给那些不靠救济、尽力自谋生计的人平添了许多烦恼"[1],因而主张废除教区法,解除限制穷人自由流动的规定,以便穷人可选择工作机会较多、劳动价格较高的地方居住。

马尔萨斯批判当时济贫院救济穷人的现行做法,他认为《伊丽莎白济贫法》的"济贫院收容的人一般不能说是最有价值的社会成员,但他们消费的食物却会减少更为勤劳、更有价值的社会成员本应享有的食物份额,因而同样也会迫使更多的人依赖救济为生"[2],这种单纯的院内救济只会造成穷人的依赖心理和懒惰心理。同时,马尔萨斯指出《伊丽莎白济贫法》助长了穷人的"那种漫不经心和大手大脚的习气",以及容易使穷人丧失自立意识,这都是《伊丽莎白济贫法》固有弊端所造成的。

马尔萨斯主张社会应将没有自立能力而陷于贫困看做一种耻辱,并由此形成社会风气,避免接受社会救助的穷人产生浪费习气和懒惰心理。为了增加粮食等生活资料的生产供给、帮助穷人摆脱贫困,他鼓励人们去开垦新土地,提倡给予开垦者奖励金,并使开垦耕地比牧地更受奖励,从事农业比从事制造业更能获益,这体现了马尔萨斯主张以积极救助代替传统的消极救助,通过劳动自立来摆脱贫困。

马尔萨斯主张设立的济贫院必须是针对极端贫困的人,并由全国统一征收的济贫税提供经费,各个济贫院可以收容本地乃至全国的贫民,且不论是本国人还是外国人。同时,他认为济贫院中的生活应该是艰苦的,而不应是舒适无忧的,凡能够工作的人,都应强迫他们工作,通过日常工作还可以得到与劳动市场价格相当的收入[3]。因此,马尔萨斯认为济贫院不能仅仅是单纯地提供收容救助,而应强制有劳动能力的被救助者通过工作来换取临时的避难场所和生活资料,体现了其以工作换取救助的理念。

(二)恩格斯的贫困观

弗里德里希·恩格斯(Friedrich Engels,1820~1895年),德国思想家、哲学家、革命家,马克思主义学说创始人之一。马克思主义的社会救助思想建立在批判资本主义社会生产方式和剖析阶级矛盾的基础之上,探究无产阶级深陷贫困的根源,分析资产阶

---

[1] 马尔萨斯 T R. 人口原理. 朱泱,等译. 北京:商务印书馆,1992:36.
[2] 马尔萨斯 T R. 人口原理. 朱泱,等译. 北京:商务印书馆,1992:33.
[3] 马尔萨斯 T R. 人口原理. 朱泱,等译. 北京:商务印书馆,1992:38.

级实施济贫事业的本质属性，并以此提出社会主义社会实施社会保障制度的价值和原则目标。

针对无产阶级的贫困化问题，恩格斯在《英国工人阶级状况》中通过对英国资本主义发展的深刻剖析，真实地描写了英国工人难以忍受的生活状况和劳动条件，重点考察了产业革命前后工人地位与身心发展的变化情况，指出产业革命的机器大工业所产生的最终结果是对人性的威胁与摧残。

工人阶级随着工业革命的发展越来越贫困，他们生活在社会最底层，没有最起码的生活保障，没有最基本的社会权利，更谈不上通过教育来提高自身的发展。"大城市里工人阶级的状况就表现为一个逐渐下降的阶梯：最好的情况是生活暂时还过得去……最坏的情况是极端的贫困，直到无家可归和饿死的地步。但是一般说来，是更多地接近于最坏的情况，而不是接近于最好的情况"[1]。

恩格斯进一步指出，"工人阶级处境悲惨的原因不应当到这些小的欺压现象中去寻找，而应当到资本主义制度本身中去寻找……产生这个结果的，并不是某些小的欺压现象而是制度本身，——这个事实现在已经从英国资本主义的发展过程中十分鲜明地显示出来"[2]，导致无产阶级处境悲惨的根本原因在于资本主义制度本身，资本主义社会的生产方式、生产关系加剧着无产阶级的贫困化。在资本主义社会化大生产的条件下，资产阶级的财富不断积累，而无产阶级却面临失业、贫困、工伤、疾病等生活苦难的增加，长期的剥削与被剥削关系导致无产阶级无法摆脱赤贫化的生活状态。

马克思和恩格斯曾对英国当时的新济贫法制度进行过无情的批判，他们认为英国新济贫法"为了使穷人只是在万不得已的时候才请求救济，为了使他在请求以前想尽一切办法，马尔萨斯的信徒们挖空心思地把习艺所变成一个令人望而生畏的地方"。恩格斯指出新济贫法制度"实质上把穷人当犯人，把习艺所当做惩治犯人的监狱，把住习艺所的人当做法律以外的人，当做人类以外的人，当做一切丑恶的化身"。"在国家的这个措施中，英国资产阶级是作为一个整体，作为当权者出现的，在这里他们清楚地表明了他们的真正愿望，表明了他们那种使无产者处处遭殃但又把这归之于个别人的罪过的恶劣行为的真正含义"[3]。因此，马克思和恩格斯对新济贫法持有批判性态度，认为新济贫法只会激化资产阶级与无产阶级之间的矛盾，"习艺所的建立比执政党的任何措施都更激起了无产阶级对有产阶级的强烈仇恨……新济贫法大大地促进了工人运动的发展"[4]。

基于无产阶级贫困化产生的根源，恩格斯认为贫困作为特定历史发展阶段的产物，是与资本主义社会的生产方式与生产关系相联系的，"资本主义生产方式日益把大多数居民变为无产者，从而就造成一种在死亡的威胁下不得不去完成这个变革的力量"[5]，因此，改善无产阶级的贫困境况，必须依靠工人阶级通过革命的形式彻底推翻资本主义制度，消灭私有制，建立社会主义公有制，才能从制度上根本解决无产阶级的制度

---

[1] 马克思恩格斯全集（第二卷）. 中央编译局译. 北京：人民出版社，1957：357.
[2] 马克思恩格斯选集（第四卷）. 中央编译局译. 北京：人民出版社，1995：274.
[3] 马克思恩格斯全集（第二十三卷）. 中央编译局译. 北京：人民出版社，1965：11.
[4] 马克思恩格斯全集（第二卷）. 中央编译局译. 北京：人民出版社，1957：582.
[5] 马克思恩格斯文集（第三卷）. 中央编译局译. 北京：人民出版社，2009：561.

性贫困问题。

（三）布思的贫困观

查尔斯·布思（Charles James Booth，1840~1916年），1840年出生于利物浦一个富裕的商人家庭，英国社会改革家、造船业主。布思的思想曾深受社会学家奥古斯特·孔德（Auguste Comte）的影响，并在妻子的鼓励推动下，从1887年开始对伦敦人的生活与劳动状况进行了大范围的社会调查，并对伦敦的贫困问题进行了粗略测量，调查共历时五年，最终写成《伦敦人的生活与劳动》（*Life and Labour of the People in London*），首开城市贫困系统研究之先河。

布思用大量篇幅详细地描述了伦敦贫困人口的真实生活场景，其调查结果表明济贫法缓解贫困的作用十分有限。布思通过选取伦敦部分地区居民作为调查对象，根据调查对象不同的收入和生活水准，将当地人口的生活状态加以分类，一共分为八个阶层：阶层A是由那些"偶尔被雇佣、游手好闲的以及处于半犯罪状态的人构成的最低阶层"；阶层B则是"偶尔有收入者"但却"非常贫困"；阶层C是"间歇性收入者"；阶层D是"固定获得较少收入者"；阶层E是"固定获得标准收入者"，从该阶层开始位于贫困线以上；阶层F是"较高收入的劳工阶层"，拥有相对较好的收入；阶层G是"较低层次的中产阶级"，经济富裕；阶层H是"较高层次的中产阶级"，经济非常富裕[1]。

布思在具体划分出八个阶层的基础上，根据计算得到的C、D、E阶层的食品、衣物、房租、燃料、清洗和照明等生活必需品的消费支出水平，将贫困线确定为每周收入21先令。其具体计算依据是，C、D阶层食品支出12.8先令，房租支出5.2先令，衣物支出0.8先令，燃料支出1.8先令，清洗和照明支出0.5先令，共计21.1先令；E阶层食品支出13.4先令，房租支出4.9先令，衣物支出2.1先令，燃料支出2.0先令，清洗和照明支出0.6先令，共计23先令[2]。其中，A阶层人群处于一种不文明、变化无常、异常艰难的生活状态中，位于社会最底层，主要由流浪汉、罪犯、重体力劳动者组成，他们的食物以粗粮为主，仅有的奢侈享受可能就是饮酒，该阶层占到地区人口总数的1.25%。B阶层人群平均一周工作时间一般不超过三天，收入时常中断，很少有机会获得全职工作，其中也有一些有能力但不愿意从事全职工作的、游手好闲的"享乐阶级"，B阶层占到人口总数的11.25%。布思同时认为如果通过社会改革能够增加这些人的稳定收入，就能够避免他们陷入贫困。C阶层主要由贫穷的劳工、手工艺者、街头小商贩等群体构成，占人口总数的8%，从事的工作主要是季节周期性的，如码头装卸工人每周只能确保工作两天，工作天数受到季节、贸易等因素的影响。布思认为这一阶层的群体是竞争的牺牲品，是经济萧条的受害者。D阶层人群主要包括在工厂、码头、仓库工作的人，占到了地区人口总数的14.5%，他们都有常规收入但相对微薄，每周在21先令以下[3]。A、B、C、D四个阶层都位于布思所确定的贫困线以下，大约占到了伦敦人口的三分之一。布

---

[1] Booth C. Labour and Life of the People，East London. London：Macmillan，1889：34.
[2] Booth C. Labour and Life of the People，East London. London：Macmillan，1889：35-36.
[3] Booth C. Labour and Life of the People，East London. London：Macmillan，1889：34-36.

思按照收入状况和消费支出水平确定贫困线的方法,极大地推动了贫困线计算方法逐步走向量化。

(四)朗特里的贫困观

朗特里(Benjamin Seebohm Rowntree,1871~1954年),英国社会学研究者、社会改革家,是系统研究贫困问题的早期代表人物之一。朗特里受父亲约瑟夫·朗特里(Joseph Rowntree)和查尔斯·布思著作的影响,分别于1899年、1936年、1950年对约克镇的穷人生存状况进行了三次调查。

其中,朗特里在1899年集中对约克镇的工人阶级家庭进行了详细的家庭情况调查,共收集11 560户家庭、46 754份个人详细数据,最终通过调查结果,于1901年编写了《贫困:城镇生活研究》(Poverty: A Study of Town Life)。朗特里在书中较为明确地界定了贫困的定义,确定了绝对贫困标准线,认为如果一个家庭的总收入不足以支撑家庭获得最低数量的生活必需品,那么该家庭就处于贫困状态。朗特里将贫困理解为物质上的匮乏,在此基础上他将贫困划分为"初级贫困"和"次级贫困"。初级贫困是指家庭全部收入不足以获取仅仅维持身体机能所需的最低生活必需品;次级贫困则是指如果不把收入的一部分用于其他方面的支出(不管是有用的还是浪费的),收入足以维持身体机能方面的最低需要[1]。

朗特里依据家庭生活必需品的消费支出水平来具体判断一个家庭处于初级贫困还是次级贫困状态,他将家庭生活必需品分为食品、衣服、房租和其他生活物品杂项开支(照明、燃料等)。朗特里通过采用美国营养学家威尔伯·阿特沃特(Wilbur Atwater)的研究成果,估算了成年人和儿童的平均营养需求,然后根据仅维持身体正常机能的标准,将估算的基本营养需求换算成不同种类、不同数量的食物,再把这些食物换算成现金,在此基础上,根据不同的家庭规模加上最低限的衣服、燃料、住房和其他必需的生活物品,参考当时的最低市场价格,来最终确定贫困线标准,去除租金后收入低于贫困线的家庭就是贫困家庭。

朗特里的第一次调查结果显示,在约克镇大约有9.91%的人口处于初级贫困状态,另有17.93%的人口处于次级贫困状态,即共有27.84%的人口生活在贫困线以下[2]。朗特里的调查结果与布思的调查结果基本一致,引起了当时英国对贫困问题的广泛关注,间接地推动了英国自由党的福利改革进程。

朗特里在1936年开展了第二次贫困调查,基本沿用了第一次的调查方法,但他改变了划定贫困线的标准,增添了家庭必需品支出项目的内容,如报纸、书籍、收音机、啤酒、烟草等并非十分必需的物品也被增添进来,提高了最低生活需要的判断标准。此次调查结果显示,导致贫困的主要原因是失业(44.53%),而较低的工资薪水因素仅占10%。

在第三次贫困调查结束后,朗特里认为20世纪50年代英国经济的发展、政府的充分就业政策、福利国家的建立能够有效地克服贫困问题,福利国家将财富从富人转移给

---

[1] Rowntree B S. Poverty: A Study of Town Life. Bristol: Policy Press,2000:295-296.
[2] Rowntree B S. Poverty: A Study of Town Life. Bristol: Policy Press,2000:298.

穷人，可以明显地提升工人阶级的生活水准。

（五）庇古的对穷人的收入转移支付思想

庇古（Arthur Cecil Pigou，1877~1959年），英国著名经济学家，是旧福利经济学的代表人物，于1920年出版了《福利经济学》。庇古认为社会福利应该是所有社会成员个人效用的简单加总，个人效用的增加会带动整个社会福利的增加，而个人效用的增加与否取决于个人实际收入的多少。他从杰里米·边沁（Jeremy Bentham）的功利主义出发，采用基数效用论作为分析工具，认为在收入分配中一个货币收入存在着边际效用递减规律，同一英镑的收入对穷人和富人的效用是不同的，穷人一英镑收入的效用要大于富人一英镑收入的效用，因而他主张将富人的一部分收入转移给穷人，社会福利也会因收入分配均等化而增加。

庇古对穷人获得转移支付收入提出了一些原则要求，他认为无论是直接转移收入措施还是间接转移收入措施，都要防止懒惰和浪费，以便做到投资于福利事业的收益大于投资于机器的收益。庇古反对对穷人实行无条件的补贴，认为最好的补贴是那种能够激励工作和储蓄的补贴，在实行补贴时应有以下条件：先确定受补贴者自己挣得生活费用的能力，再给予补贴，否则会使某些有工作能力的人完全依靠救济[①]。

庇古认为经济福利的增加对社会福利的增加具有重要的决定意义，而衡量经济福利的两个标准分别是国民收入总量和国民收入分配的均等程度，在不影响国民收入分配均等程度的前提下，国民收入总量的增加会带动经济福利的增加，社会福利也会随之增加。因此，为了实现社会福利的最大化，他主张国家应致力于实现国民收入总量的增加和国民收入分配的均等化，通过实行累进税的方式，把从富人那里收取的一部分税款转移支付给低收入群体，实现国民收入的再分配，从而增加穷人的个人效用和社会的整体福利[②]。

在补贴救助方面，庇古认为首先应当增加必要的货币补贴，改善劳动者的劳动条件，使劳动者的患病、残疾、失业和养老能得到适当的物质帮助和社会服务。其次，向收入高的富人征收累进所得税，给低收入劳动者增加失业补助和社会救济，以实现收入的均等化，从而增加普遍的福利效果。最后，实行普遍养老金制度，或按最低收入，进行普遍补贴的制度，通过有效的收入转移支付实现社会公平[③]。

之后，以帕累托（Vilfredo Pareto）、卡尔多（Nicholas Kaldor）、萨缪尔森（Paul A. Samuelson）等为代表的新福利经济学，更多地关注经济效益问题对社会总体福利的影响，认为当社会达到帕累托最优状态时，市场经济就是有效益的，社会福利也就自然达到了最大化。新福利经济学采用序数效用论和无差异曲线作为分析工具，认为个人之间的效用是没有可比性的，这就与旧福利经济学的边际效用递减规律这一假定相悖，从根本上否认了收入分配均等化带来社会福利最大化的观点。

针对帕累托最优在市场资源配置中难以实现的问题，卡尔多提出了虚拟补偿原理，

[①] 庇古 A C. 福利经济学. 朱泱，等译. 北京：商务印书馆，2006：747-769.
[②] 庇古 A C. 福利经济学. 朱泱，等译. 北京：商务印书馆，2006：729-769.
[③] 庇古 A C. 福利经济学. 朱泱，等译. 北京：商务印书馆，2006：747-764.

他认为在市场调节机制的作用下，资源配置的结果总会出现一方得利、一方受损的现象，而通过受益者补偿受损者的方式，增加的福利如果仍然超过减少的福利，那么整体社会福利就是增加的，因此，国家应通过税收政策进行调节，从受益者那里取走一部分收入来补偿受损者[①]。其实，收入转移支付的过程就是收入再分配的过程，但是与以庇古为代表的旧福利经济学主张通过收入分配均等化直接实现社会福利最大化不同，新福利经济学仅是将收入再分配作为一种补偿性手段，以补偿市场机制下的福利受损者，认为社会福利最终还是由经济效益来决定的。尽管新旧福利经济学各自的分析工具和关注点不同，但二者都为国家干预国民收入分配、通过税收政策获得社会救助资金提供了有力的理论支撑。

（六）费边社会主义的贫困及其救助思想

费边社会主义最早起源于 19 世纪下半叶的英国，1884 年成立于英国伦敦的费边社（Fabian Society）成为当时研究传播费边社会主义思想的发祥地。费边社的主要代表人物有韦伯夫妇（Sidney and Beatrice Webb）、萧伯纳（George Bernard Shaw）等，费边社成员主张通过社会改良，而非通过暴力革命方式来提升福祉，改善人类生活状况。

1918 年，由韦伯等起草的《工党与新社会秩序》阐述了费边主义者重建国家在政治、经济和社会方面的系统和全面的规划，它包括国民最低生活标准的实施、工业的民主管理、国家财政政策的改革、公共福利事业等[②]。后经传播发展，费边社会主义在 20 世纪 40~60 年代达到了全盛时期，此时的主要代表人物有蒂特马斯（Richard M. Titmuss）、汤森（Peter Brereton Townsend）等。费边社会主义思想主要来源于欧文的空想社会主义和边沁的功利主义，平等、自由、博爱、民主参与、人文主义构成了费边社会主义的核心价值体系。在国家角色和集体责任方面，费边社会主义者普遍赞成国家干预和国家福利提供，认为国家应该在社会经济事务和社会福利发展中扮演积极角色，普遍认同普及性福利国家来代替选择性福利国家，福利国家应该以消除贫困、促进平等作为主要社会目标。

费边社会主义者认为贫困问题是一种普遍的社会现象，是一种非个人的社会现象，不再简单地将个人贫困的根源归咎于个人的懒惰，反对社会不加分辨地将所有接受救济的贫民视为懒汉。费边社会主义者秉持贫困发生结构观，在他们看来，个人无法控制的环境、年老、伤残、疾病、低额工资和失业率上升等问题的出现是导致英国存在较高比例贫困人群，尤其是劳动者处境悲惨的真正原因……一个社会应通过对旧的社会经济结构进行大规模的整体改革，从而铲除贫困的根源[③]。

在韦伯夫妇看来，传统的济贫观念只注重对穷人进行物质上的补偿，而忽略了穷人的精神需要。他们认为贫困是指缺乏生活必需品，致使健康、体力甚至元气受到损害，

[①] Kaldor N. Welfare propositions of economics and interpersonal comparisons of utility. Economic Journal, 1939,（195）: 549-552.
[②] 林闽钢. 现代西方社会福利思想——流派与名家. 北京：中国劳动社会保障出版社，2012：61.
[③] 林闽钢. 现代西方社会福利思想——流派与名家. 北京：中国劳动社会保障出版社，2012：62.

最终导致生活本身陷入危险的状态，而非仅仅指一种物质状态。生活必需品的缺乏只是物质层面上的贫困，而由此带来的精神折磨和心理折磨则会将贫困者推入失望迷茫的深渊。他们认为持续的贫困不仅会引发疾病和夭折，在更多情况下，会直接导致人类灵魂的堕落，乃至整个社会的死亡。

费边社会主义者极为批判英国济贫法强加在受济者身上的耻辱烙印，认为接受救济是每一个公民应当享有的权利，同时反对将放弃个人自由和政治权利作为接受救济的前提条件。他们反对个人主义和自由放任主义，极力弘扬集体主义、利他主义和社会互动精神，主张政府提供普及性的而非剩余性社会福利，社会福利的目标在于补偿个人的非福利状况。

费边社会主义者主张国家通过举办各种社会公共福利，以保障劳动者的基本生活水平，并通过积极的保障来促进全民福利。韦伯夫妇认为国家应承担更多济贫责任，而不能单纯依靠地方政府来进行局部救济，强调在事后济贫的同时还应通过教育和培训的方式来提升贫困者的就业能力和劳动技能。

针对当时英国院外救济和院内救济存在的诸多弊端，韦伯夫妇通过一系列社会调查研究最终向议会提交了《少数派报告》，报告中的具体改革建议集中体现了费边社会主义者的社会救济思想。在报告中韦伯夫妇主张改革现有的济贫管理机构，通过权力下放的方式实现各部门济贫工作的合理分工；主张合理划分受助者的类型，将受助者分为有工作能力的和无工作能力的，并分别提供针对性的服务；在补助金发放方面，主张应根据效率、需求和能力来设置一定的标准，以保证补助金的合理使用[1]；在失业救助方面，韦伯夫妇主张给予失业妇女以公共支持和照顾小孩的费用，对那些身处贫困、已经在劳工介绍所登记但又一时无法为其找到合适工作的人给予充分救济，对那些无任何储蓄的社会保险非参保者应强制其在劳工介绍所登记，以便尽快帮助他们取得工作机会，同时为失业者的妻子及家人提供适当救济[2]。可见，费边社会主义者极为强调国家提供社会救助的责任和义务，对如何实施社会救助工作也提出了针对性的对策建议，为现代社会救助事业的开展提供了宝贵的思想借鉴。

（七）贝弗里奇的社会救助思想

贝弗里奇（William Henny Beveridge，1879~1963 年），被誉为"福利国家之父"。1941 年，贝弗里奇受英国战后重建委员会主席阿瑟·格林伍德（Arthur Greenwood）先生的委托，出任社会保险和相关服务部际协调委员会主席，负责对当时的国家社会保险方案及相关服务进行调查，并就战后重建社会保障计划进行构思设计，提出具体方案和建议。1942 年 11 月，贝弗里奇爵士提交了题为"社会保险和相关服务"的报告，这就是著名的《贝弗里奇报告》。在报告计划中，贝弗里奇基于已有的社会调查结果，分析得出英国

---

[1] Webb S, Webb B P. The Break Up of the Poor Law: Being the Minority Report of the Poor Law Commission, Part I. London: Longmans, Green and Co., 1909: 331-333.

[2] Webb S, Webb B P. The Public Organisation of the Labor Market: Being the Minority Report of the Poor Law Commission, Part II. London: Longmans, Green and Co., 1909: 325-330.

的贫困人口主要是因为中断或丧失谋生能力，剩下的贫困人口则是因为家庭人口太多、虽有收入但不足以支撑整个家庭的最基本生活需要，认为只有通过社会保险并根据家庭需要提供子女补贴来进行双重收入再分配才能摆脱贫困。

在《贝弗里奇报告》中，贝弗里奇将子女补贴、全方位医疗和康复服务、维持就业这三个假定作为根据，描绘了自己构想的社会保障计划，该计划由社会保险、国民救助、自愿保险三个不同部分组成。社会保险满足基本需要，国民救助解决特殊情况的需要，自愿保险用于满足超出基本需要的额外需要。社会保险是指参保人在自己或雇主事先强制缴费的前提下获得的现金给付，而不考虑支付时个人是否需要。贝弗里奇认为社会保险是三者中最为重要的，但又强调，尽管社会保险能够而且应当是收入保障的主要手段，但并不能单纯依靠这一手段，它还需要国民救助和自愿保险作为补充。国民救助在享受时只要经证明确实需要，就可得到现金给付，不需要事先缴费，并且待遇随个人情况而调整、变动，所需资金由国家财政提供。社会保险和国民救助由国家组织并提供服务，用于确保基本生活。国家应保证相关政策为自愿保险留有空间，并给予鼓励[①]。

贝弗里奇将社会保险作为最重要的部分，认为社会保险方案应遵循六条基本原则：基本生活待遇标准统一，缴费费率统一，行政管理职责统一，待遇标准适当，广泛保障，分门别类、适合不同人群，其中许多原则也在其设计国民救助的方案中得以体现。贝弗里奇在社会保险方案这六条原则的基础之上，结合国民救助与自愿保险等辅助性措施，将社会保障计划的目标确定为保障英国民众在任何情况下都不会陷入贫困。

贝弗里奇认为要在战后消除贫困，必须要把强制性社会保险作为实现消除贫困的主要手段，将国民救助作为补充手段来满足未被社会保险覆盖的所有保障需要。国民救助必须满足人们基本生活的需要，但标准必须比社会保险待遇要低，否则参保人就不会向社会保险缴费，因此贝弗里奇认为国民救助在重要程度上是仅次于社会保险的一项工作。

贝弗里奇建议在发放救助时，必须经过经济状况调查，而且必须提供需要救助的证据，提供的国民救助只能在救助对象希望尽快恢复劳动能力的情况下进行。他认为，尽管国民救助与社会保险明显不同，但国民救助在管理和操作上要与社会保险相结合，在缴费养老金达到基本生活水平之前或在养老金过渡期内，需要大量救助养老金给予保障。

在《贝弗里奇报告》中，贝弗里奇确立了数量有限的永久救助范围，建议永久救助的范围应远远少于当前公共救助和由救助署实施的救助。他主张将现有的三种不同的经济状况调查（即非缴费养老金、补充养老金、公共救助三种待遇）统一交由一个机构独立承担，并依据完全相同的原则提供发放服务。发放救助一方面要考虑申请者对各种救助的需要情况；另一方面又要考虑申请者现有的财物资源是否能满足其各种需要。

贝弗里奇认为，在救助责任向中央政府转移的过程中，有必要对现行规定进行三点修改：一是对罢工或雇主关厂涉及的人员进行救助；二是用日后必须归还的贷款进行救助；三是用实物代替现金给予救助。另外，在子女补贴方面，贝弗里奇建议子女补贴应

[①] 贝弗里奇 W. 贝弗里奇报告——社会保险和相关服务. 劳动和社会保障部社会保险研究所组织翻译. 北京：中国劳动社会保障出版社，2004：136.

当是非缴费待遇，补贴资金完全从税收中支付，由财政以特别补助金的形式拨付，而不应当由社会保险缴费出资[①]。子女补贴只能作为对父母的资助，而不能将抚养子女的经济责任完全转移给国家。抚养子女的费用应当由父母和社会来共同承担，国家要根据家长是否有收入及收入多少对儿童提供现金或实物形式的补助。

第二节 社会救助的基础理论

一、贫困理论

人类社会发展至今，贫困作为长期存在的社会经济现象，一直受到人们的关注。在不同的历史发展时期，人们对贫困的理解和认识各不相同，对缓解贫困所采取的解决对策也各具差异。尽管贫困问题一直存在，但是人们对贫困问题进行系统研究的历史却不长。1887 年，布思开始对伦敦的贫困问题进行调查和测量，调查共历时五年，最终写成《伦敦人的生活与劳动》，首开城市贫困系统研究之先河。1899 年，朗特里集中对约克镇进行了详细的家庭情况调查，较为明确地界定了贫困的定义并确定了绝对贫困标准线，最终通过调查结果于 1901 年编写了《贫困：城镇生活研究》。随着贫困问题研究范围的不断拓展，人们对贫困的认识正在不断加深，贫困理论也正朝着多元化的方向不断演化更新。

（一）贫困的定义

贫困现象的复杂多样性为人们界定贫困的概念带来了困难。不同国家、群体受特定政治、经济、社会、文化条件的影响，对贫困的理解和定义各不相同，对贫困的认识也是不断发展变化的。朗特里认为，如果一个家庭的总收入不足以支撑家庭获得最低数量的生活必需品，那么该家庭就会处于贫困状态[②]。他将贫困理解为物质上的匮乏，并在此基础上将贫困划分为初级贫困和次级贫困。

汤森认为，所有居民中那些缺乏获得各种食物、参加社会活动、最起码的生活和社交条件资源的个人、家庭和群体就是贫困的。他认为贫困不仅是物质上的匮乏，还意味着处于一种相对剥夺的状态，长期处于物质匮乏的人们难以正常地参与社会活动，缺乏维持日常起居的基本生活条件，缺乏社会的认可和支持[③]。阿玛蒂亚·森（Amartya K. Sen）从能力贫困的视角出发，认为贫困的实质是人们创造收入和机会的贫困，是人们缺乏维持正常生活和参与社会活动的可行能力，即贫困应该被认为是对人们可行能力的剥夺[④]。汤森和阿玛蒂亚·森对贫困的界定反映了研究者对贫困的定义不再仅仅局限于物质

[①] 贝弗里奇 W. 贝弗里奇报告——社会保险和相关服务. 劳动和社会保障部社会保险研究所组织翻译. 北京：中国劳动社会保障出版社，2004：175.

[②] Rowntree B S. Poverty: A Study of Town Life. Bristol: Policy Press, 2000: 295-296.

[③] Townsend P. Poverty in the United Kingdom. Oakland: University of California Press, 1979: 109-115.

[④] 森 A. 以自由看待发展. 任赜, 于真译. 北京：中国人民大学出版社, 2002: 9-23.

生活方面的匮乏，还包括人们在社会生活、精神文化生活和政治生活方面的匮乏，意味着人们处于一种被社会排斥和相对剥夺的生活状态。

在中国，对贫困的定义有很多，一方面是从家庭经济收入不足以满足基本生活需要来理解，另一方面是从缺乏参与经济和社会活动的能力与权利来理解。贫困是指在特定的社会背景下，部分社会成员由于缺乏必要的资源而在一定程度上被剥夺了正常获得生活资料以及参与经济和社会活动的权利，并且他们的生活持续地低于该社会的常规生活标准[1]。贫困是经济、社会、文化落后的总称，是由低收入造成的缺乏生活所需的基本物质和服务以及没有发展的机会与手段这样一种生活状况。童星和林闽钢根据贫困的程度，将贫困划分为绝对贫困和相对贫困。其中，绝对贫困泛指基本生活没有保证，温饱没有解决，简单再生产不能维持或难以维持；如果温饱基本解决，简单再生产能够维持，但低于社会公认的基本生活水平，缺乏扩大再生产的能力或能力很弱，则属于相对贫困。绝对贫困又可分为生存贫困和生活贫困。生存贫困即特困，是指最低生理需求得不到满足、生存有困难，它是生活状况中最低下的一等[2]。可以看出，贫困是一种低于正常生活水平的生活状态，是由人们缺乏维持基本生活的资源和能力所造成的。

（二）贫困的测量方法

测定贫困标准的视角有三种，包括客观相对贫困标准的测定、客观绝对贫困标准的测定、主观贫困标准的测定[2]。客观相对贫困标准是基于一部分社会成员相对低于社会上其他成员的生活水平来进行测定的，客观绝对贫困标准是基于一部分社会成员绝对低于一个确定的最小值来进行测定的，主观贫困标准则是根据贫困对象个人主观感觉生活需要不足来进行测定的。

测定客观相对贫困标准的方法主要有收入等份定义法、收入平均数法、商品相对不足法。收入等份定义法是将国民按收入划分为几个等份，再辅以基尼系数进行差异比较，从而确定总人口的百分之多少为贫困人口，再根据这个百分比，利用家庭收入调查资料，求出贫困标准。收入平均数法是把居民人均收入按不同水平进行统计分组，以全部居民人均生活费用除以2或3作为最低生活费用标准，再从统计分组中得出与之对应的贫困率。商品相对不足法是首先选定某个标准的消费模式作为社会普遍状况的代表，再与它相比，一个家庭缺少的东西越多，不足的程度越大，也就越贫困。

测定客观绝对贫困标准的方法主要有热量支出法、基本需求法、恩格尔系数法等。热量支出法是以每人每日所需摄入的热量为基准，按人均生活费用分组，算出各组的热量摄入量，再找出摄入热量最接近于基准热量的组，该组的人均生活费用即为贫困线的标准。基本需求法是根据一个人食品、衣着等"基本需求"的最小值，比照市场价格，计算出购买这些必需品的最低费用，即定为贫困线。恩格尔系数法是把恩格尔系数的某个值（现在国际上一般确定为60%）直接定为贫困线，或者依据恩格尔系数间接地用收入金额来表达贫困线。

---

[1] 关信平. 中国城市贫困问题研究. 长沙：湖南人民出版社，1999：88.
[2] 童星，林闽钢. 我国农村贫困标准线研究. 中国社会科学，1994，（3）：86-98.

测定主观贫困标准的方法主要有主观最小收入定义法、主观最小消费定义法。主观最小收入定义法是通过社会调查，询问各家庭认为其收入"足够"和"不足"的数量，对这两种数量做几何平均，就可得到我们认为"正好"的主观最小收入水平，如果其实际收入低于这个水平即被认为处于贫困。主观最小消费定义法是通过询问人们什么是他们的基本需求和满足这些需求需要多少"收入"，然后将其同他们的实际收入相比较，判断出他们是否属于贫困。

近年来，国际社会对贫困多元性的特质已逐渐形成了共识，联合国开发计划署（The United Nations Development Programme，UNDP）认为贫困不仅仅是缺乏收入，也是对人类发展的权利包括过上长寿而健康的生活、接受良好的教育和拥有有尊严且体面的生活水平等方面的剥夺[1]。对于贫困多元性的特质，贫困理论的研究者们已经逐渐接受了多维贫困（multidimensional poverty）的概念。

最早开始关注贫困多元性特征的当属社会学家和人类学家。例如，1979 年莫里斯（David Morris）提出了具有多维贫困思想的物质生活质量指数[2]；1987 年哈格纳尔斯（Aldi Hagenaars）从收入和闲暇两个维度，运用社会福利函数构造了多维贫困指数，以此来统计测度贫困[3]。但是，真正使人们高度关注多维贫困的则是阿玛蒂亚·森将能力贫困纳入贫困分析框架中的开拓性研究。阿玛蒂亚·森认为评价人类生活质量，需要关注真实自由的重要性、考虑个人能力差异、关心一个社会内机会的分布等[4]。

在阿玛蒂亚·森等的贫困思想的基础上，联合国开发计划署在1990 年建立了人类发展指数（human development index，HDI），在 1997 年进一步开发出人类贫困指数（human poverty index，HPI）。人类发展指数用预期寿命、成人识字率和人均国民生产总值的对数分别反映人类发展的健康、教育和生活水平三个层面。人类贫困指数由三部分指标组成：①衡量生存的指标，用预期寿命40 岁及以下的人口占全部人口的比例表示；②有关知识的指标，用成年人口的不识字率表示；③反映享受体面生活标准的指标，用不能获得医疗服务人口比例、不能享有安全饮用水人口比例和 5 岁以下儿童营养不良人数比例三个指标来表征。

在对人类发展指数和人类贫困指数扩展的基础上，联合国开发计划署在 2010 年推出了与英国牛津大学合作开发的多维贫困指数（multidimensional poverty index，MPI）。与人类发展指数相比，联合国开发计划署的多维贫困指数虽然仍从健康、教育和生活水平三个维度来反映多维贫困，但用于测量各个维度的指标数从 3 个增加到 10 个。其中，健康和教育维度各有 2 个指标，生活水平维度有 6 个指标。多维贫困指数、不平等调整后的人类发展指数和性别不平等指数作为三个创新性的度量指标首次被运用于联合国开发计划署《2010 年人类发展报告》中。

---

[1] 郭建宇，吴国宝. 基于不同指标及权重选择的多维贫困测量——以山西省贫困县为例. 中国农村经济，2012，(2)：12-20.

[2] Morris D. Measuring the Condition of the World's Poor: The Physical Quality of Life Index. New York: Pergamon Press, 1979: 10-13.

[3] Hagenaars A. A class of poverty indices. International Economic Review，1987，(3)：583-607.

[4] Sen A. Development as Freedom. Oxford: Oxford University Press, 1999: 9-17.

(三)贫困的成因

对于贫困的成因,人们纷纷从个人因素和社会因素角度加以阐释。从个人因素角度来看,贫困被认为是因个人懒惰或缺乏技能造成的,即贫困是由贫困者个人努力不足、缺乏进取心引起的;从社会因素角度来看,贫困被认为是由社会结构、社会制度造成的,社会结构决定了社会资源的分配方式,不平等的资源分配方式加剧了人们的贫困。由于存在不同的贫困成因阐释,也就形成了不同的贫困致因理论。

贫困结构理论认为,社会经济结构产生了不平等的分配结果,不可避免地导致贫困的发生。例如,在劳动力市场中存在着二元化结构:一种是收入高、待遇好、福利好的劳动力市场,进入这一市场的劳动者自然成为富人;另一种是收入低、待遇差、福利差的劳动力市场,参与这一市场的劳动者自然会沦为穷人。不平等的劳动力市场结构必然导致一部分劳动者的贫困。

贫困文化理论是美国人类学家刘易斯(Oscar Lewis)于1959年创立的。该理论认为社会中的穷人与其他人在社会生活方面相对隔离,倾向于发展出一种与社会主流文化相对立的贫困亚文化。穷人为了生存,不得不发展属于他们自己的制度和机构,于是形成了一套与主流文化相异的价值、规范和行为模式,这种亚文化通过贫困群体内部的交往而得以自我加强,造成贫困群体在家庭结构、消费习惯、人际关系、价值体系等方面十分相似,而贫困文化一旦形成,极易在群体内部发生代际传递现象[1]。

贫困处境理论认为,穷人之所以选择不同的行为模式,是因为他们没有资源和机会去适应中产阶级的生活方式;穷人之所以不愿意跟随中产阶级的价值观念,是因为他们所处的环境不允许他们那样做,并告诉他们学习中产阶级的生活方式是不可能达到的目标。贫困处境塑造了穷人自身的行为模式和价值观念,只有改变穷人的处境,改变他们的社会经济条件,穷人的贫困文化才会自然而然地消退,才会改变穷人的反应方式和生活态度。

贫困恶性循环理论认为,穷人自幼受到周围文化和环境的影响,缺乏积极进取的信念和改变处境的动机,导致他们追求向上流动的意愿越来越低,接受改变命运的机会也就越来越少,长期陷入贫困自然无法避免。生活在贫困处境中的人们自小受到贫困文化的熏陶,周围环境也使他们难以有较高的成就动机,从而导致低社会流动和较少的受教育机会。较低的受教育水平导致他们只能进入低收入职业和处于较低的社会地位,低收入职业和社会地位只会使他们更加贫困,如此循环往复,穷人必然越来越贫困。

贫困传递理论主要用于解释长期贫困发生的原因,如20世纪60年代的贫困代际传递研究认为,贫困会在家庭范围内由父母传递给子女,造成其子女在将来遭受同样的贫困处境。子女因无法接受与其他同龄人一样的教育机会和发展机会,在成年后会继续重复父母的贫困境遇,并将致贫因素继续传递给自己的后代,如此代代相传,最终形成贫困的代际传递链条。特别是在一个流动性较低的社会,穷人向上流动的机会少之又少,早期固有的相对劣势会继续累及下一代,造成贫困代际传递现象周而复始。

---

[1] Lewis O. Five families: Mexican case studies in the culture of poverty. American Journal of Sociology, 1959, (1): 99-100.

(四)社会救助与缓解贫困

追溯社会救助的起源,可以发现社会救助的根本目标是缓解贫困,帮助贫困人口获得维持基本生活水平的资源和机会。单纯通过市场配置资源,容易造成资源分配的不平等结果,导致贫困人口生活状况更加艰难,这就要求国家通过社会救助的手段参与社会资源的再分配,以提供收入维持或服务的方式帮助贫困人口摆脱生活困境。

社会救助作为缓解贫困的重要政策工具,具有保障人们基本生活水平、防止贫困恶化、稳定社会秩序的价值功能,因此,社会救助政策是各国制定实施反贫困战略的重要组成部分。反贫困战略是一项综合性的系统工程,要求各项政策措施的有机结合。按照类型来划分,反贫困政策可以分为预防性政策、救济性政策、开发性政策。只有各类政策间的相互衔接、相互配套才能确保反贫困战略的成功实施。因此,各国在制定实施社会救助政策缓解贫困的过程中,应当赋予社会救助政策具备预防性、救济性、开发性的功能,以使其发挥最大的反贫困功效。

二、社会排斥理论

20世纪60年代,欧洲开始使用"社会排斥"(social exclusion)概念研究新贫困问题,更加侧重从广阔的社会经济、政治环境和制度性结构来分析贫困的成因和过程。社会排斥概念最先是由法国学者勒内·勒努瓦(Rene Lenoir)于1974年提出的,他在界定法国的受排斥人群时,认为那些精神或身体有残障者、自杀者、老年患病者、受虐儿童、药物滥用者、过失者、单亲母亲、多问题家庭、边缘群体、叛逆者以及其他一些不适应社会环境的人最容易受到社会排斥,这些被排斥的人大约占到了法国总人口的十分之一。伴随着欧洲经济滞胀和福利国家危机的出现,社会排斥概念越来越受到社会学家、政策学者的关注,被广泛应用到解释现代福利国家出现的新贫困问题、长期性失业问题、贫困家庭结构的变化、福利国家的收缩及移民问题等领域。

(一)社会排斥的概念

欧洲委员会对社会排斥的定义最具有代表性,它认为社会排斥是指在多元并且变迁的因素之下导致人们被当前社会中的交易活动、服务及其权利所排斥。其中,贫穷是最明显的现象之一。社会排斥也指在住房、教育、健康及接近服务上的权利被不适当地处置。它对个人及团体有影响,尤其是居住在城市或乡村不同地区之间所受到的差别待遇和隔离。欧洲理事会进一步认为,社会排斥是一个过程,在这个过程中,某些人因家境贫困或基本能力不足,未能获得终身学习的机会,或因遭受歧视,以致被推至社会边缘,无法全面参与各项社会活动。社会排斥令这些人无法找到工作、赚取收入、获得教育机会、融入社会和社区网络的活动。结果,由于这些人根本无法接触到权力及决策机关,以致他们经常感到无助,认为自己无力控制影响其日常生活的决定[①]。

社会排斥是一个多维度的概念,表现在经济排斥维度、政治排斥维度、文化排斥维

---

① 林闽钢,董琳. 欧盟反社会排斥政策探讨. 公共管理高层论坛,2006,(1):122-140.

度、关系排斥维度和制度排斥维度。经济排斥是指部分社会成员无法正常参与到生产、交换和消费等经济活动中,如个人因自身能力或社会因素而被劳动力市场所排斥,因收入不足而无法进入消费市场购买基本的生活必需品。政治排斥是指部分社会成员被排斥在政治决策过程之外,无法参与事关自身利益或公共利益的政治活动,表现为参与权、选举权等公民权利的缺失。文化排斥主要是指拥有社会主流价值观念的人群会排斥那些拥有不同价值观念和行为模式的其他人群,表现为不同价值观念的对抗和冲突。关系排斥是指人们受到社会关系、社会地位的限制而被阻止进入特定的社会关系网络,沦为社会边缘性群体。制度排斥则是指现有的制度安排设置了人为或非人为的结构障碍,使个人和团体由于不具备公民资格而无法享有各项社会权利,或者即使具有公民资格也被排斥出主流社会之外。

(二)社会排斥的特征

社会排斥概念阐释的多维度特点体现了社会排斥具有多样性、连锁性、过程性、传递性等特征。

(1)多样性。个人和团体面临的社会排斥问题包括经济排斥、政治排斥、文化排斥、关系排斥和制度排斥,体现了社会成员在积极融入社会生活的过程中容易受到多种不同因素的限制,也表明人们正处在一个各种社会排斥问题错杂交织的社会中。社会排斥问题的多样性体现在人们不得不面临着失业、贫困、疾病、伤残、权利剥夺、文化歧视、社会隔离等各种各样的社会问题,各类社会问题的交织并存导致社会弱势群体长期处于社会边缘地位。

(2)连锁性。社会成员在某一个维度遭受排斥,往往会导致他们在另一个维度也遭受到排斥。例如,穷人很难进入政策议定的过程当中,收入低下的社会成员因参与力量不足而导致他们在参与政策制定的过程中无法表达自身的利益诉求,或者其意见不受决策者的重视,同理,一些社会成员因为政治权利的剥夺而无法通过影响政治决策的方式来获取经济利益上的保障。因此,经济排斥、政治排斥、文化排斥、关系排斥、制度排斥之间的相互转化、相互强化,容易导致弱势群体的生活陷入一种恶性循环,无法逃离社会排斥的漩涡。

(3)过程性。社会排斥是一个过程,而不仅仅是一种静止的状态或结果。社会排斥理论将贫困看成一个过程,不仅关注导致社会成员遭受贫困的社会运行机制,同时也关注其贫困的现实处境和未来状态。尽管弱势群体受到社会排斥是因为各种结构性障碍的存在,但是这些结构性障碍并不一定是人为故意设置的,因而社会排斥又是一个不受人控制的过程。

(4)传递性。社会排斥具有很强的代际传递性,社会排斥概念比贫困概念更宽泛、应用范围也更广,但贫困的代际传递特征也同样体现在社会排斥问题上,也就是说,导致被社会排斥的相关条件和因素往往在代际不断延续,使后代重复前代的被剥夺境遇。社会排斥问题倾向于在家庭范围内由父母传递给子女,造成其子女在将来拥有同样的身份地位。子女因较低的社会身份地位而无法获得改变命运的教育机会和发展机会,导致在成年后会继续重复父母的境遇,并将不利因素继续传递给自己的后代,最终在家庭内部或群体内部形成被排斥的代际传递链条。

（三）社会排斥的后果

社会排斥的最直接后果就是导致被排斥群体陷入贫困，被排斥在劳动力市场之外，失去工作也就意味着失去了维持基本生活需要的收入，导致低收入者或无收入者无法通过消费市场来获得基本的生活必需品。在参与政治决策的过程中被排斥群体无法通过表达利益诉求的方式影响相关政策的制定，导致政策结果难以满足他们的利益偏好和改善他们的生活状况。被排斥群体由于被隔离于主流社会关系之外，缺少社会的支持和其他社会力量的帮助，因而摆脱贫困的机会少之又少，加之他们难以改变不平等的资源分配格局，现有的制度排斥结构只会进一步加深他们的贫困处境。

社会排斥的另一个后果是不利于社会融合，被排斥群体很难融入主流社会之中，也难以实现向上的社会流动。与社会排斥相联系的是社会剥夺，社会剥夺使一部分社会成员在经济上、政治上、文化上都处于一种不利状态，这种长期被剥夺的生存状态使他们沦为一种社会边缘性存在，难以摆脱长期以来的社会弱势地位。社会剥夺直接阻碍了社会整合和社会团结的进程。被剥夺的社会成员往往对社会充满敌意和不满，甚至会出现反社会的极端行为，导致社会不安定因素不断叠加，整个社会也将变得支离破碎。

（四）社会救助与反社会排斥

反社会排斥的目标在于保护弱势群体的基本权益，促进他们顺利融入社会生活，这与社会救助的价值目标是高度吻合的。社会救助与反社会排斥的政策对象都集中于特定群体，包括老年人、妇女、残疾人、待业青年等丧失正常生活权利的弱势群体，保护这些群体享有基本生活保障、就业、教育、住房、医疗等社会权利是社会救助与反社会排斥的主要目标。例如，欧盟推行的反社会排斥政策特别强调社会融合，包括促进就业、协调社会保障项目在内的一系列社会保护政策都旨在积极促进劳动力市场的整合，提升待就业人员的劳动技能，让社会成员能够拥有平等的就业机会，以及通过福利津贴、社会服务的方式保护社会弱势群体的基本生活需要，以减弱经济增长带来的不平等现象。

反社会排斥为实施社会救助提供了正当性和合理性，社会救助作为现代社会的最后安全网，应集中关注被排斥群体的基本生活需求和诉求，通过基本生活救助、医疗救助、教育救助、就业救助、住房救助等各类社会救助项目的分类实施，满足社会弱势群体的多样化需要，改善他们的生活境遇，促进他们更好地融入社会生活，实现公正的社会流动。

三、风险社会理论

1986年，德国社会学家乌尔里希·贝克（Ulrich Beck，1944~2015年）首先提出了"风险社会"概念。贝克认为风险是现代化的直接产物，风险社会是现代工业社会发展的一个特定阶段，这个阶段更为现代，并且被疑虑笼罩，因为它处于人为制造的自我毁灭的可能性的阴影中，提出了自我限制的主题。自贝克提出风险社会概念以来，越来越多的学者如安东尼·吉登斯（Anthony Giddens）、玛丽·道格拉斯（Mary Douglas）、尼克拉斯·卢曼（Niklas Luhmann）、斯科特·拉什（Scott Lash）等纷纷投身于风险社会的研究，推动了风险社会理论的向前发展。

（一）风险社会

贝克认为在发达的现代性中，财富的社会生产系统地伴随着风险的社会产生，相应地，与短缺社会的分配相关的问题和冲突，同科技发展所产生的风险的生产、界定和分配所引起的问题和冲突相重叠[①]。换句话说，风险社会与工业社会的主要区别在于，风险社会是工业社会发展的直接产物，工业社会是关于社会生产的财富分配，而风险社会分配的却是风险，在现代化的连续进程中，"财富—分配"社会的社会问题和冲突会开始和"风险—分配"社会的相应因素结合起来。贝克进一步认为这种从短缺社会的财富分配逻辑向晚期现代性的风险分配逻辑的转变，在历史上至少与两种情况有关：首先，这种转变发展在那些纯粹的物质需要上面，它们通过人力和技术生产力的发展，通过法律和福利国家的保护和规范，能够在客观上被降低，并且在社会中被隔离；其次，由于在现代化进程中生产力的指数式增长，这种转变使危险和潜在威胁的释放达到了一个前所未知的程度。我们正在面临现代性发展本身所产生的威胁和冲突，而且这种风险冲突与短缺社会的分配冲突相重合。

吉登斯指出，风险社会的起源可以追溯到今天影响着我们生活的两项根本转变，两者都与科学和技术不断增强的影响力有关，尽管它们并非完全为科技影响所决定，第一项转变可称为自然的终结，第二项则是传统的终结[②]。自然的终结是指我们周围的物质环境没有什么方面不受人类干扰的影响，即自然受到人类实践活动的影响或干扰。过去曾经是自然的许多东西现在都不再完全是自然的了，自然已经被社会化，尽管我们并不总是能够确定某种过程何时开始何时结束。吉登斯认为自然的社会化过程带给人类的不仅仅是幸福，同时也伴随着人为不确定性，甚至是后果更为严重的人为风险。对于传统的终结，吉登斯认为现代性在其发展的大部分历史时期里，一方面在消解传统，另一方面又在不断重建传统，现代的世界并没有带来传统的消亡，而是赋予传统以新的地位和环境，使之成为知识、价值观和道德的可供选择的替代来源。凡是传统已经失去的地方，我们不得不以一种更开放和更能动的方式生活，自主和自由使更加开放的讨论和对话取代了传统的隐藏力量，但是这些自由同时也带来一些其他的问题。例如，传统的消退使过去礼仪性的、道德性的控制力量弱化，不受传统规范束缚的人们因焦虑不安而失去理性，各种人为风险就此而生。

（二）风险社会的特征

风险社会是伴随着现代化过程出现的，贝克认为风险社会是一种"虚拟的现实"，风险既不是毁灭也不是信任，风险描述的是危险或毁灭的潜在性或可能性，因而是一种"真

[①] 贝克 U. 风险社会. 何博闻译. 南京：译林出版社, 2004: 15.
[②] 吉登斯 A. 现代性——吉登斯访谈录. 尹宏毅译. 北京：新华出版社, 2001: 191.

实的虚拟",而且由于风险的全球性而使全球和本土面临重组。风险社会中的风险主要是人为的风险,是被人们所制造和设计出来的,是由人们的干预活动引起的,但是我们又无法选择是否接受风险。因此,风险社会具有全球性、人为性、难以预测性、二重性等特征。

（1）全球性。全球化的发展,将世界各国和地区的政治、经济、文化等紧密联系起来,有人甚至形容全球化时代人们日益生活在"地球村"中。全球化的来临在给世界各国和地区提供发展机遇的同时,也将风险扩散到世界范围内,使风险具有全球化的特征。吉登斯同意贝克的全球风险社会看法,认为后果严重的风险是全球性的,可以影响到全球几乎每一个人,甚至人类整体的存在。风险的全球化意味着没有人能够逃避全球性的风险,如生态灾难和核战争,并且在全球化的背景下,即使远离风险源头,也不一定能幸免于难,不得不接受风险的冲击,承受风险的考验。

（2）人为性。现代社会所面临的是人类自己所制造的风险,这些风险无疑是人类对社会条件和自然干预的结果,是由我们今天的生活方式所造成的,人造风险已经渗透到人类社会生活的方方面面,威胁着人类的生存和发展。吉登斯就认为我们所面对的最令人不安的威胁是人造风险,它们来源于科学和技术的未受限制的推进。科学理应使世界的可预测性增强,它往往正是如此。但与此同时,科学也造成新的不确定性,面对这些捉摸不定的因素,我们基本无法用以往的经验来消除。

（3）难以预测性。随着风险社会的来临,风险日趋多样化、复杂化,特别是各种人为风险的发生及影响正变得更加难以预测。各种风险相互渗透、相互交织叠加在一起,从而使现代社会呈现出一幅复杂多样的风险景象,生活在风险社会中,风险越来越难以预测和控制。吉登斯认为这个世界看起来或者感觉起来并不像我们预测的那样,它并没有越来越受到我们的控制,而似乎是不受我们的控制,成为一个失控的世界。而且,有些被认为是将我们的生活变得更加确定和可预测的影响,如科学和技术的进步,却经常带来完全相反的结果。

（4）二重性。在风险社会中,我们一方面很容易看到可以把我们从过去的束缚中解放出来的许多新机遇;另一方面,我们几乎到处都能看到灾难的可能性,在许多情况下很难确切地说事情会朝哪一方面发展。从本质上讲,风险一直带有负面的含义,因为它指的是避免人们所厌恶的结果的可能性,但是风险社会的出现并不完全与避免危险有关,风险有其积极的方面。从积极的角度来看,风险社会是一个人们的选择余地扩大了的社会。

（三）社会救助与风险社会的应对

福利国家是在应对工业社会外部风险的过程中建立起来的,随着现代化过程的演变、后工业社会的来临,福利国家渐渐失去了原来的存在基础,解决外部风险的手段已经无法有效解决人造的风险。如今人造风险已成为现代社会的主要威胁,福利国家正面临一场前所未有的风险管理危机[①]。为积极应对危机,吉登斯主张放弃以预后关怀作为解决风

---

① 吉登斯 A. 失控的世界:全球化如何塑造我们的生活. 周红云译. 南昌:江西人民出版社,2001:112.

险的主要手段，摆脱对预后关怀的依赖[①]，转而以积极福利政策代替目前的传统福利政策。积极福利政策对人造风险采取事先预防的方法，要求国家的干预，甚至是国际或全球范围的合作。

当前，面对各种外部风险和人为风险的交互叠加，个人及家庭抵御不确定性风险的能力进一步受限，个人及家庭的生存发展不仅面临着传统风险的威胁，而且日益受到现代风险的挑战。因此，现代社会救助作为应对风险社会、保护弱势群体的重要工具和手段，理应及时转变救助理念，由消极的社会救济转向积极的社会救助；及时调整社会救助体系和救助机制，推动社会救助由单纯的事后风险化解逐步向预先风险防范与事后风险化解相结合的救助方式转变，并优先采取预前风险防范手段帮助人们摆脱潜在的风险威胁。

积极的社会救助理念，强调兼顾个人的权利和义务，既重视国家和政府帮助人们化解风险的责任，保障人们满足基本生存生活需要的权利，又强调个人防范风险的责任和义务，注重提升个人抵御风险的能力和意识。在制定实施社会救助政策过程中应准确赋予其积极福利的功能，深入贯彻积极救助理念，改变过去简单依靠预后关怀的传统做法，变依赖福利为工作福利，变生活福利为工作福利[②]。引导救助对象树立正确的福利观念和责任意识，通过增强救助对象自身的生存能力和发展能力，来提升个人解决风险的能力，而不再是一味地、被动地依赖政府和社会的救助。

在具体实施开展社会救助的过程中，应将现金给付与各类社会救助服务相结合，准确回应救助对象和家庭的差异化需求，支持和帮助受助对象防范、化解各类风险，以提高现代社会救助的针对性和有效性。

第三节 社会救助的价值取向

社会救助作为社会的"安全网"，在保障基本人权、促进公平正义方面具有独特的价值功能，必然对一国政治、经济、社会的运行及发展产生广泛而深刻的影响。

一、保障基本人权

生存权和发展权是公民依法享有的基本权利，保障公民享有维持基本生活水平的权利是国家和社会应尽的责任与义务。正如托马斯·马歇尔（Thomas Humphrey Marshall）所强调的社会权利作为公民资格的构成要素之一，公民应当享有"从某种程度的经济福利与安全到充分享有社会遗产并依据社会通行标准享受文明生活的权利等一系列权利"[③]，现代社会救助的实施为保障公民依法享有基本的公民权利和社会权利提供了最基本的安全承诺。现代社会救助与慈善救济的根本区别在于，慈善救济者往往视救济为一种恩赐、

[①] 吉登斯 A. 超越左与右——激进政治的未来. 李惠斌, 杨雪冬译. 北京：社会科学文献出版社, 2003: 190.
[②] 林闽钢. 西方"福利社会"的理论和实践——兼论构建中国式的"福利社会". 江苏社会科学, 2010, (4): 46-51.
[③] 马歇尔 TH. 公民身份与社会阶级. 郭忠华, 刘训练编. 南京：江苏人民出版社, 2008: 11.

施舍、怜悯，接受救济的对象则往往处于被动接受的地位，而现代社会救助强调国家和社会对弱势群体进行救助的责任与义务，受助者将享受社会救助视为自己的基本公民权利，受助者有权在遭受生活困难时寻求国家和社会的支持与帮助。

在现代社会中，部分社会成员因各种先天因素或后天因素的不利影响，难免会陷入生活贫困状态，而他们又无法通过自己的努力摆脱生存危机，这就需要国家和社会对这部分社会成员进行现金补贴、实物给付、服务救助，以缓解他们的物质匮乏状况，改善其生活水平。因此，保护社会成员免受自然灾害、饥饿、疾病、失业等天灾人祸的侵害，既是现代公民权利发展的内在要求，又是国家和社会理应承担的基本责任与义务，体现了社会救助以人为本的价值理念。遵循人本伦理的现代社会救助强调保障所有公民的基本生存权利，每个公民都可能因自身原因和各种突发状况而陷入生活困境，因此保证每个公民都能平等地享受社会救助就成为国家和政府的重要职责，体现了社会救助普遍主义的价值取向。基于恩赐理念的传统慈善救济往往容易让受助者背负耻辱污名，但是具有普遍性价值的现代社会救助因强调每位公民平等地享有社会救助权利，从而有助于消除社会救助的"制度性耻辱化过程"，帮助受助者摆脱"耻辱烙印"[1]，因此，社会救助理念从恩赐观向权利观的转变，是普遍保障所有公民基本人权的价值使然。

吉登斯在关注国家提供社会福利责任的同时，主张个人权利与义务的统一，强调有责任的权利，他认为"个人主义不断扩张的同时，个人义务也应当延伸作为一项伦理原则，'无责任即无权利'必须不仅仅适用于福利的受益者，而且也适用于每一个人"[2]，同样的，现代社会救助虽然强调保障每位公民的基本生存权和发展权，但是享有权利的前提必须是承担相应的责任与义务，权利与义务对等是现代社会救助的基本价值要求。例如，我国推行的城市居民最低生活保障制度规定，在就业年龄内有劳动能力但尚未就业的城市居民，在享受城市居民最低生活保障待遇期间，应当参加其所在的居民委员会组织的公益性社区服务劳动。由此可见，城市居民若要享受最低生活保障权利就必须承担参加社区服务劳动的义务，不履行公益劳动义务可能就意味着失去享受基本生活救助的权利资格。现代社会救助在强调公民有权享受基本生活保障待遇的同时，开始注重培养接受救助者的责任意识，鼓励受助者通过劳动自救的方式真正摆脱生存困境，极力避免受助者权利滥用和福利依赖现象的发生。

二、促进公平正义

实现社会公平正义，让全体社会成员平等地享有社会经济发展红利，是实施社会救助的社会价值目标所在。罗尔斯（John B. Rawls）将其"作为公平的正义观念"描述为"基本理念—所有社会基本善—自由、机会、收入和财富以及自尊的各种基础——都应该平等地加以分配，除非对其中一些或所有这些基本善的不平等分配，会有利于最少受惠者"[3]，因而，社会救助作为一种收入转移支付手段，通过调节国民收入的分配与再分

---

[1] 蒂特马斯 R. 蒂特马斯社会政策十讲. 江绍康译. 长春：吉林出版集团有限责任公司，2011：24-25.
[2] 吉登斯 A. 超越左与右——激进政治的未来. 李惠斌，杨雪冬译. 北京：社会科学文献出版社，2003：69.
[3] 罗尔斯 J. 正义论. 何怀宏，等译. 北京：中国社会科学出版社，1988：292.

配，缩小国民收入差距，可以在一定程度上解决因收入差距导致的非公平性问题，促进实质正义的实现。

适度普惠的社会救助体系致力于保障每位社会成员都能共享社会经济发展成果，自由竞争的市场经济必然造成部分社会成员因竞争能力不足而无法享受到经济发展的红利。实施社会救助，能够在一定程度上补偿这些社会弱势群体的经济利益，使其恢复参与市场经济的能力，进而能够公平地参与到社会经济资源的分配与再分配中，实现社会的共享式发展。具体到各类社会救助方式的实施开展，社会救助以现金救助的方式直接提供给贫困者、失业者、患病者、伤残者等社会弱势群体，能够调节国民财富的不平等分配状况，缓和不同社会阶层之间因利益分配不公导致的利益冲突。社会救助以社会服务的方式提供教育救助、就业救助、医疗救助、住房救助、司法救助，能够促进基本公共服务的均等化覆盖，保证接受救助者公平地享有参与社会生活和经济生活的权利。各类发展性社会救助项目通过提升救助对象的就业能力和发展能力，能够促进受助者顺利地参与到劳动力市场中，保障其公平地享有劳动权利和社会权利。

调节公平与效率之间的紧张关系，是任何一个国家或地区都不可回避的价值选择问题。重效率、轻公平，往往导致社会经济资源在社会成员之间的不平等分配，造成一部分社会成员的收入不足、消费不足，进而会抑制社会总需求的增加，最终不利于市场经济效率的增长。通过利用社会救助的公平性价值，可以补偿这部分社会成员的经济利益损失，进而有效刺激社会需求，实现市场供求关系的平衡。重公平、轻效率，往往不利于提高社会成员参与社会生产和再生产的积极性，进而降低社会总供给的数量和质量，最终会影响社会总体福利水平的提升。因此，社会救助政策作为一项公平再分配机制，理应定位于确保所有社会成员维持基本生存生活需要的政策目标，避免救助标准过高而导致受助对象产生福利依赖思维，避免社会出现福利养懒汉的现象，正如弗里德里希·哈耶克（Friedrich August von Hayek）所言"我们必须对那些较为妥当且正当的目标与那些应当否定的目标做出明确的区别"[①]，实施"有限度的保障"，确保每个人维持生计的某种最低需要。现代社会救助作为实现社会公平正义的重要政策工具，应当制定合理的社会救助标准和范围，而不是追求平均主义式的社会救助价值观。

【本章小结】

社会救助思想源远流长，我国古代先贤名家的仁爱、大同思想就已经孕育了济贫救困、互助互济的社会救助思想萌芽，以儒家为代表的父爱养民思想集中体现了我国古代社会救灾济贫的爱民悯民理念。现代西方贫困与救助思想主要以马尔萨斯的贫困观、恩格斯的贫困观、布思的贫困观、朗特里的贫困观、庇古的对穷人的收入转移支付思想、费边社会主义的贫困与救助思想以及贝弗里奇的社会救助思想为代表，它们都为推动社会救助从早期济贫救困的慈善行为向现代社会救助制度的转型奠定了重要的思想基础。

社会救助的一般理论主要包括贫困理论、社会排斥理论、风险社会理论。贫困理论界定了贫困的定义、测量方法、类型及成因，由于存在不同的贫困成因解释，也就形成

---

① 哈耶克 F. 自由秩序原理（下）. 邓正来译. 北京：生活·读书·新知三联书店，1997：15.

了不同的贫困致因理论，如贫困结构理论、贫困文化理论、贫困处境理论、贫困恶性循环理论、贫困传递理论，贫困理论是推动现代社会救助制度建立发展的基本理论依据。社会排斥理论广泛应用于解释现代福利国家出现的新贫困问题、长期性失业问题、贫困家庭结构的变化、福利国家的收缩及移民问题等领域，为社会救助理论的丰富发展增添了反社会排斥研究视角，反社会排斥成为现代社会救助发展的内在动力之一。风险社会理论认为风险主要是人为的风险，是被人们所制造和设计出来的，是由人们的干预活动引起的，主张采取事先预防的方法来解决人造风险，赋予了社会救助的积极福利功能。

社会救助作为社会的"安全网"，在保障基本人权、促进公平正义方面具有独特的价值功能。社会救助在保障基本人权方面，强调国家和社会对弱势群体进行救助的责任与义务，受助者将享受社会救助视为自己的基本公民权利，受助者有权在遭受生活困难时寻求国家和社会的支持与帮助。社会救助在促进社会公平正义方面，致力于保障每位社会成员都能共享社会经济发展成果，帮助救助对象能够公平地参与到社会经济资源的分配与再分配中，实现社会的共享式发展。

【关键术语】

父爱养民　马尔萨斯　恩格斯　布思　朗特里　庇古　福利经济学　费边社会主义　《贝弗里奇报告》　贫困　多维贫困　社会排斥　风险社会　基本人权　公平正义

【案例】

中国历朝历代以工代赈的多重功能

早在东周齐景公之时，时值饥荒，晏子奏请直接分发米粟赈济饥民，齐景公不允许。晏子另辟蹊径，借兴修路寝之台，招募饥民参加工程建设，"三年台成而民振……民足乎食"。陆曾禹评价晏子此举："晏子之济饥，以智行仁，即工寓赈。"晏子通过以工寓赈的方式间接地救济了饥民，体现了其仁爱子民的儒家伦理道德。唐代卢坦上任宣州刺史时，正值江淮地区发生大旱。卢坦认为利用大旱时机雇佣贫困者开辟久废的渚田，可以使其获得粮食救助，"于是渚田尽辟，借佣以活者数千人"，卢坦基于保民食的爱民之道，通过招募贫困百姓开辟渚田，使数千人免于饥饿而得以饱食。从先秦到宋朝初期，以工代赈在这一历史时期仅仅表现出零星式的运行特点，发展至宋朝，以工代赈迎来了第一个高潮发展时期，朝廷在灾害年份以兴修水利、修筑城墙等以工代赈项目招募灾民计工授酬，施"以工寓赈"之法。例如，宋神宗熙宁七年（1074年）正月，河阳地区受灾，朝廷命令地方官绅开常平仓、省仓进行赈济。但因赈济钱粮不足，"诏赐常平谷万石，兴修水利，以赈饥民"。以工代赈发展到明清时期，已渐趋成熟。明朝当权者借修筑宫宇、兴修堤坝、疏浚河道等以工代赈项目来赈济饥民。例如，英宗正统五年（1440年）二月，京畿地区突遇灾荒，灾民粮食短缺，下令都察院右佥都御史张纯、大理寺右少卿李畛筹划赈济事宜，三个月内雇佣京城饥民，以造奉天、华盖、谨身三殿，乾清、坤宁二宫；孝宗弘治年间，孙需担任河南副都巡抚时，河水泛滥，淹没汴城，灾民流离失所，孙需于是招募流民修筑堤坝，给予雇佣报酬，参加修坝的人数达到上万人，并借此免于饥饿。

直至清朝，康熙五十二年（1713年）下令陕西各州县修理城墙，穷苦百姓借佣工以度日。雍正四年（1726年）颁布谕旨："朕轸念东省被水穷民粒食惟艰，特允山东巡抚陈世倌之请，于大清河兴疏浚之工，令乏食小民得力役之资，为糊口之计。"雍正帝在怜悯饥民，召青年壮丁赴工的同时，还念及不能赴工的老弱残疾百姓，给予他们口食。乾隆四十七年（1782年），河南省青龙冈堤坝溃口，黄河下游泛滥成灾，百姓口粮难以自足，下令"开挑引河，改建堤岸，俾江南、山东两省附近灾黎赴工授食"。可见，在传统父爱养民思想指导下，朝廷官府通过举办以工代赈项目招募饥民赴工计佣受值，可以在一定程度上减轻饥民食不果腹之苦，维持穷苦百姓的基本生计。

总之，中国历史上以工代赈作为国家开展救助的举措，是统治者基于父爱悯民、回应维稳、改造脱困的儒家养民理念，为有效应对灾荒饥馑和流民迁徙问题所采取的救灾恤贫举措。面对灾荒导致的民心不稳和社会动荡现象，统治者为了回应灾民的生计需求和不满，通过兴办以工代赈项目聚集流民百姓，以实现社会安定和谐的政治统治目的。直接的钱粮赈济不但无法真正解决灾民的长期乏食贫困问题，而且极易养成灾民的惰性依赖心理，以工代赈的"得食取佣"功能可以培养灾民的劳动自救意识和廉耻道德意识，体现了以工代赈作为改造脱困措施具有积极社会政策的价值。

资料来源：康镇，林闽钢."以工代赈"作为国家治理工具的历史考察. 理论探讨，2017，（2）：34-38

【复习思考题】

1. 简述我国古代社会救助思想主要有哪些内容，并加以评价。
2. 费边社会主义的社会救助思想有哪些？其思想来源是什么？
3. 简述《贝弗里奇报告》的国民救助思想，并评价其影响。
4. 社会救助理论主要包括哪些内容？并详细介绍贫困理论的内容。
5. 现代社会救助的价值取向是什么？

第三章

生活救助

从世界各国所建立起来的社会救助体系来看,生活救助是社会救助体系中最基本、最重要的内容,也是目前各国普遍开展的社会救助项目。

第一节　生活救助概述

一、生活救助的内涵及特征

(一) 生活救助的内涵

生活救助是国家对生活在法定或当地规定的基本生活标准之下的贫困家庭及对象进行现金和实物等方面援助的一项社会救助项目。生活救助主要包括三个方面的内容:一是按照贫困线获取社会救助是公民的一项基本权利;二是生活救助是在公民因社会或个人、生理或心理原因收入低于贫困线时才发挥作用的;三是生活救助提供的仅仅是满足基本生活需求的资金或实物,是社会保障制度中的最后一道"安全网"。

(二) 生活救助的特征

1. 救助资格的全民性

生活救助的对象不仅仅是没有劳动能力的边缘群体,而是全民,即每一位公民在基本生存面临困境时,都有资格申请生活救助。

2. 以家庭为救助对象

在社会保障制度的大多数项目中,一般情况下都是以个人为保障单位的,如养老保险是在劳动者达到法定退休年龄后可依法获得养老金,保障晚年的生活;失业保险则是在劳动者陷入失业状态时给予个人的保障。而生活救助最大的不同就在于根据家庭的收入状况确定能否享受救助，通常以家庭作为救助的对象。

3. 以基本生活需求为救助标准

生活救助旨在维护公民的基本生存权，仅仅是对生活在贫困线以下的社会成员提供维持基本生活需求的保障，而不是以提高社会成员的生活质量为目的。世界各国的贫困标准一般均低于社会的平均收入及相应的社会平均消费水平。而且，贫困标准通常随着生活必需品价格的变化和居民生活水平的提高或降低而适时调整，既要保证居民的基本生活，又要有利于克服救助对象可能产生的依赖行为。

4. 救助对象的选择性

由于资金的有限性，世界各国的生活救助一般实行申请制，不申请不可能得到救助，而且其有一套法定程序，该程序由个人申请、机构受理、立案调查、社区证明、政府批准等方面组成。有的国家或地区还会调查申请者的家庭财产和工薪之外的其他经济来源，只有符合国家或地方规定条件的居民才有资格享受。各国生活救助在实施时不同程度地表现出"选择性"原则，这有利于保证有限的救助资源使用在最需要救助的对象上。

二、生活救助的对象和责任主体

（一）生活救助的对象

生活救助的对象通常分为以下几类：第一类是无依无靠又没有生活来源的居民，这类居民绝大多数属于长期救助对象，一般是指孤儿、长期患病者或残疾者、无子女和配偶的老人；第二类是有收入来源但生活水平低于国家法定的基本生活标准的个人和家庭；第三类是在享受失业保险金期满后，仍未找到工作，无收入来源的居民。

一般认为，确定救助对象的方法有两种：第一，用定量的方法确定救助对象，即划定一条或几条最低生活标准，凡收入低于基本生活标准的家庭和个人便有权向政府申请救助；第二，用定性的方法确定救助对象，即根据社会上现实存在的各类贫困群体分门别类地确定救助对象。

依据国际惯例，生活救助对象的确定首先是采用定量的方法，以基本生活标准为限制条件，即一个公民及其家庭是否有资格成为社会救助制度的受助对象，主要是看其生活水平是否低于基本生活标准。如果经确定其生活水平低于基本生活标准，针对这些救助对象，可以再根据不同群体的能力和需要，用定性的办法分门别类地具体制定不同的政策措施。

（二）生活救助的责任主体

生活救助是一种政府行为，其责任主体主要是国家。其他社会团体、企业和个人等通常也会参与到生活救助的活动中，形成多元化的生活救助主体。

三、生活救助的资金来源和主要形式

（一）生活救助的资金来源

生活救助的资金来源在各国存在差异，但大多数国家主要由政府出资，只有少数国家资金主要来源于社会。归纳起来，生活救助的资金来源主要有以下几种：一是主要由政府财政负担，如荷兰的生活救助资金来源中，国家负担90%；日本、英国和爱尔兰等国家的生活救助资金100%由国家负担。二是政府和社会力量合作，且主要来源于社会力量，如德国生活救助的资金来源中，政府和慈善机构负担1/3，具有法人地位的各种社会保险管理机构负担2/3。三是政府和社会力量各自独立提供，如新加坡等国家的生活救助的资金来源中，政府通过公共援助计划提供救助，同时，社会团体也通过各种基金提供一定经济补助。

（二）生活救助的主要形式

生活救助的主要形式包括现金、实物、服务等。现金救助是指直接给受助者发放现金（或银行卡、现金支票等），帮助其解决生活困难的一种救助形式。这种救助形式是现代生活救助的主要形式，受助者可根据实际需要使用现金，有较大自由选择空间。实物救助是指不直接给受助者发放现金，而是通过给受助者发放实物（或实物券）帮助其解决生活困难的一种救助形式。这种救助形式主要是根据实际生活状况和需要，无偿发放一些必需的生活资料和部分的生产资料，主要包括食品、衣被等。服务救助是指针对救助的特殊需要而提供的生活照顾和护理等服务，这种救助形式主要是指对高龄老人或残疾人的护理服务、对失去依靠儿童的关爱和照顾等。

四、确定贫困标准线的方法

目前，国际上确定贫困标准线的方法大体上可分为两类：一是相对方法，主要是依据相对贫困的概念，运用相对的标准来划分的贫困线；二是绝对方法，主要是依据人们消费生活必需品的绝对水平来确定贫困线。以"绝对贫困"为主，适当兼顾"相对贫困"。具体地说，有以下四种确定方法[①]。

（一）市场菜篮子法

市场菜篮子法由英国人朗特里在1901年提出，是所有测定基本生活方法中最古老、最易为人们接受的一种方法。首先，专家按营养学标准确定一张能够维持体力恢复的生活必需品（食物、穿着、居住、燃料、文化娱乐、交通、卫生保健等必需消费品和必要劳务）清单，内容包括能维持最起码生活水准的必需品的种类和数量，其次，根据市场价格来计算购买这些生活必需品需要的现金，以此确定的现金金额就是贫困线。

市场菜篮子法的缺陷在于，不同国度、地区的人具有不同的营养基本需要量，这种

---

① 唐钧. 确定中国城镇贫困线方法的探讨. 社会学研究, 1997, （2）: 60-71.

营养基本需要量的差别甚至出现在同一种族的人中，因而，营养构成一直缺乏强有力的说服力。当然，使用这种方法确定最低生活保障线是可能的，这种营养基本需要量是一个平均数，因人而异的营养基本需要量则在这个平均数上下波动。问题是，如果说一个社会有10%的人的收入水平将不能购买足够的食品来满足他们的平均基本营养需求量，并不等于说所有10%的人都不能满足他们的基本营养需要量。另外，衡量生活必需品的标准难以把握，且生活必需品的范畴是变化的，因时因地而异。

中国各地城市居民最低生活保障标准的确定则较多地采用了市场菜篮子法，即通过对贫困居民的实际调查确定若干生活必需品，依据生活必需品最低消费作为确定最低生活水平的标准。这种方式在具体测算时应考虑三个因素：第一，生活必需品品种选择的准确性；第二，生活必需品价格指数的可靠性；第三，贫困家庭及其消费特征选择的可代表性。

（二）恩格尔系数法

恩格尔系数法源于恩格尔定律，根据调查研究和测算，德国统计学家恩格尔认为家庭收入用于食品支出的比例越大，意味着该家庭生活水平越低。国际上确定贫困线标准以恩格尔系数为60%以上者为绝对贫困。

恩格尔系数法的缺陷在于：第一，研究居民基本消费量，就食品支出而言，它应当全部是生活的必需品，才能与问题的要求一致。这种情况，除非是在极度贫穷的地区范围内，否则是不可能的。第二，恩格尔系数的大小取决于多种因素，包括消费偏好的影响。依照恩格尔定律，随着生活水平的提高，恩格尔系数呈下降趋势。但是，对同一时期不同地区的"家计"调查资料作横向比较发现，收入水平高的地区，恩格尔系数未必就低；反之，未必就高。由此可见，恩格尔定律不适合应用于地区发展很不平衡的国家和地区。

（三）收入比例法

收入比例法是从相对贫困概念出发，将城市居民的收入进行排序，把一定比例的最低收入居民确定为需要救助的贫困居民，并将其收入水平确定为贫困标准。这种方法是世界经济合作组织在调查其会员国的社会救助标准时发现的，即大多数国家的社会救助标准相当于这些国家中位收入的2/3，于是，建议以此来确定最低生活标准，一般以一个国家或地区中位收入或平均收入的50%~60%作为贫困线，如欧洲经济合作委员会认为一个成年人属于自己可支配的收入低于平均水平的50%，则属于贫困状态。国际劳工组织认为，在工业化国家，符合最低生活水平的救助对象，是指那些收入相当于制造业工人平均工资30%的家庭和个人，这种方法简便易行。

（四）生活形态法

生活形态法是由英国人汤森首先提出的，他认为每个社会都有为人们普遍认同的生活需求，且这些需求都有一个剥离门槛，当人们的需求项目减少到这个剥离门槛时，该家庭就很难维持原有的基本生活方式，这个剥离门槛就是最低生活保障线。关于此最低生活保障线的确定步骤如下：第一，从人们的生活方式、消费行为等生活形态入手，提出一系列有关贫困家庭生活形态的问题，让被调查者回答，然后选择出若干剥离指标；

第二,根据这些剥离指标和被调查者的实际生活情况来确定哪些人属于贫困者;第三,分析这些贫困人口的消费需求和收入,求出贫困线。生活形态法以当地大多数人的主观判断来确定哪些人的生活形态属于贫困,并在此基础上做进一步的调查。这一方法过于复杂,计算过于抽象。

另外,还有结果非投入法。这种方法的主要依据是人们的消费结果而不考虑人们收入水平高低等因素。在确定与结果非投入法有关的贫困指标方面,一直存在激烈的争论。传统上,倾向于使用生活期望值、生活条件等社会的结果非投入指标,问题的关键在于如何得到一个全面的贫困指标,传统的指标易于忽视分布问题。例如,贫困人口指标只是简单地把低于贫困线的人数加总,不能反映他们的贫困程度以及他们之间的差距。因此,这种方法采用得较少。

第二节 国外生活救助

一、英国的生活救助

(一) 英国生活救助发展背景

1601年,伊丽莎白女王颁布了《伊丽莎白济贫法》,将应急性的济贫事务转化为国家的一项基本职能,开创了英国社会救助的先河,使英国开始由国家通过立法直接出面接管或兴办慈善事业、救济贫民,救济对象为有劳动能力的穷人、无劳动能力的穷人(如老人、残疾人)、无依无靠的孤儿。进入17世纪,伴随着英国产业革命的发展和大规模的圈地运动,按该济贫法设立的济贫院已远不能保障贫困人员的生活,从而妨碍了工业化的发展,危及了政府的统治。

1834年,维多利亚女王颁布新济贫法,严格限制救济津贴,在济贫院、习艺所实行更严格的苦役制度,并将原先分散的济贫工作改为集中管理。新济贫法标志着英国社会救济从济贫转向兼顾防贫。直至第一次世界大战前,英国政府一直把赤贫现象归咎于贫民个人,将救济与强制劳动结合起来。20世纪初,查尔斯·布斯和朗特里等学者通过社会调查揭示了英国贫困现象的普遍性、严重性,人们逐渐认识到贫困问题的根本原因更多的是工业化进程中的社会因素,这对之后英国社会救助制度的发展产生了深远影响。1942年的《贝弗里奇报告》为战后英国社会保障制度的全面建设提供了理论基础。1948年,英国实施《国民救助法》,进一步完善了国民救济制度。1976年,《国民救助法》修订为《补充津贴法》,因而英国社会救助制度也称"补充津贴"制度[①]。

(二) 英国生活救助的主要内容

(1) 在救助对象方面:第一,凡是没有固定职业或就业不充分、无力上缴保险费而

---

① 邢浩特. 英国社会救助体系的主要项目. 中国社会报,2014-09-29.

领不到社会保险金的人；第二，虽然可以领到保险金但数额不足以维持最低生活水平的人；第三，领取社会保险金期限已满，且无其他收入来源的人（如失业者在重新获得工作前可获得少数几天的救助）；第四，未参加社会保险只能领取微薄社会补贴的人（如被丈夫遗弃并有小孩要抚养而不能出去工作的妇女、被监禁犯人的妻子和儿女、未婚的母亲及其孩子、无权领取退休金的70岁以上老人和40岁以上盲人及到处流浪的无业游民）。

（2）在救助内容方面：第一，低收入家庭生活社会救助，主要针对家长全日制工作、有子女，且收入低于贫困线的家庭。除救助金，还可取得一部分取暖费，有子女的可取得学校的免费牛奶和免费膳食以及免缴国民保险，还可以享受房租补贴等。第二，老龄生活社会救助，主要针对只有少量补助金的老人。第三，失业者生活社会救助，针对领取失业保险金期满后继续失业者（已到职介部门登记并准备接受提供的工作机会）。救助金额按个人收入多少、被抚养的成年人和儿童的多少来确定。

（3）在救助待遇与保障标准方面，主要分三大类：第一，对"正常需要"通过经常性贫困补助的办法提供；第二，对"住房需要"从支出角度提供支持，如房租折扣、津贴，代缴房租、水费等；第三，对"特殊需要"按照政府制定需要目录提供现金或实物补助。其中，"特殊需要"在制度上比较复杂，基本可分为三种：一是经常性项目。绝大多数贫困者都获得这种补助，因此往往可以被看做对正常需要补助的附加，如取暖费、保健食品、洗澡开支以及老年人和残疾人补助。二是一次性的单项补助，如家具、家庭设备、季节性衣被等。三是救助对象在遇到经济危急情况时，还可以申请一次性补助。

二、美国的生活救助

（一）美国生活救助发展的背景

1601年英国颁布的《伊丽莎白济贫法》为美国13个殖民地的救助制度提供了范例。最流行的济贫方法是每年固定的一段时间里，把穷人尤其是那些无法照顾自己的人接到自己家中照顾。另外，还可以得到税收减免和教区的帮助。美国独立后，救助制度扩展到加入美国联邦的所有州。建国初期，美国政府把侧重点放在建立一批收养所和感化院上。在工业化时代，将救助儿童、改善穷人居住条件等作为主要的救助工作。

20世纪30年代的经济危机给美国社会带来深重苦难，而当时的总统胡佛深刻意识到社会救助对维护社会稳定的作用，认为社会救助应该依靠慈善组织、私人捐赠而不应该主要靠政府。1933年，罗斯福当选总统并推出新政，旨在恢复和改革经济、缓和社会矛盾。新政把救济贫民和失业者放在了重要位置，在美国历史上政府首次承担起确保不让国民挨饿的责任。1935年，罗斯福总统颁布《社会保障法》（The Social Security Act），开始更积极地帮助贫穷家庭和个人，保障其基本生活，救助重心为老人、盲人、失依儿童及残疾人，尤其是老人。美国社会福利制度在经过20世纪60年代"伟大社会"和"向贫困宣战"之后，成为"不情愿的福利国家"。美国尽管社会保险政策并不完善，却建立了世界上较为完善的生活救助制度，这在缓解贫困方面发挥了相当大的作用。

迫于公共舆论及财政负担的压力，自20世纪80年代开始，美国对社会福利制度进行了改革，其中影响比较深远的是克林顿时代。1992年克林顿上台后就发誓"终结我们所知道的福利制度"。经过长期激烈的讨论,美国国会最终于1996年通过福利改革法案,一是增加工作要求;二是限制受益时间;三是制定费用控制方面的制裁措施;四是消除劳动力进入市场的障碍(为受助者提供从找工作、基础教育到培训的一系列救助);五是控制费用增长;等等。这些变化也使美国公共救助政策成为短期的、向市场过渡的穷人救助计划。事实上,20世纪90年代后半期,美国经济增长率一直保持较高水平,通货膨胀也在可控范围内,失业率多年来降到较低水平。

(二)美国生活救助的主要内容

美国的生活救助对象包括老年人扶助、盲人扶助、残障扶助、未成年儿童家庭救助计划。这些政策都需要通过家计调查,内容包括:直接的金钱提供,以提高贫困者的购买力;直接提供生活必需品,如食物、住宅与医疗照顾;重点保护儿童和青少年的成长环境。1974年《社会保障法》对公共扶助内容做了较大的改变,主要是将分类补充的公共救助整合为补充保障收入(supplemental security income,SSI),并将之纳入联邦政府主管[①]。美国生活救助内容主要包括以下内容。

(1)补充保障收入。其包括原有的几个分类补助对象——老人、盲人与残疾人的现金给付。虽然,联邦政府补助款项大于各州,但是州政府与地方政府仍有较大的权利决定补助金额,因此各州的补助款项差异悬殊,且联邦政府与州政府对于不同对象的补助也不一样。

(2)失依儿童家庭补助。1935年联邦政府开始担负起照顾依赖家庭的救助工作,由当时的罗斯福总统将失依儿童的救助工作纳入《社会保障法》。失依儿童的救助工作在1961年与1962年间经历了两次重大改变,而这两次改变都与家庭有关,一是1961年将其与失业父母结合,家庭中有未成年儿童的失业父母能够得到政府救助;二是1962年将失依儿童的救助工作改为失依儿童家庭补助,主要强调救助是以家庭为单位,而不是以儿童为单位。同时失依儿童家庭补助不但含有现金补助,同时还包含了医疗补助、住宅补助及实物券等。

(3)常规救助。这个方案的对象是那些不符合联邦补助方案的贫困者,由各州另行提供一般救助以维持贫困者的生活。有些州是直接提供现金支持,有些则包括医疗给付、住院、丧葬及其他物质协助。这个方案也是各州社会福利方案的重点项目。

(4)食物补助。食物补助方案包括以下两种:一是食物券,由美国农业部提供农产品来补足低收入者的营养和食物要求。贫困者凭券可以购买食品,或免费得到食品,意在于增加贫困者购买食品的能力;二是妇女、婴儿与儿童的补充食物计划,这是一个针对低收入家庭儿童、孕妇以及育婴期的妇女而设计的计划,目的在于补充妇女、儿童与婴儿的营养所需,通常是用折价券(voucher)提供免费食品,如牛奶、果汁、乳酪、豆类、谷类等营养必需品。此外,营养午餐也是一种常见的食物补充计划,是特别为学校和机构内的儿童所设计的。

[①] Wong S. Geographies of medicalized welfare: spatial analysis of supplemental security income in the U.S., 2000-2010. Social Science & Medicine, 2016, 160 (3): 9-19.

第三节 中国生活救助

一、城市生活救助

（一）城市生活救助发展的背景

中国传统的城市生活社会救助制度是20世纪五六十年代在计划经济体制下形成的。中华人民共和国成立初期，百废待兴，工厂关闭使大批工人面临失业，无依无靠的孤老残幼生活困难。各级政府在恢复生产的同时，进行了大规模的紧急救助工作，主要形式为发放工贷、农贷粮食和收容游民等。

随着社会主义改造的完成，中华人民共和国逐步建立了社会主义计划经济体制，到20世纪50年代后期，与计划经济相配套的救助制度框架基本确立。国家保证了城镇中适龄、有劳动能力的居民充分就业，劳动者及其家庭的生活都得到了基本保障。每个有劳动能力的城市居民都可以依靠所在单位，因此，城镇中只有极少一部分人成为救助对象。在这种体制下，各种企业和事业单位主要承担了职工家庭生活困难的救助工作。20世纪60年代直至1978年，城市生活社会救助制度并没有实质性变革。

自改革开放以来，城镇居民生活水平得到很大提高，但在转轨过程中，激烈的经济变革和社会变迁带来了一些负面影响。经济体制改革和产业结构调整带来的失业、下岗问题是城镇出现贫困的主要原因。从1994年以来，城镇的经济环境发生了巨大的变化。国有单位和城镇集体企业的工作岗位在几年中以很快的速度减少，导致了下岗、失业问题的出现，大量的城镇居民失去或减少了生活的来源。特别是失业人员的年龄构成中以缺乏专业技能和知识水平的中老年人为主，而这些人通常是家庭收入的主要来源。

在城市出现了新的贫困问题，主要表现在以下方面：第一，下岗失业职工增加而且数量大；第二，下岗失业职工中的大部分人是有工作能力并且愿意工作的，但是没有工作机会；第三，隐性失业显性化；第四，贫富差距拉大。城市的贫困群体大致包括五种类型：第一类是下岗无业的职工；第二类是失业人员；第三类是被欠发退休金的离退休人员；第四类是困难企业的职工；第五类是孤寡老人和残疾人。由于城市贫困群体不断增加，同时传统城市生活社会救助制度难以保障新增贫困职工的基本生活，因此，要使社会救助制度真正成为与市场经济配套的最后安全网，就必须进行制度改革与创新，建立与推行最低生活保障制度。

中国现行城市生活救助主要是指城市居民最低生活保障制度。从1993年初创至今，该制度的建立和发展大致可分为以下阶段。

（1）试点阶段（1993年6月至1995年5月）。1993年6月，上海在全国率先建立城市居民最低生活保障制度。在1994年召开的第十次全国民政会议上，民政部肯定了上海的经验，提出了对城市社会救济对象逐步实行按当地最低生活保障线标准进行救济的改革目标,并部署在东部沿海地区进行试点。到1995年上半年,已有上海、厦门、青岛、大连、福州、广州6个大中型城市相继建立了城市居民的最低生活保障制度。在这一阶段,这项制度的创建和实施基本上是各个城市地方政府的自发行为。

(2)推广阶段(1995年5月至1997年8月)。1995年5月,民政部在厦门、青岛分别召开了全国城市最低生活保障线工作座谈会,倡导将这项制度推向全国。到1995年上半年,全国已有上海、厦门、青岛、大连、福州、广州等12个大中型城市相继建立了城市最低生活保障制度。1996年初召开的民政厅局长会议决定:进一步加大推行最低生活保障制度的力度。此后,形势发展更快,到1996年底建立该制度的城市已发展到116个;1997年5月底,全国已有206个城市建立了这项制度,约占当时全国城市总数的三分之一。《关于国民经济和社会发展"九五"计划和2010年远景目标纲要的报告》中提出:逐步建立城市居民最低生活保障制度,帮助城市贫困人口解决生活困难。在这一阶段,全国城市居民最低生活保障制度的建设工作取得了历史性进展。

(3)普及阶段(1997年8月至1999年10月)。1997年9月,国务院发布《关于在各地建立城市居民最低生活保障制度的通知》,要求到1999年底在全国所有城市和县政府所在的镇都要建立这项制度。自此,这项制度的创立和推行成为国家的一项重要决策,推进的速度明显加快。到1999年9月,全国所有668个城市、1 638个县建立了居民最低生活保障制度,到1999年10月底,最低生活保障对象达到282万人,其中传统对象占21%,新增加的对象占79%。

(4)落实阶段(1999年10月至2001年6月)。1999年9月,国务院颁布《城市居民最低生活保障条例》并于1999年10月正式付诸实施。该条例规定:持有非农业户口的城市居民,凡共同生活的家庭成员人均收入低于当地城市居民最低生活保障标准的,均有从当地人民政府获得基本生活物质帮助的权利。对无生活来源、无劳动能力又无法定赡养人、扶养人或抚养人的城市居民,批准其按照当地城市居民最低生活保障标准全额享受。这部条例的颁布标志着城市居民最低生活保障制度开始走上规范化、法制化的轨道。2000年10月中共十五届五中全会通过的《关于制定"十五"计划的建议》中,提出"进一步完善失业保险制度,在试点的基础上逐步把国有企业下岗职工基本生活保障纳入失业保险。加强和完善城市居民最低生活保障制度,逐步提高城市贫困人口救济补助标准"。

(5)提高阶段(2001年6月至今)。2001年下半年,国务院为解决最低生活保障制度的"资金瓶颈"问题,在年初做出8亿元预算的基础上,下半年又新增预算15亿元,共计23亿元。2001年11月,中共中央国务院办公厅颁布《关于进一步加强城市居民最低生活保障工作的通知》,要求尽快把符合条件的所有城市居民全部纳入城市居民最低生活保障范围,做到应保尽保。2002年3月,九届人大五次会议的政府工作报告中多次强调做好困难群众的生活保障工作。到2002年,最低生活保障制度财政预算达到105亿元,其中中央财政负担46亿元,地方财政负担59亿元。城市居民最低生活保障取得了突破性的进展,民政部资料显示,截至2016年底,全国860万户城市居民家庭、1 491万个居民获得了城市居民最低生活保障制度的救助。

（二）城市生活救助的主要内容

1. 保障对象和范围

城市居民最低生活保障制度的保障对象是持有非农业户口的城市居民，凡共同生活的家庭成员人均收入低于当地城市居民最低生活保障标准的，均有从当地人民政府获得基本生活物质帮助的权利。

城市居民最低生活保障制度的保障对象主要包括下列几类人员：第一，无生活来源，无劳动能力，无法定扶养、赡养、抚养义务人的居民，或有法定扶养、赡养、抚养义务人但法定扶养、赡养、抚养义务人无扶养、赡养、抚养能力的居民；第二，领取失业救济金期间或失业救济期满仍未能重新就业，家庭人均收入低于最低生活保障标准的居民；第三，在职人员和下岗人员在领取工资或最低工资、基本生活费后以及退休人员领取退休金后，其家庭人均收入仍低于最低生活保障标准的居民；第四，因天灾人祸造成暂时生活困难的居民；第五，国家有关政策规定的特殊保障对象。

2. 保障标准

城市居民最低生活保障标准，按照当地维持城市居民基本生活所必需的衣、食、住费用，并适当考虑水电燃煤（燃气）费用以及未成年人的义务教育费用确定。

3. 资金来源

城市居民最低生活保障所需资金，由地方人民政府列入财政预算，纳入社会救济专项资金支出项目，专项管理，专款专用。国家鼓励社会组织和个人为城市居民最低生活保障提供捐赠、资助，所提供的捐赠、资助全部纳入当地城市居民最低生活保障资金。

4. 申请程序和保障方式

城市居民认为家庭的人均收入低于当地的最低生活保障标准，即可申请享受城市居民最低生活保障待遇。其具体的申请方式如下：由户主向户籍所在地的街道办事处或者镇人民政府提出书面申请，并出具有关证明材料，填写《城市居民最低生活保障待遇审批表》，接受申请的机关进行初审，并将材料和初审意见报送县级人民政府民政部门审批。并且根据需要，可以通过入户调查和信函索证等方式对申请人的家庭经济状况和实际生活水平进行调查核实，申请人及有关单位、组织或者个人应予以配合，如实提供有关情况。经过审查，对于符合条件的家庭，应当区分不同情况批准其享受城市居民最低生活保障待遇；对于不符合条件的，应当书面通知申请人并说明理由。对于最低生活保障待遇的发放，一般采取现金的方式发放给符合条件的贫困居民，必要时也可以给付实物。

二、农村生活救助

（一）农村生活救助发展的背景

农村五保供养是农村生活救助的一个主要内容。最早关于农村五保供养的两个法规性文件初步建立了这一制度的雏形。1956年1月，中央发布《农业四十条》（草案），并于 1960 年 4 月正式通过，其中第 30 条规定："农业合作社对于社内缺乏劳动力、生活没有依靠的鳏寡孤独的社员，应当统一筹划，指定生产队或者生产小组在生产上给以适当的安排，使他们能够参加力能胜任的劳动；在生活上给以适当的照顾，做到保吃、保穿、保烧（燃料）、保教（儿童和少年）、保葬，使他们的生养死葬都有指靠。"1956 年 6 月通过的《高级农业生产合作社示范章程》中明确规定："农业生产合作社对于缺乏劳动力或者完全丧失劳动力、生活没有依靠的老、弱、孤、寡、残疾的社员，在生产上和生活上给以适当的安排和照顾，保证他们的吃、穿和柴火的供应，保证年幼的受到教育和年老的死后安葬，使他们生养死葬都有依靠。"

20 世纪 50~70 年代，农村实行集体核算制，对农村贫困户的救助由生产队给予，所需资金一般从集体经济的公益金中开支，救助形式通常是有限的救济金及粮食、棉布等实物救助。尽管集体经济的实力有限，但基本保障了当时贫困户的基本生活。80 年代初期，农村实行承包责任制后，结束了集体核算的平均主义分配体制。集体虽然仍承担对孤老残幼基本生活保障的责任，但救助待遇很低；大多数农村贫困者失去了集体分担风险的保障，而基本由个人和家庭来承担风险和责任。

改革开放以后，特别是 20 世纪 80 年代初，农村经济体制的改革和社会主义市场经济体制的初步确立，使农村的社会经济状况发生了根本变化，以集体经济为依托的农村社会保障体系基本解体，农村传统的以土地为基本手段的生活保障体系被削弱，农村的传统家庭和社会关系不可避免地发生了变化，建立基本生活救助制度迫在眉睫。建立农村居民最低生活保障制度有助于解除农民群众的后顾之忧，改善农村弱势群体和贫困群体的生活，缓和社会矛盾，为经济建设和改革开放创造良好的社会环境。

上海是较早开始试点建立农村居民最低生活保障制度的地区，1994 年开始相关试点工作。1995 年民政部为了帮助农村的贫困户解决衣食之忧，开始在部分地区开展建立最低生活保障制度的试点工作。1996 年底，民政部在总结各地试点经验基础上，正式印发《关于加快农村社会保障体系建设的意见》，要求各地把建立农村居民最低生活保障制度作为农村社会保障体系建设的重点来抓。自 1997 年起，有条件的地区开始相关尝试。到 2006 年，共有 18 个省（自治区、直辖市）、近 2 000 个县市区建立了农村最低生活保障制度。

2007 年，国务院下发《关于在全国建立农村最低生活保障制度的通知》，全国各地据此制定了适合本地区的农村最低生活保障制度实施具体办法并积极实践。2012 年国务院进一步下发《关于进一步加强和改进最低生活保障工作的意见》，针对农村最低生活保障工作中出现的问题，从对象认定、审批程序、收入核对、动态管理、监管核查、制度衔接等方面进行了详细的指导和规范，至此农村低保制度得以更加规范合理地运行。

2015 年民政部和国家统计局下发《关于进一步加强农村最低生活保障申请家庭经济状况核查工作的意见》，明确了农村最低生活保障家庭经济状况调查审核的具体办法，保障了该项工作的顺利健康进行。截至 2015 年底，全国有农村低保对象 2 846.2 万户、4 903.6 万人。农村最低生活保障制度为保障农村地区贫困群体基本生活发挥着越来越重要的作用。

（二）农村生活救助的主要内容

1. 农村特困人员供养

长期以来，我国先后建立起农村五保供养、城市"三无"人员救济和福利院供养制度，城乡特困人员基本生活得到了保障。2014年，国务院公布施行了《社会救助暂行办法》，将城乡"三无"人员保障制度统一为特困人员供养制度，我国城乡特困人员保障工作进入新的发展阶段。

（1）供养对象。城乡老年人、残疾人以及未满16周岁的未成年人，同时具备以下条件的，应当依法纳入特困人员救助供养范围：无劳动能力、无生活来源、无法定赡养抚养扶养义务人或者其法定义务人无履行义务能力。

（2）供养内容。特困人员救助供养主要包括以下内容：提供基本生活条件，包括供给粮油、副食品、生活用燃料、服装、被褥等日常生活用品和零用钱，可以通过实物或者现金的方式予以保障；对生活不能自理的给予照料，包括日常生活、住院期间的必要照料等基本服务；提供疾病治疗，全额资助参加城乡居民基本医疗保险的个人缴费部分，医疗费用按照基本医疗保险、大病保险和医疗救助等医疗保障制度规定支付后仍有不足的，由救助供养经费予以支持；办理丧葬事宜，特困人员死亡后的丧葬事宜，集中供养的由供养服务机构办理，分散供养的由乡镇人民政府（街道办事处）委托村（居）民委员会或者其亲属办理，丧葬费用从救助供养经费中支出；对于符合规定标准的住房困难的分散供养特困人员，通过配租公共租赁住房、发放住房租赁补贴、农村危房改造等方式给予住房救助；对于在义务教育阶段就学的特困人员，给予教育救助，对于在高中教育（含中等职业教育）、普通高等教育阶段就学的特困人员，根据实际情况给予适当教育救助。

（3）经费来源和标准。县级以上地方人民政府要将政府设立的供养服务机构运转费用、特困人员救助供养所需资金列入财政预算。省级人民政府要优化财政支出结构，统筹安排特困人员救助供养资金。中央财政给予适当补助，并重点向特困人员救助供养任务重、财政困难、工作成效突出的地区倾斜。有农村集体经营等收入的地方，可从中安排资金用于特困人员救助供养工作。各地要完善救助供养资金发放机制，确保资金及时足额发放到位。特困人员救助供养标准包括基本生活标准和照料护理标准。基本生活标准应当满足特困人员基本生活所需；照料护理标准应当根据特困人员生活自理能力和服务需求分类制定，体现差异性。特困人员救助供养标准由省（自治区、直辖市）或者设区的市级人民政府综合考虑地区、城乡差异等因素确定、公布，并根据当地经济社会发展水平和物价变化情况适时调整；民政部、财政部要加强对特困人员救助供养标准制定工作的指导。

（4）特困供养的形式。特困人员救助供养形式分为在家分散供养和在当地的供养服务机构集中供养。具备生活自理能力的，鼓励其在家分散供养；完全或者部分丧失生活自理能力的，优先为其提供集中供养服务。对于分散供养的特困人员，经本人同意，乡镇人民政府（街道办事处）可委托其亲友或村（居）民委员会、供养服务机构、社会组织、社会工作服务机构等提供日常看护、生活照料、住院陪护等服务。有条件的地方，可为分散供养的特困人员提供社区日间照料服务。对于需要集中供养的特困人员，由县级人民政府民政部门按照便于管理的原则，就近安排到相应的供养服务机构；未满16周岁的，安置到儿童福利机构。供养服务机构应当依法办理法人登记，建立健全内部管理、安全管理和服务管理等制度，为特困人员提供日常生活照料、送医治疗等基本救助供养服务，有条件的经卫生计生行政部门批准可设立医务室或者护理站。供养服务机构应当根据服务对象人数和照料护理需求，按照一定比例配备工作人员，加强社会工作岗位开发设置，合理配备使用社会工作者。

2. 农村居民最低生活保障制度

1）保障对象和范围

农村最低生活保障对象是家庭年人均纯收入低于当地最低生活保障标准的农村居民，主要是病残、年老体弱、丧失劳动能力以及生存条件恶劣等原因造成生活常年困难的农村居民。

2）保障标准

农村最低生活保障标准由县级以上地方人民政府按照能够维持当地农村居民全年基本生活所必需的吃饭、穿衣、用水、用电等费用确定。农村最低生活保障标准要随着当地生活必需品价格变化和生活水平提高适时进行调整。

3）资金来源

农村最低生活保障资金的筹集以地方为主，地方各级人民政府要将农村最低生活保障资金列入财政预算，省级人民政府要加大投入。地方各级人民政府民政部门要根据保障对象人数等提出资金需求，经同级财政部门审核后列入预算。中央财政对财政困难地区给予适当补助。

地方各级人民政府及其相关部门要统筹考虑农村各项社会救助制度，合理安排农村最低生活保障资金，提高资金使用效益。同时，鼓励和引导社会力量为农村最低生活保障提供捐赠和资助。农村最低生活保障资金实行专项管理，专账核算，专款专用，严禁挤占挪用。

4）申请程序和管理

（1）申请、审核和审批。申请农村最低生活保障，一般由户主本人向户籍所在地的乡（镇）人民政府提出申请；村民委员会受乡（镇）人民政府委托，也可受理申请。受乡（镇）人民政府委托，在村党组织的领导下，村民委员会对申请人开展家庭经济状况调查、组织村民会议或村民代表会议民主评议后提出初步意见，报乡（镇）人民政府；乡（镇）人民政府审核后，报县级人民政府民政部门审批。乡（镇）人民政府和县级人民政府民政部门要核查申请人的家庭收入，了解其家庭财产、劳动力状况和实际生活水平，并结合村民民主评议，提出审核、审批意见。在核算申请人家庭收入时，申请人家庭按国家规定所获得的优待抚恤金、计划生育奖励与扶助金以及教育、见义勇为等方面的奖励性补助，一般不计入家庭收入。

（2）民主公示。村民委员会、乡（镇）人民政府以及县级人民政府民政部门要及时向社会公布有关信息，接受群众监督。公示的内容重点如下：最低生活保障对象的申请情况和对最低生活保障对象的民主评议意见，审核、审批意见，实际补助水平等情况。

（3）资金发放。最低生活保障金原则上按照申请人家庭年人均纯收入与保障标准的差额发放，也可以在核查申请人家庭收入的基础上，按照其家庭的困难程度和类别，分档发放。推行国库集中支付方式，通过代理金融机构直接、及时地将最低生活保障金支付到最低生活保障对象账户。

（4）动态管理。乡（镇）人民政府和县级人民政府民政部门要采取多种形式，定期或不定期调查了解农村困难群众的生活状况，及时将符合条件的困难群众纳入保障范围；并根据其家庭经济状况的变化，及时按程序办理停发、减发或增发最低生活保障金的手续。保障对象和补助水平变动情况都要及时向社会公示。

【本章小结】

生活救助是国家对生活在法定或当地规定的基本生活标准之下的贫困家庭及其对象进行现金和实物等方面援助的一项社会救助项目。本章主要讲述的是生活救助概述、外国生活救助及中国生活救助状况。生活救助作为社会救助的重要组成部分，是社会救助体系中最基础的项目构成，发挥着最后一道"安全网"的关键性"兜底"职能，无论从人道主义视角，还是从政治维稳的视角来看，都是极其关键的。生活救助主要包括三个方面的内容：一是按照贫困线获取社会救助是公民的一项基本权利；二是生活救助是在公民因社会或个人、生理或心理原因收入低于贫困线时才发生作用的；三是生活救助提供的仅仅是满足基本生活需求的资金或实物，是社会保障制度中的最后一道"安全网"。生活救助是社会救助体系中最基本、最重要的内容，是目前各国普遍开展的社会救助项目，但在不同国家其具体内容不尽一致。本章通过介绍国内外的生活救助政策和生活救助模式，帮助我们更好地了解生活救助的内涵、原则及内容，从而更好地把握中国生活救助制度未来的发展模式及改革动向，保障人们的基本生存权利，促进社会保障事业的健康发展。

【关键术语】

生活救助　"三无"人员　最低生活保障　贫困户救助　"五保户"供养　农村特困人员供养　食物补助　英国"补充津贴"制度　美国补充保障收入

【案例】

美国食物券计划

食物券（food stamp）是由美国政府通过补助营养援助计划（Supplemental Nutrition Association Program）向低收入人群发放的用于换取食物的凭证，这一补充援助曾经以纸质券发行，"食物券"因此得名，但是现在大多数州是以塑料借记卡形式发放的。它每年服务大约4 760万人——所有残疾人及年收入低于贫困线100%~120%的个人或家庭都有资格领取食物券。

该计划始于1939年5月16日。1943年春，食物券计划暂时被中止。当时在计划实施的 4 年中，一次性或多次性受惠的美国人累计达到 2 000 万人次，覆盖了美国近一半的县（郡），总计耗资 2.62 亿美元。最高峰时，食物券计划同时资助了 400 万人。

1964 年，约翰逊总统提请国会对食物券计划进行永久性立法，同年 4 月，法案最终被国会通过，同年 8 月正式生效施行。到目前为止，该计划已经惠及美国 2/3 的人口，各州比例从加利福尼亚州的 50% 到密西西比州的 98% 不等。

美国食品券申请条件和资格有：第一，拥有有效的社会保险号码，即申请人和所有家庭成员都必须有一个有效的社会保险号码；第二，家庭可计财产资源不能超过 2 000 美元；第三，申请人月总收入足够低；第四，申请人净收入足够低；第五，进行登记工作或培训；等等。

在领取食物券的人中，有 68% 无法工作，这些人包括老人、未成年人和没有工作能力的残疾人。在剩下的 32% 中，其中 58% 的个人或家庭在申请食物券时就已经在工作。领食物券一年后，这一比例更是涨到 82%。更重要的是，在开始拿食物券的 58% 的人群中，领食物券一年后仍然在工作的比例高达 96%。所以说，领食物券的人绝对不是不工作的懒汉，也不是拿到食物券就不工作的人。

从成本开销角度上来看，美国政府维持食物券计划并不是非常昂贵。美国目前大约每 5 个人中有 1 个人在领食物券，而这个人每天领到大约 4 美元。如果把这 4 美元分摊到剩下的 4 个人头上，等于美国每一个不领食物券的人每天仅花 1 美元来维持这个计划。

根据统计，食物券是美国政府所有花销中刺激经济最有效的一项支出。数据显示，美国政府每在食物券上花 1 美元，能让美国产生 1.73 美元的经济活动，而政府给企业减税，每降 1 美元的税，却仅仅产生 0.33 美元的经济活动，还不到食物券效率的 20%。

资料来源：赵雨桥. 你所不知的美国食物券. http://news.uschinapress.com/2014/0818/989324.shtml，2014-08-18，经过作者整理

【复习思考题】

1. 简述生活救助的概念及其特征。
2. 我国生活救助制度的发展呈现出什么特点？
3. 结合实际，谈谈你对我国城市最低生活保障制度的认识。
4. 如何发展和完善我国的生活救助制度？

第四章

灾害救助

世界各国都要面对自然灾害所带来的社会问题。频发的自然灾害，不可避免地要给国民生活造成重大的影响。自然灾害救助直接关系到受灾群体的切身利益，因此，受到世界各国政府的高度重视，成为社会救助体系的重点项目。

第一节 灾害救助概述

一、灾害救助的概念

自然灾害救助也被称为"救灾"，是指社会成员遭受自然灾害袭击而造成基本生活困难时，由政府主导并充分发挥社会、市场的参与作用，通过人力、物力、资金的投入，为灾区社会与个人提供基本服务，旨在满足受灾区域的社会生存与发展的需要而提供援助的一种社会救助。

从灾害救助的基本目标来看，它是在一个国家治理体系下，通过政府、市场、社会共同行动，实现受灾群体及区域的社会秩序、基本生活的有效恢复，通过消减灾区的脆弱性，恢复可持续发展。灾害社会救助的直接目的是将受灾群体的生活和社会秩序恢复到正常状态，同时，救灾的最终目标是要通过一系列有效的政策设计与实施，实现灾区社会成员的基本生活得以保障与可持续发展的双重目标。

二、灾害救助的基本特征

为了满足灾害救助的目标，在政府主导下的灾害救助呈现出诸多特征，灾害救助的基本特征则表现为政府责任性、主体多元性、全面服务性、基本保障性、作用可持续性。

(一)政府责任性

在灾害救助中,各国政府通常都起主导作用。灾害危机所造成的部分社会成员基本生活与区域社会功能的中断可以被视为重要公共问题,市场和社会通过自发力量在处理此问题时存在局限性,政府的应急管理体系在应对灾害问题时有其组织化优势,政府必须为此类公共问题提供基本解决方案和应对措施。

(二)主体多元性

灾害救助是为了满足灾变过程中的各类基本需要,灾变过程中的需要被划分为:反应引致需要(response-generated demands)与事件引致需要(agent-generated demands)[①]。前者聚焦正式反应体系的应灾作用,后者强调对于事件引致的多样化社会需要的回应。灾害救助主体多元性特征主要在于:一是在灾变过程中的各类社会需要多样而庞大,并需要政府在短时期内进行迅速回应,这可能会超出政府能力范畴。二是政府行为存在"趋中性",即政府出台政策、提供服务时难以照顾到一些特殊的边缘群体,或者只考虑到这些群体的一般性需求,而难以估计到他们的某些特殊需求。于是,灾害救助中国内外的各类社会组织、企业积极加入正式与非正式救灾服务体系之中,灾害救助主体体现出社会化、国际化、网络化的趋势,从参与主体上看,灾害救助的提供者也呈现出主体多元性特征。

(三)全面服务性

灾害危机所造成的影响具有社会功能破坏性,它会造成不同程度的人员伤亡与财产损失。灾害救助体系所需要提供的服务不仅限于物质支持层面,还需通过技术、知识为个体与社会心理、文化以及社会发展层面提供支持。灾害救助的全面性特征体现了当代社会对灾害影响的理解,在以人为本的理念下,政府与社会更加关注人的全面发展的重要性。灾区社会成员所受到的灾害损失是多方面的,灾害对于不同群体的影响相异,社会人口特征与灾害影响有着强相关性,灾难面前所造成的群体间影响具有非均衡性特征。针对社会人口特征所存在的多样化、差异化的社会需要,灾害社会救助服务体系必须能够进行全面回应。

(四)基本保障性

灾害救助的短期目标是,各项救助服务需要能够在不确定性、威胁性、紧迫性的危机背景下,满足社会成员的基本生存需要。因此,这就要求灾害社会救助服务政策必须保障其基本保障性要求,即在各项救助服务项目与工具中,需要首要保障的是灾区社会成员的基本生存需要,因为这是社会恢复与发展的起点。而在灾害恢复重建期,重建资金、技术、人员及设备的支持相对重要。灾害救助服务体系通过对不同灾害影响阶段的具体需求的识别可以按照实际需要为灾区提供基本保障。

[①] Quarantelli E L. What Is a Disaster? Perspectives on the Question. London: Routledge, 2005: 118.

（五）作用可持续性

灾害救助不仅是对灾区的短期服务，同时，救助服务的影响需要具有可持续性，即能够为灾后社会发展提供动力基础。灾害救助服务体系的长期目标是能够帮助灾区更好地发展，因此，灾害救助的作用发挥不仅需要基础性保障措施，还需要发展型社会支持措施。这些措施在消减灾区灾害风险水平的同时，也为灾区经济社会持续健康发展提供支持。

三、灾害救助的基本内容

灾害救助内容广泛、项目众多，厘清灾害救助的基本内容至关重要。按照服务项目的提供主体划分，其可以划分为政府性灾害救助、社会性灾害救助、市场性灾害救助。灾害救助的基本内容在不同主体层面体现出差异性。政府性的救灾服务侧重于正式的、组织化的救灾服务，这也构成了灾害救助的核心内容；社会性的救灾服务则主要体现为个人化、社会化以及制度外的救灾服务；市场性的救灾服务集中体现为以市场保险机制为基础的灾害救助方式。

广义灾害救助涵盖灾害事件发生后的各类应对行动，形成了正式与非正式行动体系，其内容十分宽泛，涵盖了灾害损失评估分析、灾害救助救援预案、灾害救助组织协调、灾害救助指挥、灾害救助信息系统、灾害救助设备、灾害救助资金、灾害救助医疗、灾害救助避难服务等。

狭义灾害救助特指满足灾害事件引致的个人与群体生存与发展需要，即针对个人与群体提供基本生活维持、教育、就业、心理与健康服务等社会恢复，以及住房与公共基础设施恢复重建服务。

通常灾害管理阶段被划分为四个阶段，即减灾、整备、反应、恢复，灾害救助强调的是反应与恢复阶段的作用。按照联合国减灾组织（United Nations Disaster Relief Organizations，UNDRO）将灾后恢复划分为短期救援期（灾害事件开始至第五天）、灾害复原期（灾害第五天至三个月）及灾后重建期（三个月之后），还可以将灾后救助期划分为灾害救助反应期、短期恢复、长期恢复。而无论哪种形式的划分，其基本目的都是结构化灾害救助行动，明确灾害救助内容在时间维度上的变化。本章所聚焦的灾害救助内容为狭义概念，并强调灾害救助在短、中、长期上的全面覆盖。

第二节 国外灾害救助

一、美国灾害救助

（一）美国灾害救助相关法制演变

美国灾害救助主要是以社会与市场驱动理念为主导的，起初政府在灾害救助中的介入较少。美国早期的灾害救助主要由教会、慈善机构等社会组织以及地方政府负责实施，联邦政府很少介入，也就没有形成国家层面的救灾体制。

直至1950年美国《联邦灾害救援法》的出现，它奠定了美国政府灾害管理的发展方向。美国联邦政府开始注意到建立全国性的灾害救助法案的重要性，即在某些灾害发生时，联邦政府应当给予各州以有限的、必要的援助。同时，一些地方层面的灾害救助法规也被提升到国家层面进行推广，如1968年美国国会通过《全国洪水保险法》，次年制定出《国家洪水保险计划》。

2007年美国国家洪水保险计划升级改革。卡特里娜飓风以后，美国国家洪水保险计划几乎又陷入困境。随着科技发展，科技手段在减灾政策上的应用也改变了以往灾害保险费率标准制定的信息不对称问题。在此背景下，美国联邦政府又开启了新一轮的洪水保险计划改革，改革的焦点在于改革精算方式、扩充保险范围、扩大保险覆盖面以及将保险与减灾措施相结合等，主要内容包括：第一，实施精算费率和提高国家洪水保险费率年度增长速度限制的政策；第二，购买激励措施；第三，增加承包内容、扩大承保范围；第四，提高国家洪水保险计划的借款权限；第五，增加减灾措施；第六，重申美国联邦应急管理署（Federal Emergency Management Agency，FEMA）在2004年改革法下的责任；第七，修订新的洪水风险地图[①]。

在《灾害救助法案（修订案）》（1974年）中，将联邦灾害援助、救济工作的管理权授予总统办公室，建立总统声明制度，授权联邦政府对遭受灾害损失的公共和私有集团给予援助，它还规定主要灾区需制订并实施长远恢复计划。该法鼓励州、地方和个人通过保险来补充或替代政府援助。1988年、2000年该法案经过了两次重要修订，成为灾害援助的基本法律依据。2005年该法又经修订并颁布，简称为《灾害救助法》，要求或授权任命一位联邦协调员在灾害风险区开展管理工作；动员联邦官员组成紧急救援小组协助联邦专门机构分发食品、给养和药品；从事援助和恢复工作；提供公平合理的灾害援助；修复交通设施；提供临时住房；增加失业救济；帮助重新安置；安抚人心及拨款、贷款以支持地方经济复兴；等等。

（二）美国灾害救助体系

美国灾害救助体系的核心运作机制是应急指挥系统（incident command system，ICS），通过标准化的指挥体系可以协调不同政府部门间的救灾行动。20世纪70年代，美国加利福尼亚州森林大火期间，不同部门人员、设备、语言、组织方式影响到了整体救灾效率。为了纠正这种分散的、低效率的应对方式，加利福尼亚州消防部门开创了火灾辖域（fire scope）项目，旨在协调联邦、州、地方森林消防部门，其中，该项目的重要影响是ICS被广泛地使用。随后，美国森林与国家公园服务系统使用了ICS，并称为国家联合应急管理系统（national interagency incident management system，NIIMS），即国家事故管理系统（national incident management system，NIMS）的前身。

---

① Congressional Buget Office. CRS Report for Congress: The Flood Insurance Reform and Modernization Act of 2007: A Summary of Key Provisions, 2007.

在经历了 2001 年"9·11"恐怖袭击事件、2005 年美国卡特里娜飓风之后，美国于 2008 年 1 月正式颁布国家应急框架（National Response Framework，NRF）。国家应急框架保存了国家事故管理系统的核心机制——ICS。ICS 功能多样，主要包括了统一术语使用、整合沟通方式、统一指挥结构、资源管理、行动预案等。控制、执行、预案编制、保障、资金与行政是 ICS 的五大管理系统。控制系统包括开发、指导、维持与各部门、各层级政府、公众、媒体的沟通与协作；执行系统是将行动方案付诸实施并分配各种资源；预案编制系统是为控制系统提供必要信息以制订各类行动预案；保障系统提供人员、设备，整合各层级、各部门及社会资源为应急所用；资金与行政系统是为灾害应对与灾害恢复提供资金支持与管理。其中，预案编制系统是整个 ICS 的核心功能[①]。

为了更加有效地回应灾害应对过程中的社会需要，在联邦政府层面建立了重大紧急支援任务体系（Emergency Support Function，ESF），将繁杂的灾害救助事务结构化地划分为十五项功能，即转移疏散、沟通、公共基础工程服务、消防、应急管理体系运转、应急救助与服务、运输与资源支持、公共卫生、搜救服务、危险源排查与应对、农业与自然资源、能源、公共安全、长期摄取恢复、外部事务。重大紧急支援任务体系中还将联邦政府中的组织部门在其中的角色和责任做了分类，分别为协调部门、责任机构、支持机构，于是，在不同灾种情境之下，各个政府部门能够依据其在不同灾种下的责任与分工有序地参与到灾害救援过程之中。

从美国灾害救助体系来看，其广泛涵盖了联邦政府、地方政府、社会组织等多主体的灾害救助计划。在国家应急框架层面规定了联邦政府在执行灾害救助层面的责任，其核心是通过构建联邦、州、社会组织以及私人部门应急救助合作伙伴关系，将灾害救助纳入更加有序和高效的轨道。从灾害救助的项目来看，美国应急管理署的灾害恢复项目中存在个体恢复计划与公共恢复计划，其中，个体恢复项目主要包括：住房支持计划（disaster housing program），即通过对保险计划没有覆盖的受灾家庭提供资金等形式的支持以帮助其获得安全的居住空间；家计支持计划（individual and household program），即对缺乏保险和救助项目覆盖的受灾个体和家庭提供满足其基本生活需要的帮助；灾害失业救助项目（disaster unemployment assistance），即针对灾害事件而导致的失业人员提供失业救助和再就业培训服务；同时还包括了灾区法律服务、心理与社会治疗等。在灾区公共恢复计划中，《斯坦福法案》（*Stafford Act*）规定，需要为地方政府和非营利部门提供联邦灾害救助，地方政府和社会机构均可以申请灾害恢复资金，这些资金将主要应用于短期的应急事务和永久性事务，如公共基础设施方面。另外，在联邦政府的不同部门层面也存在着各类灾害救助计划。

从美国灾害救助的社会组织参与层面来看，社会组织与国家正式应急管理主体同样拥有重要地位并作用于减灾、整备、反应与恢复的阶段。例如，在减灾阶段，一些社会力量如商业与居住安全组织（The Institute for Business and Home Safety，IBHS）参与减灾计划；在危机反应阶段，社会力量被视为第一线应对力量，美国红十字会、救世军（Salvation Army）通过灾前志愿者应急反应培训投入危机应变中。除此之外，众多的应

---

① Haddow G，Bullock J，Coppola D P. Introduction to Emergency Management. Oxford：Elsevier Science，2008：111.

灾社会组织组成了国家应灾志愿组织行动联盟（The National Volunteer Organization Active in Disaster，NVOAD）。该联盟由 34 个全国性的组织以及 52 个地方应灾志愿组织以及相关国际应灾志愿组织构成[1]。而国家应灾志愿组织行动联盟和红十字会也构成了社会组织参与灾后恢复阶段的重要力量，通过提供多样化的灾害恢复服务，包括应急资源分配、儿童照顾、避难服务、医疗服务、灾区清理、应急沟通、压力与情绪服务、灾情评估、房屋修复、减灾设施、伤员转移等[2]发挥出重要作用。

美国联邦应急管理署在 20 世纪 70 年代末期，将散落于政府各部门的国家应灾志愿组织行动联盟救援资源与计划进行整合，并系统性地进行合作关系建构。国家应灾志愿组织行动联盟的沟通（communication）、协调（coordination）、协力（collaboration）及合作（cooperation）的 4C 理念也深刻影响了政府与社会组织应灾协作网络的建设。

经历了"9·11"事件及卡特里娜飓风事件之后，美国应急管理体系进行了新调试，更加突出强调国家应灾志愿组织行动联盟在减灾、整备、反应与恢复阶段的突出作用，并将其作为国家应急反应协调中心的重要主体，同时也是国家应变计划的签约方。国家应灾志愿组织行动联盟在美国应急管理中的作用显著，它搭建起政府与社会组织的合作网络平台，有利于政府与社会组织之间的应急信息、经验、资源、项目的共享，通过灾前的有效准备与功能调试，消除了应急资源重复投入与浪费，提升了应急管理整体效益。更为重要的是，作为一个常态性组织网络，它能够被纳入常态风险管理治理结构内，弥补政府风险管理的体制性缺陷。

（三）美国灾害救助特点[3]

（1）重视灾害救助立法和规划。美国灾害援助政策建立在法律基础之上，既有专项救灾法，也有综合性立法，还包括应急管理机制的操作性文件。美国联邦政府出台了多部有关自然灾害救助管理的法律，并根据适应形势的变化不断修订和完善。

以美国国家应急管理机制的操作性文件为例。经历了几次重大的调整与完善后，《联邦应急计划》（Federal Response Plan，FRP）于 1992 年由联邦应急管理局根据《斯坦福法案》制定，旨在协助州与地方政府应对超出其能力范围的重大灾难与突发事件，实现有效地拯救生命，保护公众健康、安全与财产，并重建社区等功能，主要阐述了应急管理中联邦层级的政府及其部门应发挥的作用及相应的责任，规定联邦政府在遇到重大危机时主导实施 12 项紧急支持功能。该计划是联邦政府最早出台的应对灾害的操作性文件，于 1999 年发布了第二版。《国家应急计划》（National Response Plan，NRP）是 2001 年"9·11"事件以后，为适应新的安全形势而制订的。由于应对突发事件的范围已扩展到遍及美国本土，保卫国土安全成为政府的头等大事。根据 2003 年 2 月 28 日国土安全第 5 号总统令，国土安全部于 2004 年 1 月正式发布《国家事故管理系统》，规定了美国各级政府对事故应急的统一标准和规范，为联邦、州、地方和部落各级政府提供了一

---

[1] Haddow G，Bullock J，Coppola D P. Introduction to Emergency Management. Oxford：Elsevier Science，2008：108.
[2] Haddow G，Bullock J，Coppola D P. Introduction to Emergency Management. Oxford：Elsevier Science，2008：169-170.
[3] 张建伟. 城市化背景下的减灾文化建设：美国的经验与启示. 城市发展研究，2012，(8)：139-141.

套全国统一的方法，使各级政府都能协调一致和快速高效地对各类事故进行预防、准备、应急和恢复；同年12月正式发布《国家应急计划》，根据前者提供的框架，为应对国家级重大事故提供一套完整的国家应急行动计划，以期能在重大事故的事前、事发、事中和事后，全方位调集和整合联邦政府资源、知识和能力，并实现各级政府力量的整合和行动的协调统一。该计划于2006年5月重新修订。《国家应急框架》于2008年1月22日由美国国土安全部在改进《国家应急计划》的基础上发布，且引入了"框架"这一概念。第一，从结构性与实用性两方面完善应急机制；第二，突出应急管理是社会各个层面共同分担的责任，并对各方面的角色与责任进一步明确；第三，按照《国家准备指南》（*National Preparedness Guide Line*）中列出的灾害情景进一步提出策略性与操作性方案。

（2）重视自然灾害的综合研究，为科学减灾提供智力支撑。早在19世纪初期，面对频繁的洪水和地震灾害，美国学者开始注意自然灾害带来的一些社会问题。1923年美国社会学会、经济学会、心理学会等学术团体的部分学者商讨如何资助社会科学研究人员研究自然灾害的社会经济问题。在美国社会科学研究理事会的支持下，开展"美国自然灾害及其社会科学研究"的课题，与自然科学家合作编辑了美国的洪水、飓风、地震等灾害目录，总结了美国历史灾害造成的社会经济影响。从此美国的灾害社会经济问题的研究得以起步及发展。在20世纪六七十年代，美国发生了一系列地震等自然灾害，灾害社会科学的研究受到政府的重视。

（3）巨灾保险在灾害救助中发挥积极的补偿作用。美国《联邦灾害救助法》非常重视保险在灾害救助方面的作用，鼓励个人、州和其他地方政府通过保险来补充或取代政府的援助，从而增强自身的保护能力，美国因此成为世界上设立巨灾保险项目最多的国家，不仅涉及地震、洪水及飓风等自然巨灾，还包括战争、恐怖袭击等人为灾难。由于巨灾风险的不可预测性以及损失的巨大性，商业保险公司都不愿对巨灾风险提供保障，美国的巨灾保险项目都通过政府立法来成立，为美国经济的发展和社会的稳定起到非常重要的作用。根据巨灾风险的承保主体和影响范围的不同，可以将美国巨灾保险项目分为联邦巨灾保险项目和州巨灾保险项目。联邦巨灾保险项目包括国家洪水保险计划、航空战争风险保险计划和恐怖主义风险保险法案等，比较知名的州巨灾保险项目有加利福尼亚州地震保险制度和佛罗里达州飓风巨灾保险制度等。

（4）社会力量在自然灾害救助中发挥重要作用。成功的灾害管理需要调动公众、志愿者、非营利组织等多种力量的积极性。《联邦灾害救助法》非常重视民间组织、企业和个人在灾害救助方面的作用，并提出："通过签署合同和协议让私人组织、企业或个人从事清理废墟、分配物质、重建或者其他救灾和紧急援助工作，他们的这些工作可以从联邦基金中获得补偿。"联邦应急管理署在20世纪90年代还向全国发出倡议，推行以社区为基础的全新灾害减缓计划，即"影响工程：建设抵御灾害的社区"，要求建立包含各利益相关者包括商业部门在内的伙伴关系，识别并减少风险。该计划受到了社区的欢迎，也得到了国会的认可，并取得了良好的减灾与防灾效果。美国建立了一支庞大的具有较高专业技能的半职业化的志愿者队伍。这些志愿者有医师、护士、司机、消防人员、退役士兵、大学毕业生、保险经纪人等，他们参加灾害救援分两种形式：一是半职业化的相对固定地参加某一部门的灾害救援工作；二是根据协议临时被招募参加灾害救援工作。志愿者与专业灾害救援管理部门的关系、权利和义务，是通过双方签订合同来确定的，志愿者参加政府灾害救援一般不取报酬，带有奉献性质，但国家还是发给志愿者一定补贴。以美国红十字会为代表的民间救援体系在历次救援灾害过程中发挥了重要的作用。美国红十字会拥有大约23万名工作人员，主要依靠无偿工作志愿者，有50万名美国人在2009年接受训练并担当红十字会的志愿人员，美国的每一个镇几乎都有红十字小组。在卡特里娜飓风来袭的紧要关头，美国红十字会、救世军等民间慈善志愿组织和企业，在救灾初期积极主动运送物资、组织捐献、安置灾民，发挥了重要作用。到达灾区的第一车饮水和数十辆卡车组成的第一支物资车队，分别是由沃尔玛和家居仓库大型连锁店公司自行派出的。美国红十字会向灾区派出了21.95万名免费救援人员，为120万个家庭进行资金援助，为灾民提供食宿、心理救助和清洁用品等服务，并为事故受害者进行医务抢救[①]。

（5）重视灾后心理卫生援助服务项目。鉴于自然灾害对心理产生的巨大创伤，美国红十字会在灾难心理卫生服务项目干预标准中提出了灾后心理干预的三种常用方法，即减压、危机干预和分享报告[②]。第一，减压。通常由1~2名接受过专门训练的心理卫生专业人员开展，以个体或小组形式，鼓励被干预对象在相互支持的良好氛围中讨论他们的情感及有关事件。这种方法应局限于与缓解个体痛苦有关的那些情绪，它不是一种个体治疗，不宜过于强烈或过深探索。第二，危机干预。这是一种为减轻灾难对受害者或救援工作者极度痛苦的情绪而采用的一种一对一的干预方法。这种方法也非探索性的治疗方法，它关注"此时此地"，关注问题解决及建设性的应付方式，而不涉及深层次的心理问题。第三，分享报告。较前两种干预方式更为正式和结构化，并能在灾难发生现场使用。它是一种预先设置的以讨论为主要形式的干预方法，多用于灾难救援工作者，以帮助他们将自己有关灾难的经历从感受上升到更深一层的理解，从而给这种经历画上一个句号。分享报告也起到教育的作用，告知工作者正常和异常的应激反应以及可运用的应付策略。美国灾难心理干预的特殊干预模式有两种：一种是危机事件应激报告模式；另一种是灾难后心理卫生反应策略。危机事件应激报告模式是危机事件压力管理干预系统的一部分，于1983年在军事应激干预经验的基础上提出，为维护灾难救援工作者的心理健康，此模式后经多次修订完善并推广使用，现已运用于遭受心理创伤的各类人员。这种干预模式强调在"认知、情绪、认知"的框架下，小组成员一起讨论灾难时的经历，通过灾后早期的宣泄、对创伤经验的描述以及小组和同伴的支持来促使参加者从创伤性经历中逐渐恢复。灾难后心理卫生反应策略是美国国立创伤后应激障碍（Post Traumatic Stress Disorder，PTSD）中心和退伍军人事务部推出的团体干预方法，旨在为灾难幸存者、家庭、救助者及组织团体提供及时的、与灾后心理反应阶段相适应的心理卫生服务。

---

① 张沁. 美国应急反应体系的特点和启示. 宏观经济管理，2008，(12)：69-70.
② 安媛媛. 美国灾难心理干预模式初探. 中国减灾，2010，(7)：25.

二、日本灾害救助

（一）日本灾害救助体系概论

在日本阪神大地震后，日本公共行政体系一度陷于瘫痪状态，来自日本全国各地和海外的大量的志愿者和 NGO 迅速奔赴灾区并参与救灾活动，开创了日本志愿者参与的历史新篇章。据不完全统计，先后有 130 万~170 万人的志愿者从全国各地自费奔赴灾区，投身于救灾救济活动中；包括海外 NGO 在内，有数以百计的 NGO 奔赴现场展开救援活动，志愿者自发组织的各类团体不计其数，灾区当地也诞生了大量自发的救援和自救组织。因此，1995 年被称为日本的"志愿者元年"。日本政府也把 1 月 17 日定为"防灾与志愿者日"，并把以 17 日为中心的前后各 3 天共一周定为"防灾及志愿者周"[①]。

日本防灾减灾体制的特点在于"重点规划，强化基层"。第一，"重点规划"是指根据地区经济规模和自然灾害发生的规律，确定重点防灾区域，强化预计将受到巨灾地区的防灾减灾对策。第二，"强化基层"包含两方面的含义：一是地方自治体是防灾减灾的主体；二是地方自治体在强化自身能力建设的同时，注重提高社会减灾能力，最终提高本地区应对自然灾害的水平。阪神大地震后，日本提出了"公助—共助—自助"的减灾理念："公助"是指国家和地方行政等公共机关的援助、救援活动；"共助"是指借助邻居、民间组织、志愿者团体等的力量，互相帮助从事救助和救援活动；"自助"是指灾民依靠自己和家人的力量在灾害中保全自己。

随着减灾理念的变化，日本更加注重基层防灾减灾。自主防灾组织是依据《灾害对策基本法》，依托社区自治组织——町内会、自治会组建的。自主防灾组织设有本部、信息组、消防组、救护组、避难组和饮食供应组，通过小组的活动，保证有组织地开展平时的防灾减灾训练以及灾时紧急应对活动[②]。

以阪神大地震中的日本社会参与救援机制为例。据不完全统计，阪神大地震平均每天有超过两万名的志愿者在灾区参与救援，3 个月的时间内有近 120 万名志愿者活动在救灾第一线。阪神大地震后，日本全国的社会捐款达到 1 800 亿日元，全部交给地方和中央的共同募金会，用于对死者、失踪者的亲属及震灾造成的房屋损失进行救助。广大 NGO 积极参与救灾活动，开展深入当地居民的入户调查，积极参与棚户区的社区建设、街区重建等公益活动，努力建构 NGO 组织间的合作关系，致力于在灾区和全国搭建经常性互动网络平台。在 2011 年日本大地震中，日本各地有近 3 万个民间组织积极行动。除了这些专业的民间社团之外，日本全境几乎各个町（街道）和社区都有列入政府的《防灾规划》的"居民防灾议会"的自愿组织。这些自愿组织通过政府资金援助和各学术机构的支持开展日常的防灾演练。同时，"3·11"海啸地震灾难还进一步整合了日本民间团体。2011 年 3 月底日本 140 多个民间组织团体联合组建"东日本大地震支援全国网络"。加入此整合网络的除了各类非政府机构和各地的志愿者志愿团体，政府主导的中央共同募金会、日本红十字会、日本生活协同联合会也加入其中，

---

① 张强，陆奇斌，张欢. 巨灾与 NGO——全球视野下的挑战与应对. 北京：北京大学出版社，2009：49.
② 伍国春. 日本社区防灾减灾体制与应急能力建设模式. 城市与减灾，2010，（2）：18-22.

具体关系如图 4-1 所示。

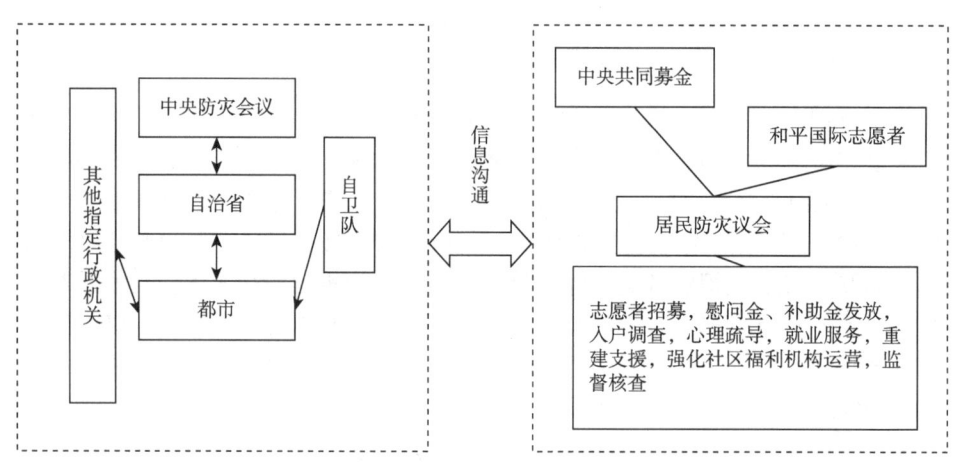

图 4-1　日本减灾救灾社会参与结构图

资料来源：臧雷振，黄建军. 减灾救灾社会参与机制的国际比较及启示. 中国应急管理，2011，（10）：26-31

（二）日本灾害救助特点

（1）结合地区特点普及防灾减灾知识。在日本商业区，流动人口多，多强调企业防灾减灾的行动，通过开发贴近社区的多样化的培训课程，设立专业、准专业、非专业等不同级别的防灾减灾志愿者培训，促进志愿者活动的多元化。日本在具体的防灾减灾行动中强调"了解人员""了解地区""了解灾害"的减灾理念，尤其是在社区防灾减灾中提倡"自己的社区，自己保护"的理念，社区减灾的本质是居民参与社区事务，减灾是一个关乎所有人利益的公益事业。灾后在自己的生命得到保护后，无论在紧急救援阶段，通过互救提高社区的救助率，还是在避难阶段，通过个人的参与，保证避难生活的水平，都需要更多社区居民的参与。基层减灾需要基层政府的努力，更需要社区居民的参与。

（2）完善的救灾法律体系和灾害救助机构。日本防灾救灾法律比较齐全，从 1880 年开始就在防灾方面立法，不但各个灾种有法可依，而且有涵盖各个灾种的基本防灾法律，即《灾害对策基本法》。这部法律对各个灾种的防灾对策进行了整合，避免了执行中相互脱节和相关机构互相推诿的现象。在灾害救助机构方面，2001 年日本中央政府机构重组，内阁府成为国家灾害管理的行政机构，负责防灾救灾基本政策和防灾救灾计划的制订，协调各省、厅的活动以及对巨大灾害的响应。此外，为了推进综合防灾救灾措施，日本还成立了中央防灾会议作为最高防灾决策机构。

（3）完善的灾害慰问金补助制度。早在 1952 年日本就设置了市、町、村灾害慰问金补助制度救灾法律体系，对在自然灾害中失去家庭、住所、财产的受害者进行直接的救助；在 1973 年通过了关于支付灾害慰问金以及出借灾害支援资金的法律，将灾害慰问金补助制度法律化并充实了其内容。至此，包括灾害慰问金、灾害残疾慰问金、灾害支援资金的灾害救助制度建立起来。

第三节 中国灾害救助

我国自然灾害多发、频发，是世界上受自然灾害影响最为严重的国家之一，几乎每年都发生多次重特大自然灾害。尤其是 2008 年的南方雨雪冰冻灾害和汶川地震、2010 年的玉树地震、2013 年的芦山地震等灾害事件严重危害了人民群众生命和财产安全，对社会秩序有着严重冲击。据统计，近 20 年来，我国因遭受各类自然灾害每年平均死亡约 4 300 人，倒塌民房约 300 万间。特别是 2008 年汶川地震，死亡和失踪人数达 8.8 万余人。我国政府历来高度重视自然灾害救助工作，2005~2010 年中央每年安排自然灾害救助资金 50 多亿元，专门用于受灾群众紧急转移安置、因灾倒塌民房恢复重建、冬春救助以及临时生活救助，每年救助 6 000 万~8 000 万人次[①]。

2010 年 6 月，国务院第 117 次常务会议通过《自然灾害救助条例》，并于 2010 年 9 月起施行。我国自然灾害救助工作遵循以人为本、政府主导、分级管理、社会互助、灾民自救的原则。在组织领导方式上，国家减灾委员会负责组织、领导全国的自然灾害救助工作，协调开展重大自然灾害救助活动。国务院民政部门负责全国的自然灾害救助工作，承担国家减灾委员会的具体工作。国务院有关部门按照各自职责做好全国的自然灾害救助相关工作。

县级以上地方人民政府或者人民政府的自然灾害救助应急综合协调机构，组织、协调本行政区域的自然灾害救助工作；县级以上地方人民政府民政部门负责本行政区域的自然灾害救助工作；县级以上地方人民政府有关部门按照各自职责做好本行政区域的自然灾害救助相关工作。县级以上人民政府应当将自然灾害救助工作纳入国民经济和社会发展规划，建立健全与自然灾害救助需求相适应的资金、物资保障机制，将人民政府安排的自然灾害救助资金和自然灾害救助工作经费纳入财政预算。村民委员会、居民委员会以及红十字会、慈善会和公募基金会等社会组织，依法协助人民政府开展自然灾害救助工作。国家鼓励和引导单位和个人参与自然灾害救助捐赠、志愿服务等活动。

一、我国灾害救助概况

（一）我国自然灾害救助准备

我国县级以上地方人民政府及其有关部门依据有关法律、法规、规章，上级人民政府及其有关部门的应急预案以及本行政区域的自然灾害风险调查情况，制定相应的自然灾害救助应急预案。

从自然灾害救助应急预案的内容框架上看，第一，自然灾害救助应急组织指挥体系及其职责。主要需要明确灾害救助中的组织体系及其职能与权力情况，通过有效的救灾体制建设使灾害救助工作在常态行政秩序与非常态背景行政秩序间能够有效转换，通过有力有序的指挥体系建设将灾害救助纳入科学、有序、规范的轨道之上。第二，自然灾

---

① 周宝砚. 我国自然灾害救助存在的问题与对策. 中国应急救援，2011，（4）: 33-37.

害救助应急队伍情况。通过梳理和分析当前自然灾害救助应急队伍的数量、技能、区域、来源等基本数据，厘清当前可及与可得的应急队伍状况，为灾害救助提供基础人员支持。第三，自然灾害救助应急资金、物资、设备。灾害影响具有不确定性，对应灾准备提出了更高的要求。应急资金、物资、设备作为灾害救助过程中的基础性保障，应灾部门需要通过财政层面专设应急财政资金，按照科学有效的原则储备相关应灾物资，建设协调统筹的物资管理机制，充分发挥市场与社会在应急救援物资供给上的先天优势，弥补政府单一供给主体引致的失灵与供给不足问题。同时，强化自然灾害应急救助中的技术能力，提升应急救援设备的先进性。第四，在自然灾害的预警预报和灾情信息的报告和处理层面，将预警预报作为我国应急管理制度预防为主理念的重要体现，通过对自然灾害的预警预报来减少灾害社会损失，通过优化灾情信息的报告和处理程序来及时、准确地传递灾情信息。第五，我国自然灾害救助应急响应的等级和相应措施。按照应急管理"分类分级有效响应"的基本原则，对自然灾害类的不同灾种做出符合灾情特征的等级划分，依据不同等级中的灾害社会影响程度，设计不同灾害救助应急响应的具体措施。第六，灾害救助预案需要涉及灾后应急救助和居民住房恢复重建措施。

应急物资储备作为灾害救助准备的重要工作，是自然灾害救助物资储备管理的核心。我国建立了自然灾害救助物资储备制度，由国务院民政部门分别会同国务院财政部门、发展改革部门制定全国自然灾害救助物资储备规划和储备库规划，并组织实施。设区的市级以上人民政府和自然灾害多发、易发地区的县级人民政府应当根据自然灾害特点、居民人口数量和分布等情况，按照布局合理、规模适度的原则，设立自然灾害救助物资储备库。县级以上地方人民政府应当根据当地居民人口数量和分布等情况，利用公园、广场、体育场馆等公共设施，统筹规划设立应急避难场所，并设置明显标志。同时，对于启动自然灾害预警响应或者应急响应，需要告知居民前往应急避难场所的，县级以上地方人民政府或者人民政府的自然灾害救助应急综合协调机构应当通过广播、电视、手机短信、电子显示屏、互联网等方式，及时公告应急避难场所的具体地址和到达路径。

（二）我国自然灾害应急救助

应急反应阶段通常以救灾准备阶段的制度和能力建设为前提，通过规范和灵活相统一的原则，充分发挥政府及其应急综合协调机构的协调能力，吸纳不同社会主体和政府部门加入灾害应急响应过程之中。

当发生自然灾害预警时，县级以上人民政府或者人民政府的自然灾害救助应急综合协调机构应当根据自然灾害预警预报启动预警响应。第一，向社会发布规避自然灾害风险的警告，宣传避险常识和技能，提示公众做好自救互救准备；第二，开放应急避难场所，疏散、转移易受自然灾害危害的人员和财产，情况紧急时，实行有组织的避险转移；第三，加强对易受自然灾害危害的乡村、社区及公共场所的安全保障；第四，责成民政等部门做好基本生活救助的准备，紧急调拨、运输自然灾害救助应急资金和物资，及时向受灾人员提供食品、饮用水、衣被、取暖、临时住所、医疗防疫等应急救助，保障受灾人员基本生活；第五，紧急转移安置受灾人员，以军队、武警、消防及基层组织力量为基础，迅速组织转移受灾群众，并将受灾群众安置到灾害及次生灾害风险较低的区域；

第六，做好避难场所服务工作，为受灾群众提供基本的生存、医疗卫生、心理干预等方面的服务，抚慰受灾人员，并协调处理遇难人员善后事宜；第七，组织分析评估灾情趋势和灾区需求，为下一步灾害救助决策和相应救助措施的实施提供科学依据；第八，组织自然灾害救助捐赠活动，组织受灾人员积极开展自救互救活动，充分发挥受灾群众的主动性，重建美好家园。

（三）我国自然灾害灾后救助

灾后救助过程中需要面对的是满足受灾群众的基本生活需要，如食物、住房、医疗等。为此，我国灾后救助中要求受灾地区人民政府应当在确保安全的前提下，采取就地安置与异地安置、政府安置与自行安置相结合的方式，对受灾人员进行过渡性安置。就地安置应当选择在交通便利、便于恢复生产和生活的地点，并避开可能发生次生自然灾害的区域，尽量不占用或者少占用耕地。同时，受灾地区人民政府应当鼓励并组织受灾群众自救互救，恢复重建。自然灾害危险消除后，受灾地区人民政府应当统筹研究制定居民住房恢复重建规划和优惠政策，组织重建或者修缮因灾损毁的居民住房，对恢复重建确有困难的家庭予以重点帮扶。对于居民住房恢复重建，应当强调因地制宜、经济实用的原则，确保房屋建设质量符合防灾减灾要求，住房城乡建设等部门为受灾人员重建或者修缮因灾损毁的居民住房提供必要的技术支持。

实行居民住房恢复重建补助机制，救助对象由受灾人员本人申请或者由村民小组、居民小组提名；经村民委员会、居民委员会民主评议，符合救助条件的，在自然村、社区范围内公示；无异议或者经村民委员会、居民委员会民主评议异议不成立的，由村民委员会、居民委员会将评议意见和有关材料提交乡镇人民政府、街道办事处审核，报县级人民政府民政等部门审批。此外，在基本生活救助层面，自然灾害发生后的当年冬季、次年春季，受灾地区人民政府应当为生活困难的受灾人员提供基本生活救助。受灾地区县级人民政府民政部门在每年10月底前统计、评估本行政区域受灾人员当年冬季、次年春季的基本生活困难和需求，核实救助对象，编制工作台账，制订救助工作方案，经本级人民政府批准后组织实施，并报上一级人民政府民政部门备案。

（四）我国自然灾害救助款物管理

灾害尤其是巨灾过后，来自四面八方的社会捐助款物涌向灾区，救助款物的管理工作也成为我国政府灾害救助的重要职能。救灾款物的正确合理使用以及透明有效监督是对救助款物管理的基本要求。在我国，县级以上人民政府财政部门、民政部门负责自然灾害救助资金的分配、管理并监督使用情况；县级以上人民政府民政部门负责调拨、分配、管理自然灾害救助物资。自然灾害救助款物应用于受灾人员的紧急转移安置，基本生活救助，医疗救助，教育、医疗等公共服务设施和住房的恢复重建，自然灾害救助物资的采购、储存和运输，以及因灾遇难人员亲属的抚慰等项支出。

对于灾害救助物资采用政府采购模式，人民政府采购用于自然灾害救助准备和灾后恢复重建的货物、工程和服务，依照有关政府采购和招标投标的法律规定组织实施。自然灾害应急救助和灾后恢复重建中涉及紧急抢救、紧急转移安置和临时性救助的紧急采购活动,按照国家有关规定执行;建立自然灾害救助款物专款(物)专用,无偿使用制度;定向捐赠的款物,按照捐赠人的意愿使用;政府部门接受的捐赠人无指定意向的款物,由县级以上人民政府民政部门统筹安排用于自然灾害救助;社会组织接受的捐赠人无指定意向的款物,由社会组织按照有关规定用于自然灾害救助。

此外,还要公开灾害救助款物的使用情况。受灾地区人民政府民政、财政等部门和有关社会组织应当通过报刊、广播、电视、互联网,主动向社会公开所接受的自然灾害救助款物和捐赠款物的来源、数量及其使用情况;受灾地区村民委员会、居民委员会应当公布救助对象及其接受救助款物数额和使用情况;各级人民政府应当建立健全自然灾害救助款物和捐赠款物的监督检查制度,并及时受理投诉和举报;县级以上人民政府监察机关、审计机关应当依法对自然灾害救助款物和捐赠款物的管理使用情况进行监督检查,民政、财政等部门和有关社会组织应当予以配合。

二、我国灾害救助的发展趋势

(一)理顺社际关系,构建灾害救助多元参与新格局

我国以政府为主导的应急管理体系成为应对各类灾害危机的核心力量,但"政府主导"不等于"政府包揽",在政府责任不应或无法覆盖的领域中、政府作用低效率的领域中,应该充分发挥社会各方面的力量,鼓励市场组织和社会组织发挥作用[1]。进一步明确中央政府与地方政府在不同灾种上的分担比例,并注重发挥地方政府的防灾减灾主动性。

我国应加快灾害救助体制的改革,建立以政府救灾、灾害商业性保险为主要力量,以灾害社会援助和自我积累保障为辅助力量的多种灾害保障方式并存的灾害保障新体系和新模式。新型灾害救助体制应强调灾害保障主体的多元化,政府、企业和营利性事业单位、居民个人(家庭)、社会援助单位等都应作为灾害保障主体;强调灾害保障方式的多样化,采取包括灾害政府救灾、灾害商业性保险、灾害社会援助与自我积累保障等的灾害保障方式。政府救灾是指由政府实施的无偿给予灾民救助的直接的临时性的灾害救助行为,是一种重要的灾害保障方式。灾害商业性保险是指居民个人通过投保与灾害有关的商业性财产保险与人身保险来实现灾害保障,是灾害保障的主要力量之一,是经济、政治和社会稳定发展的一道重要的保障网。灾害社会援助是指国内外机构、团体或个人给予遭受自然灾害或人为灾害的居民以各种形式的援助的灾害保障方式。由于灾害社会援助是一种单方面的援助,不具有稳定性和可靠性,所以只能作为一种补充性质的灾害保障方式。自我保障积累是指集体和个人等经济组织,通过预先提留一笔应急资金和物资储备以应不测之需。它对应付经常发生但损失不大的意外事故和灾害十分有效。由于纯属自助行为,它必然受到资金与物质积累速度与规模的制约,无法充分满足补偿意外事故和灾害损失的要求,只能作为一种补充性质的灾害保障方式[2]。

---

[1] 薛澜,刘冰. 应急管理体系新挑战及其顶层设计. 国家行政学院学报, 2013, (1): 10-14.
[2] 许晓华. 自然灾害救助的现状、问题及改进. 中小企业管理与科技, 2010, (4): 88-89.

（二）树立灾害社会动员协调规制理念

2003年SARS蔓延事件以来，我国应急管理制度建设实现了质的突破，并在此后的历次灾害危机事件处置中发挥关键作用。灾害社会动员不仅需要快速动员，更需要树立科学管理理念。随着我国经济社会的不断发展，社会力量可以作为灾害社会动员管理体系的基本组成部分。应当摒除灾害社会动员管理事务由政府包揽一切的理念，充分认识到政府在灾害社会动员管理中的作用有限性和边界性。相对于灾害社会动员过程中的各类不确定性和多样化社会需要，政府存在资源与能力极限问题，应当充分引导社会发挥作用。在灾害社会动员管理中政府也应当注意到在市场与社会机制起主导作用的领域，主动退出并为社会创造良性运作环境，通过协调规制的治理方式来规范社会力量参与灾害社会动员管理。针对社会动员中"重动员，轻协调"的现象，政府需要通过制定行动规则以规范社会力量参与行为，协调社会力量与政府灾害社会动员管理体系的互动，通过科学协调社会动员过程，建立政府与社会共同合作、良性、协调的灾害社会动员管理模式。进一步建立政府灾害社会动员管理体系与社会动员程度的协调机制，依据灾害影响程度，按照分级分类的原则，有序启动不同灾害危机级别下的社会动员模式，区分和协调政府与社会的灾害社会动员责任，建立政府与社会力量在灾害社会动员资金、物资、人员、技术等方面的协调供给模式，实现灾害社会动员模式朝着科学理性的方向发展。

（三）建立政府与社会组织灾害救助合作网络平台

建立社会组织灾害救助管理网络已成为重要的发展趋势。网络平台的形成可以解决灾害救助信息、资源、技术、服务上的分散、重复与浪费问题。随着我国社会组织在灾害救助管理中的参与，一些区域性的社会组织合作网络会相继出现，但要有效发挥这些社会组织网络的实际作用，政府部门仍需承担起灾害救助合作网络建设责任。

（1）要确立我国政府与社会组织灾害救助合作网络平台建设的基本原则。为切实提升灾害救助合作网络平台的作用，需要坚持常态化、综合化、互嵌化及开放化原则。灾害救助合作网络平台的常态化，即要摆脱灾害救助合作网络只在灾害救援时才有互动与合作的困境，必须使合作网络平台能够在非灾变期常态运转与维护。灾害救助合作网络平台的综合化，就是指社会组织的灾害救助管理功能不仅局限于救灾恢复层面，还应拓展到灾害救助管理层面，同时，双方合作形式也不局限于资源与服务供给层面，更应扩展到技术、学习、资讯等方面。互嵌化原则就是指要使政府与社会组织之间能够进行深层次互动，将社会组织灾害救助网络嵌入各级政府正式应急管理体系的相关子系统之中，明确社会网络的角色与分工，而政府部门也应在社会组织灾害救助网络中扮演支持者、参与者的角色，为社会组织网络持续发展提供支持。开放化原则就是要将政府与社会组织灾害救助合作网络平台视为一个动态开放系统，广泛吸纳各类社会组织。

（2）从政府与社会组织灾害救助合作网络平台的构建战略步骤来看，第一，鼓励与推动具有较强影响力的社会组织投入社会组织间灾害救助合作网络建设之中，利用其在社会组织中的影响力，通过搭建灾害救助管理参与平台，广泛吸纳各类全国性社会组织参与，初步形成社会组织间在灾害救助管理中的合作模式；第二，在社会组织合作网络顶层结构与功能嵌入设计完成后,逐步推动地方性社会组织间灾害救助网络平台建设;第三,坚持政府与社会组织灾害救助合作网络平台的基本原则,搭建双方在灾害救助管理全过程、多层级的全面合作机制。

(3)从政府与社会组织灾害救助网络的主要合作机制建设来看:第一,认同机制。政府与社会组织灾害救助网络之间以及各社会组织之间存在不同目标价值的冲突,但在灾害救助管理合作中应当相互承认对方价值,认同其参与的必要性与重要性。第二,知识共享机制。社会组织网络内部以及与政府灾害救助管理部门之间应当进行灾害救助应对经验、措施、培训及相关研究的知识共享。第三,沟通协调机制。构建以信息流为基础的沟通协调机制,推动政府灾害救助管理信息系统建设,提高政府灾害救助管理的风险分析、灾情评估的能力,使信息公开、正确、顺畅、快捷地流动,同时也能发挥社会组织网络信息收集与传递能力,使双方的沟通与行动协调能有效推展。第四,资源-功能整合机制。依据社会组织灾害救助网络的资源与功能特征,并结合政府灾害救助管理体系的功能架构,将各类社会组织适当配置在灾害救助管理的各项管理目标中,同时也要协助社会组织了解政府灾害救助管理体系的运作方式。第五,联合行动机制。双方可以通过联合行动来推行一系列灾害救助管理项目规划、设施兴建、群体应灾能力培育、灾害一线救援、善后恢复等灾害救助管理事务。

(四)提升预案质量,强化管理科学性

(1)灾害救助预案需要在已有救助条例和法规基础之上,进一步提高地方政府灾害救助预案的操作性和实用性。灾害救助预案编制需要以风险与脆弱性分析和群体灾变事件的行为认知为基础,确认危险源及其分布,并基于本区域的社会脆弱性来分析可能造成的影响特征与损失状况,再结合研究灾变事件中的群体行为特征,进而为预案编制科学性提供保障。

(2)强调公众和专家的参与,保障灾害救助预案的科学性,建立第三方灾情评估机制。加强地方政府对本地灾害风险的评估工作,制订具有本区域风险特征的行动预案,同时,梳理地方拥有的灾害救助资源,推进救灾资源和队伍的信息化工作,以便为灾害救助决策提供科学依据,并且依据救助资源的特征属性,开展救助力量的更新与管理工作。

【本章小结】

灾害救助作为灾害应对制度的核心环节之一,对于灾害应对及减灾能力提升具有重要意义。本章主要从灾害救助视角探讨了灾害救助概念、基本特征及主要内容,在此基础上,简要介绍了美国和日本灾害救助中的应对体系、社会参与、资源管理等方面的基本制度安排。本章初步介绍了我国灾害救助的基本概况,对我国灾害救助的基本环节、内容及流程做了梳理,并论述了我国灾害救助的发展趋势。

【关键术语】

灾害救助　反应引致需要　事件引致需要　美国国家应灾志愿组织行动联盟

【案例】

"4·20"芦山强烈地震后的过渡安置生活救助

为妥善做好"4·20"芦山强烈地震灾区受灾民众基本生活保障,四川省委、省政府决定对受灾群众实施过渡安置期生活救助。对因灾房屋倒塌和严重毁损无房可住的农户,给予每户2 000元的自建过渡房补助。市县政府根据实际情况可再增加每户1 000元的补助。

对"因灾房屋倒塌或严重损坏无房可住、无生活来源、无自救能力"的受灾民众进行临时生活救助,包括发放补助金和救济粮。补助标准为每人每天10元补助金和1斤成品粮,救助期限为6个月。同时,为"4·20"芦山地震遇难人员家属发放抚慰金。发放对象为遇难人员家属(直系亲属),发放标准为每位遇难者5 000元现金。

因灾导致的孤老、孤残人员每人每月可获600元基本生活费,受灾的原孤老、孤残人员补足到每人每月600元,补助期限为6个月;孤儿按集中供养的每人每月1 130元、散居的每人每月678元的标准执行基本生活费。对独生子女伤残死亡家庭给予定期补助,凡是在地震中造成独生子女伤残死亡的,不受父母年龄限制,全部纳入特别扶助范围;对独生子女死亡的夫妻给予每人每月135元的扶助资金(父母各135元),对独生子女三级以上伤残的夫妻给予每人每月110元的扶助资金(父母各110元),直到夫妻亡故或子女康复为止,如以后再生育或收养子女,即停止扶助。

依照《四川省农村房屋地震破坏程度判别技术导则》,农房损坏划分为轻微损坏、中等破坏、严重破坏3个档次,每户维修加固补助标准分别确定为1 000~2 000元、2 000~4 000元和4 000~5 000元。具体对每一农户的补助金额,由各地根据实际情况确定和掌握。

资料来源:殷樱. 四川对芦山地震受灾民众实施过渡安置期生活救助. http://www.chinanews.com/gn/2013/04-28/4775942.shtml,2013-04-28

【复习思考题】

1. 灾害救助的基本特征是什么?
2. 简要介绍美国灾害救助制度演变过程。
3. 辨析灾害中的"需要"。
4. 国外灾害救助制度对我国灾害救助制度完善的启示有哪些?
5. 如何看待志愿者在灾害救助中的参与作用及完善对策?
6. 论述我国灾害救助的发展趋势。

第五章

医疗救助

医疗救助在保障公民的生存权、健康公平权领域起着不可替代的作用。它既是医疗保障体系中的一个重要组成部分，又是世界各国社会救助体系中的重要内容。

第一节 医疗救助概述

一、医疗救助的概念

医疗救助概念有广义和狭义的区别。广义来看，医疗救助不仅指一个国家对本国国民的医疗救助，也指国家和国家之间的国际医疗救助，不仅包括贫困医疗救助，还包括对海啸、SARS等之类的灾难医疗救助，不仅指政府主导的医疗救助，还包括社会组织及个人的慈善医疗救助，既包括基本医疗救助，又包括大病医疗救助，是对所有医疗帮助和支持行为的总称[1]。这个概念非常广泛，在救助空间上由国内扩展到国际；在救助内容上由贫困医疗救助扩展到自然灾害医疗救助；在救助主体上由政府扩展到社会和市场；在救助水平上由基本医疗救助扩展到大病医疗救助。

从狭义来看，医疗救助是政府通过提供财务、政策和技术上的支持以及社会通过各种慈善行为，对贫困人群中因病而无经济能力进行治疗的人群，或者因支付数额庞大的医疗费用而陷入困境的人群，实施专项帮助和经济支持，使他们获得必要的卫生服务，以维持其基本生存能力，改善目标人群健康状况的一种医疗保障制度[2]。

在2014年颁布的《社会救助暂行办法》中，我国医疗救助所涉及的三类人群如下：一是最低生活保障家庭成员；二是特困供养人员；三是县级以上人民政府规定的其他特殊困难人员，因此，可以申请医疗救助的对象主要是贫困人群。在此，医疗救

---

[1] 李小华，董军. 医疗救助的内涵、特点和实质. 卫生经济研究，2005，(7)：9-10.
[2] 王保真，李琦. 医疗救助在医疗保障体系中的地位和作用. 中国卫生经济，2006，25(1)：40-43.

助是狭义的概念，它是指由政府从经济上为贫困人群中因病而无经济能力进行治疗的患者，提供部分或全部基本医疗卫生服务，以改善贫困人群健康状况的一种社会救助项目。

二、医疗救助的主要特征

（一）医疗救助的责任主体是政府

在市场经济条件下，作为公共产品，医疗服务的外部性很强，导致市场调节失灵，资源配置效率低下，此时，政府应该承担起主要责任，为贫困者提供基本医疗卫生服务。从世界各国医疗救助实践来看，无论是发达国家还是发展中国家，都将贫困人群的医疗救助视为政府的职能，这是为贫困对象提供基本医疗服务的基础。

（二）医疗救助主要是采取经济手段

社会救助可以采取实物、现金和服务等多种方式，但医疗救助主要采取的是现金补贴的方式。无论是对贫困人口参加医疗保险的个人缴费进行补贴，还是对个人无法承受的医疗费用给予适当减免，抑或大病医疗保险支付后的补贴，基本上采取的都是经济手段。

（三）医疗救助的目的是确保贫困人口获得健康保障

疾病风险是每个人都有可能遇到的风险，疾病风险一旦发生，严重的情况下可能会危及人类生命，即使较为不严重的疾病，如果不及时治疗也会影响人体健康或导致疾病加重。贫困人口因自身和家庭原因，往往没有能力应对疾病风险，而医疗救助可以增强贫困人口抵御风险的能力，从而确保贫困人口的身体健康。

第二节 国外医疗救助

一、美国的医疗救助

美国是自由主义福利体制国家的代表，强调市场的竞争和界定政府的有限责任。美国联邦政府于 1965 年开始实施医疗救助计划，为脆弱人群建立医疗保障制度，通过公共转移支付为联邦与州政府法律认可的低收入个人和家庭提供医疗救助服务。医疗救助以其提供服务全面、医疗费用支出巨大成为美国最重要的健康照顾计划，在实现健康公平及提高脆弱人群医疗服务可及性方面发挥着不可替代的作用。

从 20 世纪 70 年代开始，由于救助对象的不断增加，医疗救助计划的费用增长迅速，从 1970 年的 51 亿美元，增加到 1980 年的 252 亿美元。1984 年以后，随着经济形势的好转，大多数的决策者认为《混合预算协调法案》存在很多弊端，并要求州政府扩大医疗援助的覆盖范围和服务范围，主要是针对儿童和孕妇，低收入的老年人、残疾人以及流浪者、新移民也被列于考虑之列。这样覆盖范围和服务范围的扩大使医疗费用急剧上升①。到 1990 年医疗救助的费用已上升为 727 亿美元，2010 年为 4 015 美元，2016 年已高达 5 828 亿美元。医疗救助计划对于保障穷人的医疗权利和身体健康起到了重要作用，是美国医疗保障体系的重要组成部分。

美国医疗救助的主要内容如下。

1. 救助对象

美国医疗救助的覆盖对象是由联邦政府和州政府共同决定的。联邦政府规定了强制覆盖的人群，各州在此基础上可以根据情况灵活控制受益人群范围。美国医疗救助制度必须覆盖的人群有②：第一，贫困家庭临时救助和补充保障收入计划的受益者；第二，孩子未满 6 岁、家庭收入处于联邦贫困线 133%以下的家庭；第三，家庭收入处于联邦贫困线 133%及以下家庭的孕妇可得到妊娠、生育、产后保健相关服务的资助；第四，社会保障法案规定的接受领养儿童资助者；第五，特殊的受保护群体（特别是那些由于工作收入或社会保险给付增加而失去现金补助，但仍然在一段时间内可以保留医疗救助受助资格者）；第六，家庭收入处于或低于联邦贫困线的所有未满 19 岁的儿童；第七，一些老年人医疗保障计划的受益人。对这些人群的救助是强制性的，各州还可以有选择性地给予其他相关群体以医疗救助。

2. 救助项目

医疗救助计划提供的医疗服务项目是广泛而灵活的，包括必备和可选两种形式。联邦政府要求各州必须提供的服务主要包括：住院服务，门诊服务，产前保健，儿童免疫，医师服务，21 岁以上人群的专业护理服务，家庭计划生育服务及用具供应，农村门诊服务，为有资格享受专业护理服务者提供家庭卫生保健，实验室和 X 光服务，儿科及家庭护理服务，护士助产士服务，联邦级健康中心服务及其他条件下可利用的联邦级健康中心服务的流动服务，为 21 岁以下儿童提供早期及定期检查、诊断和治疗服务。此外，各州或多或少都会额外提供一些可选医疗服务项目，种类繁多，不尽相同，主要包括处方药品、智力缺陷者照料、职业病和物理治疗、康复治疗、临终关怀等③。

3. 筹资机制

美国医疗救助计划资金主要由公共财政负担，由美国联邦和州两级供款，从而保证了医疗救助资金来源的稳定性。联邦政府会根据各州的经济实力确定不同的分担比例，对经济较落后的州，联邦政府拨付较大比例的资金；对经济较发达的州，联邦政府拨付资金相对较少。

4. 支付方式

美国医疗救助的支付方式非常复杂，采取先救助后付费、补需方与补供方相结合、

---

① 任月，陈科. 英、美国医疗救助制度对中国医疗救助制度的启示. 理论界，2008，（8）：206-207.
② 李小华，董军. 美国医疗救助及启示. 市场与人口分析，2006，12（6）：67-72.
③ 张焘，马翠花. 美国医疗救助制度的得与失. 人民论坛，2011，（3）：176-177.

医疗服务提供者与医疗救助管理机构直接结算等多种支付方式。混合的支付制度大大提高了服务方的积极性，避免了"见死不救"现象，确保了脆弱人群医疗服务可及性。具体来讲，美国医疗救助针对住院服务和门诊服务的支付方式各不相同。医疗救助计划对住院服务主要采取按服务付费（fee-for-service，FFS）方式，即根据相关诊断组织的诊断和主要治疗手段对诊疗成本做出判断，并在此基础上支付服务费用。各州对门诊服务采取的补偿办法并不相同，一些州根据平均费用对门诊服务按次支付、对外科手术按既定费用表支付，另一些州采用门诊预期支付制度（outpatient prospective payment system，OPPS），对门诊医疗服务支付固定费用，门诊预期支付仅包括门诊机构治疗过程中的设备使用成本，其他服务如医生和健康咨询师服务则按照医生服务收费表支付。对一些特殊门诊服务，部分州提供建立在成本基础上的支付。例如，在限定每年增长率的前提下，其在以往成本基础上支付实际成本或者预期费用[1]。

二、日本的医疗救助

第二次世界大战后，日本贫困问题变得日益严重。1932 年颁布的《救护法》的救助范围十分有限，为改变这一现状，1946 年日本政府制定并颁布了《生活保护法》[2]，标志着日本生活保障制度开始了一个新的阶段。新生活保护制度建立 70 多年来，虽经历多次修改，但始终遵循如下理念：国家责任、无差别平等、最低生活保障、补充性保障。在操作上遵循的原则有申请制、统一基准、必要应即性、家庭单位制原则。在内容上，最低生活保护的内容由八种补贴构成，分别为生活补贴、住宅补贴、教育补贴、医疗补贴、分娩补贴、创业补贴、丧葬补贴和介护补贴，其中支出最大的分别是医疗、生活和住宅补贴三项。现行的医疗救助体系从属于生活保护制度。

与医疗救助相关的项目有：第一，生活救助，即入院患者日用品费用救助；第二，护理救助，即对符合护理保险规定的低收入家庭及老年人，参照一般护理标准给予救助；第三，生育救助，即对低收入家庭妇女，分娩时参照一般费用标准给予差额救助。

日本医疗救助的主要内容如下。

第一，救助对象。医疗救助的法律依据是《生活保护法》（也称旧生活保护法），该法的主要目的是对所有贫困的国民，根据其贫困的程度实施必要的保护，保障其最低限度的生活并促进其自力更生。该法第十五条明确规定，对因为窘迫而无法维持最低限度生活的对象提供六项法定的医疗救治或补助[3]。

第二，救助项目。医疗救助的项目不仅包括门诊、住院、手术、药品等费用，而且看病时所必需的交通费、治疗时所需要的输血费及眼镜等医疗器械费用也被认定为

---

[1] 杨玲，刘远立. 美国医疗救助制度及其启示. 武汉大学学报（哲学社会科学版），2010，63（5）：699-704.

[2] 也有学者把日本的《生活保护法》翻译为《生活保障法》。1950 年 5 月，日本对 1946 年的《生活保护法》进行了修订，新的生活保护法更加强调无差别平等原理，增加了教育救助和住宅救助等项目。2013 年 5 月再次对《生活保护法》进行修订，于 2014 年 4 月开始实施。

[3] 按照《生活保护法》第十五条的规定，医疗救助主要在六方面提供救助：诊查，药品以及医用材料、医疗器械等，医学处置、手术及其他治疗术，居家疗养的管理与看护及陪同人员的帮助，医院或诊疗所入院看护及陪同人员的帮助，受救助者的运送。

救助的内容，必要的按摩、针灸等费用也可以申请救助。医疗救助标准根据各地的医疗救治水平和物价水平确定，并根据大、中、小城市及农村等地域范围依次划分为六类标准[①]。

第三，筹资机制。日本的医疗救助资金采取中央和地方共同负担的方式，同时也积极动员社会进行募捐。国家和地方各自承担不同的比例，其中，中央政府负担四分之三，地方政府负担四分之一。此外，还有一部分来自社会募捐的资金。政府在履行保障国民健康责任的同时，也要求各地居民有保护当地低收入群体健康的义务。为此，1988年6月日本创设了稳定保险基础制度，对国民健康保险制度中的低收入家庭征收医疗保险税（费）时实行减额课税（减费）四到六成，缺额则以中央和地方财政补足。

第四，救助管理。日本的医疗救助管理体制采取的是垂直管理的体制。从上到下，中央有厚生劳动省设立的救助司与社会司；地方有各都、道、府、县设立的民生委员会；基层中在每10万名居民的地区政府设立社会福祉事务所；此外，还有负责社会募捐及医疗救助实施的共同募金会和红十字会。其中，民生委员会是一个协助政府进行医疗救助管理及实施工作的社会福祉自愿者组织；社会福祉事务所是在实际工作中具体承担医疗救助实施的机构，负责对需要救助的儿童、残疾人、弱智者、老人、寡妇等提供包括医疗救助在内的各项生活保障；共同募金会是长期从事募集和发放医疗救助等社会救助资金的独立民间团体，其目的是通过民间的资金募集活动，发展民间社会福祉事业，同时通过宣传，提高市民参与社会福祉活动的意识。

三、新加坡的医疗救助

新加坡通过全民保健储蓄计划（Medisave）、健保双全计划（Medishield）和保健基金计划（Medifund）三个制度构建了全民医保。全民保健储蓄计划始于1984年，要求有工作的人都必须参加，具有强制性。该计划作为中央公积金制度的一部分，为公民单独设立医疗储蓄账户，并支付医疗费用。健保双全计划始于1990年，个人自愿参加，作为全民保健储蓄计划的一个补充，主要保障的是大病。保健基金计划始于1993年，是由政府设立的捐赠基金，为那些无钱支付医疗费用的穷人提供一个"安全网"。政府在制度开始运行时投入2亿新元，以后每年增加1亿新元扩充基金，直到保健基金存量达到20亿新元。保健基金的利息收入分配给公立医院，每家公立医院都有一个由政府任命的医保基金委员会，向无力支付住院费的穷人提供救济。新加坡的保健基金计划实质上就是医疗救助的一部分。

新加坡医疗救助的主要内容如下。

第一，救助对象。新加坡保健基金计划的对象是没有参加全民保健储蓄计划和健保双全计划的贫困人群以及因个人承担医疗费太多而影响基本生活的人，如在保健储蓄、健保双全计划的保障下仍不能支付医疗费用的人。曾是保健基金批准的医疗机构中的非高级病房病人或需要在这些病房接受治疗的病人（选择高级病房的人无权申请保健基

---

① 赵永生. 国民健康的最后防线：日本医疗救助体系的发展与现状. 中国医疗保险，2009，（6）：64-67.

金），或曾是享受津贴的外科手术病人或享受津贴的门诊病人，这些病人与自己的家人都负担不起医疗或其他费用，并已用尽自己与直属家人的保健储蓄存款，符合条件的人士可以直接向所在医院提出申请，医院委派一名医务社工提供协助，可能会进行上门访问。医保基金委员会审议后确定救济款额，视病人的经济状况与医疗收费而定，委员会的成员主要来自积极参与社会工作的人士，他们熟悉低收入人群的问题与需要，能对申请者采取灵活的态度[1]。

第二，救助项目。医疗服务的两种主要提供方式是门诊与住院，门诊主要针对小病或症状较轻的慢性病，而住院则主要针对大病。新加坡的保健基金计划将门诊与住院救助都纳入其中，而且将门诊作为重要的救助项目。

第三，筹资机制。新加坡的医疗救助资金主要由政府投入，还有少部分来自社会捐赠。新加坡除保健基金计划外，其医疗服务体系的某些做法本身就带有救济功能，这也变相地扩大其医疗救助资金。其中最具特点的是病房床位等级制度。新加坡把病房按其设施条件完善程度递减分为 A、B、C 三个等级，政府按照不同的比例对住进这些病房的病人进行补贴，住条件较差病房的病人补贴比例较高。尽管这种制度并非只覆盖贫困人群，但在客观上却起到了很好的救助效果，因为住条件较差病房的病人大多都是穷人[2]。

第四，救助管理。新加坡有着专门管理保健基金计划的机构，而且每家公立医院都设有专门的医保基金委员会。医保基金委员会不仅负责审批救助对象，发放基金的工作也由医保基金委员会负责。

除了保健基金计划，新加坡的伙伴基本照顾计划也是医疗救助的组成部分。伙伴基本照顾计划主要是允许私人全科医生和牙医为贫困的老年人和残疾人提供普通的门诊医疗服务和基本的牙科服务，以便他们能就近在自己的社区获得基本的医疗照顾。贫困的老年人和残疾人在这些私人机构就医时只需支付与综合医疗诊所一样的费用。合格的申请者会获得一个有效期为三年的社区医疗福利卡，且只能由持卡人本人使用，在私人诊所和私人牙医处就医时即可得到医疗津贴。

四、印度的医疗救助

印度采纳英国模式建立了国民卫生体制，强调卫生保健是公民的基本权利，政府有责任向全体公民提供免费的卫生保健服务。

在印度，政府医院的服务对象基本都是低收入人群，他们对医疗条件要求不高，只要少花钱能治病就行，而这恰恰起到了社会公平和救助贫弱的"稳定剂"作用。因此，印度医疗保障制度在鼓励私立医院健康发展的同时，积极扶持政府医院的稳定运转。这种公立和私立医院并存的现象使印度的富人和穷人患者各有所依。

印度政府还制定了建立三级医疗保健网的制度。这一网络包括保健站、初级保健中心和社区保健中心三个部分，免费向广大穷人提供医疗服务。免费项目包括挂号费、检

---

[1] 汪朝霞，史巍. 新加坡政府的社会救助计划. 国外社会科学，2009，（3）：71-76.
[2] 廖辉霞，代安琼. 中国与新加坡医疗救助模式比较研究. 中国卫生事业管理，2013，（1）：39-40.

查费、住院费、治疗费和急诊抢救的一切费用，甚至还有住院病人的伙食费，但不包括药费。针对农村的弱势群体，印度政府在 2005 年开始实施了"全民农村健康计划"[①]。其目标是使人们尤其是一些贫困地区的穷人、妇女和儿童获得有质量、有效率的医疗保健服务。

五、泰国的医疗救助

泰国政府早在 1975 年就设立了低收入者免费医疗项目，1992 年将该项目的覆盖范围扩展到没有任何其他医疗保障覆盖的 60 岁及以上的老年人和中小学生。同时，1983 年政府面向农村地区实施了"健康卡"制度、2001 年又推出"30 铢人人健保"计划，之后"健康卡"制度被废除。泰国政府通过实施医疗救助制度和"健康卡"制度，为农民和其他低收入者较好地解决了医疗费用负担的问题，使占人口 25%~28% 的低收入者受惠。同时，通过"30 铢人人健保"计划实现了医疗救助与医疗保险的衔接。

低收入者免费医疗项目也就是泰国的医疗救助制度，由公共卫生部中的医疗保险办公室主管，实施之初面向的对象主要是月收入在 1 000 泰铢以下的家庭，政府每年向公立医院拨付一定的预算，并要求医院为低收入家庭提供免费医疗服务，但救助对象的选择不是由政府确定的，选择权全部交给了公立医院。1976 年，政府改变了对公立医院总额预付的支付方式，实行按人头付费。具体是要求医疗救助对象必须在一家公立卫生机构（一般是在社区附近的卫生中心或者区级医院）注册，在那里接受门诊服务，并在有需要的情况下接受转诊。政府根据公立卫生机构注册的医疗救助对象按人头进行拨款，人头费会根据医疗卫生服务价格进行调整，每年都会适当调高医疗救助的人头费[②]。

除了低收入者免费医疗项目，"健康卡"制度对完善泰国的医疗保障制度起到了非常重要的作用，"30 铢人人健保"计划实现了医疗保险和医疗救助的有效衔接。"健康卡"制度面向农村地区并非最贫穷但收入不高的民众。农民自愿参加"健康卡"制度，参加条件是农民每年缴 500 泰铢，就可以获得政府 500 泰铢的补贴，并获得政府的一张健康卡，持卡者在一定条件下可以享受公立医疗服务机构的免费服务。在"健康卡"制度的基础上，泰国政府又于 2001 年正式推出"30 铢人人健保"计划。参加"30 铢人人健保"计划的参保人员在自己所属辖区的诊所、卫生中心和医院看病时，每次只需交纳 30 铢费用（约 6 元人民币，相当于挂号费，月收入低于 2 800 铢的公民可免交），就可享受门诊、急诊或住院医疗卫生服务，不需再支付其他费用，其余医药费用由中央政府通过按人头付费或按病种付费的形式直接向医疗机构支付。"30 铢人人健保"计划对医疗救助对象豁免 30 泰铢，也就是说，医疗救助对象自动加入了"30 铢人人健保"计划，让医疗救助的人员也直接参加医疗保险，这无疑实现了医疗救助与医疗保险的无缝衔接。

---

① 张乐. 印度社会保障体系概述. 南亚研究季刊, 2006, (2): 112-117.
② 顾昕. 泰国的医疗救助制度及其对我国的启示. 中国行政管理, 2006, (7): 73-77.

第三节 中国医疗救助

一、中国医疗救助制度的发展历程

（一）中华人民共和国成立后至改革开放前的医疗救助

在这段时期，农村合作医疗制度和公费医疗及劳保医疗承担了医疗救助的部分功能。1949年中华人民共和国刚建立时，医疗救助只是作为社会救济制度中的一部分，并没有单独建制。由于遭受长期的战争和大范围的自然灾害，社会上需要救助的灾民和贫困人口数千万。此时，救助的重点在于保障灾民和贫困人口的温饱生活，救济的目标在于生存，对医疗救助的关注度不高。

伴随着农业合作化和人民公社的兴起，从1955年起，农村合作医疗在广大的农村地区迅速建立，到20世纪70年代已经覆盖了90%的农村人口。农村合作医疗制度解决了当时农村缺医少药问题，有效地保障了农村人口的身体健康。在城市，我国基本确立了与计划经济相配套的传统社会救济制度框架。从整个社会保障制度的设计安排看，城镇工人及其家属依靠劳保医疗来解决生病就医的问题，国家机关事业单位人员依靠公费医疗来保障自身的健康。在一定意义上讲，城市的医疗卫生服务都是由国家包办的，国家成为唯一的医疗服务提供方。到改革开放前，基于集体经济，依托于农村合作医疗、五保供养制度、公费医疗和劳保医疗，医疗救助虽然没有单独建制，但是患病的贫困农民和城市居民能得到低水平的救助。

（二）改革开放后的医疗救助

1. 探索实践阶段：20世纪90年代到2002年

这个阶段国家尚未出台正式的医疗救助制度，一些地方政府通过下发专门文件，开始在医疗救助方面进行实践。改革开放后，随着经济体制改革和家庭联产承包责任制的建立，农村集体经济逐渐瓦解，基于集体经济的合作医疗制度和五保制度功能逐渐弱化。城镇职工和重点优抚对象实行从国家包揽的公费医疗制度和劳保医疗制度向社会医疗保险制度转变。此外，政府卫生投入的减少、医疗费用的快速上涨，城乡贫困人口，即弱势群体的医疗困难问题凸现出来，从而使政府在实施基本物质生活救济的同时，把医疗救助提上议事日程。20世纪80年代，主要用于我国农村扶贫或加强农村初级卫生保健的工作中包含有关医疗救助的内容；90年代，随着贫困人口的剧增，一些地方开始通过政府下发专门文件甚至通过地方立法开展医疗救助，医疗救助成为政府的一项职责[1]。

上海是国内最早进行医疗救助的城市。1990年12月，上海市实施了《城市贫困市民急病医疗困难补助办法》，开始对传统救济对象（主要是"三无"人员）给予门诊和住院补助，费用基本是全额补助。补助经费由区县财政局按区县定期定量救济对象人均每

---

[1] 时正新. 中国的医疗救助及其发展对策. 国际医疗卫生导报，2002，(11)：5-11.

月 15 元标准提取，作为最低保证数。1997 年 6 月，北京市卫生局、物价局、财政局联合发出《关于在我市医院实行医药费"总量控制、结构调整"改革的通知》，提出"对本市正式户口城乡居民中，收入在最低生活标准以下的特困户和"五保户"，凭街道办事处、乡镇政府证明及户口簿、身份证，享受普通住院床位费 50%，基本手术费 20%，CT、核磁共振等大型设备检查费 20%的优惠"。1998 年，广州市建立社会医疗救助基金，除了广泛发动社会捐助，市政府每年财政拨款 150 万元，还从公益奖券、社会福利奖券中提取医疗专项资助，体现了"政府行为、社会支持"的政策。同年，辽宁省全面启动医疗卫生扶贫工程，规定在全省区级以上医疗机构设立城市下岗特困职工门诊室和病房，开设家庭病床，减免医疗费用；卫生防疫、卫生监督部门对下岗困难职工及其子女提供一定范围的免费服务。江苏省镇江市是 1995 年医疗体制改革的试点城市之一，针对无力参保的特困企业职工，镇江市按照社会平均工资 60%帮助特困企业职工缴纳医保基金，资金来源从市政府解困基金中列支，以解决个人医疗负担过重问题[①]。

除了各地政府积极探索建立医疗救助制度外，国内外研究机构和国际组织也进行了大量实验、研究和有益的探索，其中影响最大的就是世界银行贷款综合性妇幼卫生项目、秦巴卫生子项目、中国基本卫生服务项目和 2001~2007 年中英城市社区卫生服务与贫困救助项目。

2. 建立与推进阶段：2003~2008 年

21 世纪初，城乡居民"看病难、看病贵"的问题凸显，城乡贫困的居民无力承担高额的医疗费用，特别是农村贫困问题尤为突出。2002 年，国务院召开了全国农村工作会议，并做出了《关于进一步加强农村卫生工作的决定》，指出"建立和完善农村合作医疗制度和医疗救助制度"。2003 年，民政部、卫生部、财政部三部委联合下发《关于实施农村医疗救助的意见》，开始对农村地区困难群体实施医疗救助。该文件是我国农村医疗救助体系建设的一个里程碑，它将农村五保户、农村贫困户家庭成员列入重点救助对象，对农村医疗救助的目标原则、救助办法、申请审批、基金筹集和管理以及组织实施等都做出了指导性规定。2004 年，财政部、民政部关于《农村医疗救助基金管理试行办法》中对农村医疗救助基金筹集、管理和给付办法都进行了进一步规定。

2005 年 8 月，民政部、卫生部、财政部发布《关于加快推进农村医疗救助工作的通知》，旨在解决出现的各地医疗救助工作进展不均衡、资金供需矛盾突出、部分地区管理不当及政策不公开等问题。要求 2005 年底以前，各省（自治区、直辖市）所辖有农业人口的县（市、区）的农村医疗救助工作方案务必全部出台，加快了农村医疗救助制度建设的步伐。

从我国医疗救助建立的进程来看，城市医疗救助体系的建立晚于农村医疗救助体系的建立。2005 年 3 月，国务院转发民政部、卫生部、劳动保障部、财政部《关于建立城市医疗救助制度试点工作的意见》，提出各省（自治区、直辖市）选择不少于 1/5 的县（市、区）进行试点，重点探索城市医疗救助管理体制、运行机制和资金筹措机制，并安排 3

---

① 徐祖荣. 社会转型期城市医疗救助理论与经验. 北京：中国经济出版社，2010：85.

亿元专项资金，用于支持困难地方建立城市社会医疗救助制度。这成为我国城市医疗救助制度建设的指导性文件，是我国探索城市医疗救助制度的开端。2005年6月，《关于加强城市医疗救助资金管理的意见》对多渠道筹集城市医疗救助金，科学合理制定救助标准，严格城市医疗救助资金申请、审批和发放办法，加强城市医疗救助基金的管理以及加大监督力度确保资金安全等方面都做了进一步的具体安排。经过两年多的探索，城市医疗救助制度的基本框架已经形成。在此基础上，2007年10月，民政部、财政部、劳动和社会保障部联合下发《关于做好城镇困难居民参加城镇居民基本医疗保险有关工作的通知》，开始了城市医疗救助制度和城镇居民医疗保险制度结合的初步探索。

2008年底，我国城乡医疗救助初步实现全面建制。救助方式主要有资助城乡困难群众参加城镇居民医保或新型农村合作医疗（简称新农合）；对救助对象经医疗保险报销后的自付费用按规定给予补助；救助内容除开展住院救助外，还兼顾门诊救助。救助程序从"医前垫付、医后报销"转向"随来随治、随走随结"的"一站式"即时结算[①]。

3. 城乡统筹阶段：2009年至今

此阶段在城乡医疗救助覆盖的基础上，又进一步推动了医疗制度向前发展。这一阶段特别重视大病医疗救助、医疗救助与慈善事业衔接、医疗保险与医疗救助衔接、城乡医疗救助统筹等方面的内容。

2009年4月6日，中共中央、国务院正式发布《关于深化医药卫生体制改革的意见》，体现了我国医疗卫生事业发展从理念到体制的重大变革，进一步完善医疗救助制度，保障困难群众能够享受到基本医疗卫生服务。2009年6月，民政部、财政部、卫生部、人力资源和社会保障部联合下发了《关于进一步完善城乡医疗救助制度的意见》，提出用三年左右的时间在全国范围内基本建立起资金来源稳定、救助效果明显、管理运行规范、能为困难群众提供方便快捷服务的医疗救助制度，标志着我国医疗救助走上了规范化发展的轨道。

2012年1月，民政部、财政部、人力资源和社会保障部、卫生部联合下发了《关于开展重特大疾病医疗救助试点工作的意见》，开展重特大疾病医疗救助试点工作。为切实解决困难群众医疗难题，充分发挥医疗救助和慈善事业的综合效益，保障困难群众基本医疗权益，2013年8月，民政部下发了《关于加强医疗救助与慈善事业衔接的指导意见》，积极探索建立医疗救助与慈善事业衔接的机制，并做好衔接的基础保障工作。至此，城乡医疗救助制度和重特大疾病救助制度已成为我国医疗救助的两项重要内容，获得了迅速的发展。

2014年2月，《社会救助暂行办法》颁布。在《社会救助暂行办法》第五章医疗救助中规定了医疗救助对象、救助方式、申请程序，并要求县级以上人民政府应当建立健全医疗救助与基本医疗保险、大病保险相衔接的医疗费用结算机制，为医疗救助对象提供便捷服务。2015年4月，国务院办公厅转发民政部等部门《关于进一步完善医疗救助制度全面开展重特大疾病医疗救助工作意见的通知》，提出要进一步提高救助水平，扩大

---

① 成海军. 当前我国医疗救助中的重点和难点问题研究. 学习与实践，2015，(8)：84-92.

救助对象的范围,要求城市医疗救助制度和农村医疗救助制度于 2015 年底前合并实施。至此,城乡医疗救助的二元状态将逐步破解,我国城乡医疗救助进入了新的发展阶段。

二、城乡医疗救助的主要内容

(一)救助对象

农村医疗救助对象:第一,农村五保户、农村贫困户家庭成员;第二,地方政府规定的其他符合条件的农村贫困农民。救助对象的具体条件由地方民政部门会同财政、卫生部门制定,报同级人民政府批准。

城市医疗救助对象:第一,城市居民最低生活保障对象中未参加城镇职工基本医疗保险人员;第二,已参加城镇职工基本医疗保险但个人负担仍然较重的人员和其他特殊困难群众。具体条件由地方政府民政部门会同卫生、劳动保障、财政等部门制定并报同级人民政府批准。

2009 年,《关于进一步完善城乡医疗救助制度的意见》进一步拓展了城乡救助对象的范围。在上述城乡医疗救助的对象的基础上,增加了其他经济困难家庭人员。其他经济困难家庭人员主要包括低收入家庭重病患者及当地政府规定的其他特殊困难人员。具体救助对象界定标准,由地方民政部门会同财政等有关部门,根据本地经济条件和医疗救助基金筹集情况、困难群众的支付能力以及基本医疗需求等因素制定,并报同级人民政府批准。其他经济困难家庭的概念比较模糊,部分省份采用了列举的办法,并且医疗救助的对象已经不仅仅局限于本地居民,部分外地居民也被纳入本市的医疗救助对象的范围。

(二)救助形式

医疗救助的形式主要有六类,即医疗减免、临时救济、专项补助、建立基金、团体医疗互助和慈善救助。在实际操作中,主要采用医疗费用直接减免、按比例报销、发放医疗效助券、现金救助等方式。

(三)救助资金

救助资金来源以各级政府财政拨款为主,以社会捐助和彩票公益基金为辅。主要渠道为:地方各级财政每年年初根据实际需要和财力情况安排医疗救助资金,列入当年财政预算;中央财政通过专项转移支付对中西部贫困地区农民贫困家庭医疗救助给予适当支持;社会捐赠及其他资金。

中央补助金额由财政部、民政部根据各地医疗救助人数和财政状况以及工作成效等因素确定,医疗救助资金纳入社会保障基金财政专户,各级财政、民政部门对医疗救助资金实行专项管理,专款专用。

(四)救助程序

(1)农村医疗救助程序。第一,医疗救助实行属地化管理原则,申请人(户主)向村民委员会提出书面申请，填写申请表，如实提供医疗诊断书、医疗费用收据、必要的病史材料、已参加合作医疗按规定领取的合作医疗补助凭证、社会互助帮困情况证明等，经村民代表会议评议同意后报乡镇人民政府审核。第二，乡镇人民政府对上报的申请表和有关材料进行逐项审核，对符合医疗救助条件的上报县（市、区）民政局审批。乡镇人民政府根据需要，可以采取入户调查、邻里访问及信函索证等方式对申请人的医疗支出和家庭经济状况等有关材料进行调查核实。第三，县级人民政府民政部门对乡镇上报的有关材料进行复审核实，并及时签署审批意见。对符合医疗救助条件的家庭核准其享受医疗救助金额，对不符合享受医疗救助条件的，应当书面通知申请人，并说明理由。第四，医疗救助金由乡镇人民政府发放，也可以采取社会化发放或其他发放办法。

（2）城市医疗救助程序。救助对象本人向社区居民委员会提供申请城市医疗救助的书面材料并提供有关证明材料；街道办事处（乡镇人民政府）对上报的申请表和有关证明材料进行审核；县级政府民政部门对街道办事处（乡镇人民政府）上报的有关材料进行审批。救助金由街道办事处（乡镇人民政府）发放，也可以由县级政府民政部门直接发放，有条件的地方要实行社会化发放。

三、我国城乡医疗救助的发展趋势

（一）城乡医疗救助制度从分割走向统一

2009年之前，农村医疗救助和城市医疗救助在救助政策、救助办法、救助比例、救助标准上各不相同。这是由于我国城乡存在二元经济结构，各地的经济、财政收入状况存在巨大差异，不同地区间的城乡医疗救助制度分而治之。2009年下发的《关于进一步完善城乡医疗救助制度的意见》为城乡医疗救助一体化提供了政策依据，随后部分地区开始逐步探索建立统一的城乡医疗救助制度。

在2015年4月，《关于进一步完善医疗救助制度全面开展重特大疾病医疗救助工作意见的通知》设定了"城市医疗救助制度和农村医疗救助制度于2015年底前合并实施"的目标任务。目前，我国在整合城乡医疗救助过程中还存在若干困难，但随着我国城乡经济一体化发展进程的不断加快，构建和完善城乡医疗救助统筹一体化的救助模式也将逐步完善。同时做好重特大疾病医疗救助与城乡居民基本医疗保险、城乡居民大病保险、疾病应急救助、商业保险的有效衔接，确保城乡居民大病保险覆盖所有贫困重特大疾病患者，帮助所有符合条件的困难群众获得保险补偿和医疗救助。同时，要进一步扩大救助范围，提高救助标准和救助比例，降低城乡医疗救助起付额度，实现住院或大病救助的"零门槛"，努力使医疗救助制度普惠城乡困难群体，实现应救尽救。

（二）城乡医疗救助对象进一步扩展

随着我国城乡医疗救助制度的不断完善和发展，医疗救助对象的范围将进一步扩展。农村医疗救助制度和城市医疗救助制度实施之初，救助对象主要包括农村五保、农村低保、城市低保、城市"三无"等人群，随后在2009年下发的《关于进一步完善城乡医疗救助制度的意见》中提出"在切实将城乡低保家庭成员和五保户纳入医疗救助范围的基础上，逐步将其他经济困难家庭人员纳入医疗救助范围"。随着 2012 年重特大疾病医疗救助试点工作的开展，医疗救助对象扩展至低收入家庭患重特大疾病的患者。2015 年城乡医疗救助制度进一步完善，医疗救助对象进一步扩展，医疗救助对象从开始的以最低生活保障家庭成员和特困供养人员为重点救助对象，到逐步将低收入家庭的老年人、未成年人、重度残疾人和重病患者等困难群众，以及县级以上人民政府规定的其他特殊困难人员纳入救助范围。随着城乡医疗救助一体化的进一步发展和救助范围的扩大，我国医疗救助的福利性和公平性将进一步加强，医疗救助人群将不再局限于城乡低保人员，更多符合救助条件的人群将被包括进来，不仅本地户籍的常住居民可以享有救助，符合救助条件的非本地户籍的外来务工人员也可以享有救助。

（三）城乡医疗救助水平进一步提高

我国城乡医疗救助水平的提高不仅表现为救助资金总额逐年增加，也表现为人均救助水平逐年提高。2005 年全年共支出农村医疗救助金 7.8 亿元，累计救助贫困农民 854.5 万人次。其中，民政部门资助参加合作医疗 654.9 万人次，民政部门医疗救助 199.6 万人次。2005 年全年城市医疗救助 114.9 万人次。全年中央财政共补助城乡医疗救助资金 6 亿元。

到 2014 年，我国城乡医疗救助水平大幅提高，全国实施医疗救助者达 9 119 万人次，其中，住院救助 1 106.6 万人次，门诊救助 1 288.7 万人次，资助参合参保 6 723.7 万人次。医疗救助资金支出达到 252.6 亿元。仅 9 年的时间，医疗救助资金总额从 2005 年的 13.8 亿元上涨到 2014 年的 252.6 亿元，年均增长率为 203.4%。医疗救助水平的提高离不开政府的财政投入，医疗救助财政投入的有限性和贫困人口医疗需求的不断增长必然使医疗救助发展面临巨大的挑战。因此，在加强政府对医疗救助的财政投入的同时，还需要积极引入各种社会救助主体的资源和力量，合力提高医疗救助的水平。

【本章小结】

医疗救助在保障公民的生存权、健康公平权领域起着不可替代的作用。医疗救助概念有广义和狭义的区别。医疗救助的主要特征为：医疗救助的责任主体是政府、医疗救助主要是采取经济手段、医疗救助的目的是确保贫困人口获得健康保障。美国的医疗救助通过公共转移支付为联邦与州政府法律认可的低收入个人和家庭提供医疗救助服务。日本目前的医疗救助体系从属于生活保护制度。新加坡的保健基金计划始于 1993 年，是由政府设立的捐赠基金，为那些无钱支付医疗费用的穷人提供一个"安全网"。印度采纳英国模式建立了国民卫生体制，通过建立三级医疗保健网的制度，免费向广大穷人提供医疗服务。泰国的医疗救助主要包括低收入者免费医疗项目和"30 铢人人健保"计划。泰国政府通过实施医疗救助制度和"健康卡"制度，为农民和其他低收入者较好地解决了医疗费用负担的问题，同时，通过"30 铢人人健保"计划实现了医疗救助与医疗保险的衔接。

中国医疗救助的发展历程主要经历了中华人民共和国成立后至改革开放前的医疗救助和改革开放后的医疗救助两个阶段。2003 年农村开始实施医疗救助，随后 2005 年城市开始试点医疗救助，2009年后城乡医疗救助进一步发展，随着2012年重特大疾病医疗救助试点工作的开展，我国城乡医疗救助进入了新的发展阶段。目前城乡医疗救助的主要内容包括救助对象、救助形式、救助资金、救助程序四个方面。我国城乡医疗救助的发展趋势表现为：城乡医疗救助一体化的趋势明显，并且医疗救助的覆盖面和救助水平也会进一步提高。

【关键术语】

医疗救助　城乡医疗救助　重特大疾病医疗救助　门诊救助　住院救助　医疗救助水平

【案例】

谁来救助大病困难群体？

近年来，我国困难群体大病保障工作持续推进，在之前已建立的城镇职工医保、城镇居民医保、工会救助基础上，2003年启动新农合，再到国务院深化医药卫生体制改革工作领导小组办公室要求2014年全面启动城乡居民大病保险，人社部门、卫生部门、民政部门、各级工会以及慈善组织、社会力量和商业保险汇聚合力，建起道道屏障，把困难群体从生活的悬崖边拉回。

据中国公益研究院数据，我国自2003年起建立基本医疗保险制度和医疗救助制度，目前已建立了以基本医保、大病医保、医疗救助为主体的医疗保障机制。2012年，新农合、城镇居民社会养老保险（简称城居保）、医疗救助三项支出总额达到3 287亿元。

目前，医疗救助的"兜底"作用日益凸显，医疗救助与基本医疗、大病保险、慈善救助等共同构建了多层次医疗保障体系。

民政部社会救助司有关资料显示，由于救助资金不足，2013年社会救助资金支出超过当年筹集的就有21个省，中央财政近年的社会救助资金拨付年均增长只有0.8%，而测算救助对象（保守）为8 000万人，还没有把因病致贫的人算进去，财政压力很大。受资金所限，部分地区做不到应保尽保，救助工作开展得捉襟见肘。在中部某省，一位村支书掰着指头告诉记者，上面每年给村里的低保户指标有25个，但全村的困难家庭多达60余户，这些家庭只能轮流接受救助。

安徽阜南民政局负责人说："2012年当地民政部门救助了一个患有先天性食道闭塞的弃婴，连同治疗费、护理费等在内，前后花费民政临时救助资金13万余元，而全县全年的民政临时救助资金也只有50万元，剩余的钱是否够用可想而知。"

山西省民政厅社会救助处负责人认为，农村困难家庭主要是医疗致贫，有两个现象应重视：一是近年来国家救助金的增长速度低，大盘没有变；二是真正遇到大病，救助比例太小。目前，给五保户的救助金不够，给其他困难户的救助金也不够。

与此同时，困难群体大病保障各层面衔接也存在障碍：一是起付线高。大病保险设立的起付线一般都在万元以上，贫困群体个人自付达到起付线才能报销，这对他们来说是很大的压力。起付就困难，获得大病保险更难，甚至会出现穷帮富的情况。一些地方为了让贫困群体获得大病保险,规定让医疗救助先上,医疗救助与医保救助前后倒置。二是计费标准难衔接。大病保险起付线标准为累计付费,而医疗救助与基本医保是按次结算,两者很难衔接。三是结算衔接困难。大病保险属于商业保险,目前未与医院实现系统对接,全部是事后结算,贫困群体大病就医需要垫付费用,很多人因为垫不起费用而放弃治疗。

中国红十字基金会项目管理部部长朱爱晶等认为,信息不衔接不共享,使贫困群体大病报销增加了流程、拉长了时间。如果借助共同平台实现信息共享,慈善组织和医保两方都能看到一个救助对象得到了哪些救助。目前,福建省已经开展与红十字会的对接工作,建议具体操作上可考虑先试点再逐步推开。

医疗救助是帮助困难群体抵御大病来袭的最后一道防线。民政医疗救助制度在农村、城市相继建立,并随着新一轮医改的推进,医疗救助和医保制度相结合,除直接进行资金救助外,其还资助困难群众参保参合,使重特大疾病救助力度进一步加大,在大病保障中的"兜底"作用更加凸显。

与此同时,在民政部门注册登记的慈善组织和民间自发组建的草根慈善也日益壮大。慈善组织与政府相互合作,在政府救治的薄弱环节,慈善组织接过"接力棒",是完善多层次、立体的大病保障体系中不可或缺的力量。

资料来源:王大千. 谁来救助大病困难群体. 瞭望,2014,(47):22-25

【复习思考题】

1. 广义的医疗救助和狭义的医疗救助有何区别?
2. 美国和中国的医疗救助制度有何不同?在救助内容上有何差异?
3. 泰国的医疗救助制度对中国有何启示?
4. 改革开放后中国医疗救助发展有何特点?中国医疗救助的主要内容有哪些?
5. 中国医疗救助的发展趋势是什么?

第六章

教育救助

教育是人类文明的产物，教育的发展对国民素质提高和国家发展有着重大而长远的影响。教育救助是维护教育公平的必要手段，是推进教育发展的重要方式，是社会救助体系的重要组成部分。

第一节 教育救助概述

一、教育救助的概念

教育救助通常被认为是为保障适龄人口获得接受教育的平等机会，国家、社会团体和个人从物质和资金上，对贫困学生在不同阶段提供援助的制度[①]。

在《社会救助暂行办法》中，教育救助是根据不同教育阶段需求，采取减免相关费用、发放助学金、给予生活补助、安排勤工助学等方式，保障教育救助对象基本学习、生活需求。

因此，结合中国教育救助的实际，教育救助是指政府和社会为了保障适龄人口能获得接受教育的机会，依法对教育各学历阶段贫困家庭子女受教育费用通过资助、减免、奖励、助学贷款、提供勤工助学机会等形式实施的一种社会救助项目。

二、社会救助的特点

教育救助除了具有社会救助的一般性特点外，还具有自身的一些特点，主要如下。

（1）教育救助的间接性。教育救助往往不是直接对贫困学生或家庭发放救助资金，

---

① 杨昌江. 贫困生与教育救助研究. 长沙：湖南教育出版社，2008：4.

而是对他们进行间接援助，如减免相关费用、发放助学金、提供生活补助、安排勤工助学和提供助学贷款等。

（2）教育救助的连续性。教育救助并不是一次就能完成，常常需要持续一个阶段和过程。

（3）教育救助的多样性。教育救助根据不同教育阶段需求会采取相应的救助方式和措施。例如，针对初等教育阶段的救助方法主要有学杂费减免、助学补贴；针对高等教育阶段的救助方法主要有在进行助学金补助和学费适当减免的同时，还提供助学贷款。

三、教育救助的内容

（1）中小学教育阶段的教育救助内容：①助学金。这是许多国家针对贫困家庭学生实行教育救助的一种通用措施，往往是学校或国家定期发放，一般以一个学年（学期或月）为时间单位。有些国家根据学生贫困程度和学习成绩提供不同等级和标准的助学金。②困难补助。这是许多国家提供给贫困家庭学生的一种常见的教育社会救助项目，往往由学校或国家实施，大多是一种临时性的应急性措施，不定期地提供一定金额的补助。一些国家把困难补助按用途分为开学补助、交通费补助、伙食补助和教科书补助等。③减免学杂费。这是多数国家针对义务教育阶段困难家庭学生的救助，避免学生因家庭经济困难而辍学。对于高中教育阶段困难家庭学生的救助，通常安排一定数量的专项资金用于高中生奖学金、困难补助、学杂费减免，也可对困难家庭学生实施免费教育，免收其学杂费、课本费和校内服务性收费。

（2）高等教育阶段的教育救助内容：①奖学金。这是许多国家普遍采用的一种教育救助项目，通常由学校或校外单位或国家发放，主要帮助经济困难且学习优秀的学生完成学业。②助学贷款。这是许多国家通用的一种教育救助项目。助学贷款是由金融机构为贫困大学生提供一定数额的贷款帮助其完成学业，国家一般给予一定的优惠政策，如国家承担贷款利息等。助学贷款虽然推行历史不长，但越来越受到各国重视。③勤工俭学。勤工俭学又称为"勤工助学"，是指在校大学生在学校或教育管理部门的组织指导下，利用课余或假期时间在校内外通过劳动取得合理报酬的一种社会实践活动，是一种针对家庭经济困难学生较为有效的资助办法。④补助金。补助金主要是由各级政府或大学提供的一种教育救助项目。在许多国家，中央和地方政府拨出专款对贫困大学生进行困难补助，有些国家的高校也从自筹资金中拿出一部分来帮助贫困大学生完成学业。一些国家在政策中明文规定这种高校补助是必须实行的，也有一些国家没有明确规定但也是鼓励高校采取这方面的措施。补助金主要是解决学生在校期间的生活费问题，多是一种临时性措施。⑤学费减免。在许多国家，高等教育的收费往往比较昂贵，贫困学生很难承受，因此，通过学费减免可以减轻学生的经济困难。但在一些国家，学费减免是与学习成绩挂钩的，使部分贫困大学生享受不到该项救助。学费减免政策是高校学生资助政策的辅助性措施，和其他政策不同的是，该政策具有无偿性资助的特点。

第二节 国外教育救助

一、美国的教育救助

（一）美国教育救助主要内容

美国是世界上教育资助体系最庞大、最发达的国家之一，其资助方式种类繁多，资金来源广泛，是多元的"混合资助模式"的典型代表。美国政府对贫困群体子女拨款进行教育援助，是政府通过立法或制定分类进行的救助计划。

1. 学前幼儿教育救助

1965 年美国制定了《初等和中等教育法》。该法案规定：政府政策向服务于贫困和低薪家庭幼儿分布区域的教育部门提供教育救助，对教育环境处于劣势的儿童，他们的特定教育需求，要发动专业人士为其提供适当学龄前教育计划及入学教育计划。美国制订了贫困群体幼儿的"先行计划"（Project Head Start），该计划提出要帮助全美贫困群体的 3~5 岁儿童开发智力，发展他们的语言能力，努力开发贫困幼儿的认知能力及学前教育活动，保证这些贫困儿童能够在入学后和其他儿童一起正常学习。还试图通过为幼儿及家庭提供健康服务、社会服务、家长参与服务及生涯发展服务等方式，提高幼儿的发展水平并以此作为战胜社会贫困的一个重要手段。

2. 中小学儿童教育救助

为了确保公平教育机会，1979 年美国国会审议通过了《教育部机构法》（Ministry of Education Institutions Act），这部法律保证美国联邦政府向民众许诺的每个人都能接受平等良好教育的诺言可以实现。随后美国在 20 世纪 90 年代末提出了"教育补偿计划"，要求对美国贫困地区的家庭经济情况困难的儿童实行补偿教育。实行"教育补偿计划"的主要途径就是将更多的资金和教学资源向教育薄弱的地方重点倾斜，将更多的教育投入引向贫穷幼儿，以达到"教育结果平等"。美国联邦政府实行最大的教育补款补偿项目"一号计划"，专项用于低收入学区，为学习成绩不佳的学生提供教学帮助，目的是使低收入家庭的孩子不因家庭贫穷而降低学习成绩，接受拨款的学区主要根据低收入家庭学生人数来确定，全美大约有 2/3 的学生接受过此项资助。

对于贫困的中学生，美国也有相应的教育救助模式。《美国 2000：教育战略》（America 2000—An Education Strategy）中提出：在美国境内的中学和大学里面设置"总统成绩奖学金"和"总统学业优异成就奖"，用来奖励美国年终考核成绩优秀的中学生以及家庭贫困但综合成绩优异的大学生[①]。补偿教育和奖学金制度的实施，有效地保证了美国中小学生的教育公平权利，在一定程度上凸显了教育救助的作用。

2001 年，美国颁发《不让一个儿童落后》（No Child Left Behind Act of 2001，NCLB）教育法案，并随后出台了一系列保证其实施的法规，其核心内容集中体现为"要求州政

---

① 李文静. 结合国外教育救助制度论我国教育救助制度的发展. 科学之友，2011，（2）：136-137.

府在全州范围内实行涉及所有公立学校和学生的绩效责任制度"。这一制度的主要内容由各州制定并实施州级阅读和教学评价标准,要求所有群体学生在12年的学习生涯中达标。而那些未能达标的学区和学校将面临着改进、纠错甚至重组,而符合和超越目标乃至消除了学业成就差距的学校将会获得州学业成就奖。对于就读于未达标学校的学生来说,地方教育局必须依法给予他们在更好的公立学校就读的机会。对于那些就读于持续性未达标学校的学生而言,这些公立或私立的服务机构必须向其提供适合于达到州级学业标准的教育服务。为了确保这一政策的顺利实施,该教育法案特别要求每个学区把20%的经费留用于这类学校选择和补充教育服务。并且州、学区和学校拥有更多的灵活性,其灵活性主要包括州和学区可以动用其在教师质量、教育技术、创新机会和安全及无毒品学校4个项目中获得的资助经费的50%,以用于其中任意项目来换取对学生学业结果更强的绩效责任。该教育法案的顺利通过并生效,被美国社会各界普遍认为是30年教育改革领域中最显著的变化,是几十年来最富有意义的教育改革。

3. 高等教育救助

美国联邦政府高等教育救助政策诞生于第二次世界大战后,在发展中经历了三个方面的重大调整:一是救助理念由国家利益至上向满足个人需要和实现高等教育机会均等的转变;二是运作机制由以基于市场机制的商业银行管理为主、学校管理为辅向联邦教育部宏观直接管理、商业银行管理、学校管理并行的多元格局的调整;三是救助方式由以传统的助学金和贷款项目为主向"以税抵费"和"减免税收"政策为主、其他方式为辅的方向的转变[1]。

1)高等教育救助资金来源

美国高等教育救助具有资金来源多元化和救助资金投向多元化的特点。目前大学生教育救助资金从来源上看,可分为联邦政府资金、州政府资金、高等院校资金和慈善机构团体资金。其中,美国联邦政府拨款是资金的主要来源,而州政府资金所占比例是最少的。高等院校投入资金一般是为了争取更多更优秀的学生来学校就读,因此会设立数额可观的助学金和奖学金。同时,政府要求每个学校都要设立自己独立的资助基金,才能获得政府的拨款。对于慈善机构和社会团体,更要具有多样的来源渠道。美国社会提倡人们参与各种慈善活动和慈善团体,设立了种类繁多的慈善机构。对于学生资助事业,美国积极鼓励人们对教育事业进行捐赠或成立各种非营利性的基金会,并规定对这部分资金实行减免税收政策。另一个资金来源就是校友的捐助。以上是资助资金的主要来源,这些资助资金为资助政策的顺利实施提供了可靠的资金保障[2]。

2)高等教育救助方式[1]

第一,奖学金。美国的奖学金,一般由州政府、高校、社会团体、企业、基金会、慈善机构和个人提供或捐助。奖学金形式多样,既有用于奖励优秀学生的综合奖,如美国"全国优秀学生奖学金""全国科学基金会奖学金""罗伯特·贝德荣誉奖学金""保

---

[1] 郭涛. 论美国大学教育救助制度与镜鉴. 郑州大学学报(哲学社会科学版),2010,43(4):174-176.
[2] 曲绍卫,潘建军. 美国大学生多元资助方式评析. 比较教育研究,2006,(10):6-10.

尔·道格拉斯师范教育奖学金";也有为实现特定社会目标而设立的单项奖,如"国家军事奖学金""全国公共卫生奖学金""国防教育奖学金"。奖学金的资助目的是激励学生努力学习,以高质量的水平完成自己的学业,同时学校提供奖学金也是为了吸引更多优秀的学生来本校就读。因此,奖学金评定一般以学习成绩作为评判标准,不考虑家庭经济状况。

第二,助学金。助学金主要由联邦政府和非联邦政府机构提供,主要包括"佩尔助学金"(Pell Grant)和"联邦补助教育机会助学金"。"佩尔助学金"是根据《1965年高等教育法的1972年修正案》设立的,是美国最大的助学金项目,它旨在向低收入家庭提供一个基础性的救助,以促进教育机会均等。一名学生一年只能接受一次该助学金,且在同一个学校不得超过一次。"联邦补助教育机会助学金"是根据《1965年高等教育法》设立的,救助目标为家庭支付水平最低的学生。二者的不同之处在于联邦教育部保证符合条件的学生都获得"佩尔助学金",而对"联邦补助教育机会助学金"则酌情提供,并不完全保证符合条件的学生都获得该助学金,接受此救助的学生通常同时还可接受"佩尔助学金"。另外,美国联邦政府从2006年起开始设立"学术竞争助学金""国家科学与数学天才助学金"新型资助计划,主要发放在"社会回报率高"的专业,即国家急需,但个人就业范围小、较少学生愿意学习的专业,将贫困生救助与国家人才需求结合起来。

第三,勤工俭学。勤工俭学也称校园工读,相当于我国的勤工助学资助方式,这是一项由美国政府出资,高校管理,为经济困难学生提供兼职工作机会的资助方式。根据1964年颁布的《经济机会法》设立,《1965年高等教育法》对此进一步确认。该方案规定参与勤工助学的同学由学校负责管理,在学校或到社区、州、联邦政府及私立非营利机构参加公益性工作,可获得"工读方案"提供的工资,为求学赚取费用。工资最低不得低于联邦政府规定的最低工资标准。本科生、研究生、全日制及非全日制学生都可以获得资格参加勤工助学,学生通过自己的努力工作获得报酬来支付自己的教育经费。学生从事的工作分校内和校外,校内工作工资由学校支付,校外工作工资由公司雇主支付。根据学生从事工作的类型,学生所得的报酬必须在联邦政府规定的最低工资标准和联邦工读计划提供的总金额之间。关于联邦工读计划的学生工资,政府支付的标准份额为70%,从事公共服务的雇主可以从联邦政府工读计划中获得75%的补贴。

第四,助学贷款。美国助学贷款一般由联邦政府拨款、金融机构融资、慈善机构捐赠等提供,由于资金来源的多样化,美国的助学贷款资助体系多元化发展。从助学贷款性质来看,分为政策性助学贷款和商业性助学贷款;从助学贷款来源来看,分为联邦帕金斯贷款、联邦斯坦福助学贷款、联邦直接助学贷款和学生家长贷款等,如表6-1所示。美国学生可以根据自己的具体情况来选择适合自己的助学贷款项目。联邦帕金斯贷款根据《国防教育法》设立,旨在为了国家利益,救助贫困大学生,培养国家所需人才,救助对象为家庭状况最差的贫困学生,由学生所在学校发放贷款,特点是有弹性还款计划、利率低,学生在校期间利息由学校支付,还款期间年利率为5%,如借贷学生毕业后服兵役或到特定公立中小学任教等,可部分或全部免还贷款。联邦家庭教育贷款计划——

联邦斯坦福助学贷款，救助对象为经济贫困的学生，救助面较宽泛，利用银行系统将款项发给学生，由各州的教育担保机构代表政府担保。联邦直接助学贷款根据1993年《学生贷款改革法案》设立，确立了直接贷款计划，以取代由联邦政府担保、私营机构或个人提供担保贷款的项目。所谓直接贷款计划，顾名思义，即联邦政府直接发放经济资助，包括助学金和贷款，由是简化了学生与政府双方面的流程。联邦教育部是借贷人，每年拨款至部分大学，学生从学校得到贷款，毕业后直接还款给联邦教育部。这一贷款项目的目的是设法简化贷款中间环节，降低管理成本，降低拖欠率。联邦家庭教育计划——学生家长贷款是根据《高等教育法1980年修正案》设立的，由政府担保，救助对象为凡有子女在大学学习并有良好银行借贷记录的家长，利率低于普通商业银行利率。每年贷款额度为学生教育成本减去家长应该能够支付的费用后仍然缺少的资金数[①]。

表 6-1 美国助学贷款项目

贷款项目	联邦帕金斯贷款	联邦斯坦福助学贷款	联邦直接助学贷款	学生家长贷款
资金来源和管理	政府出资、学校管理	商业银行出资并管理	联邦教育部直接发放、回收、管理	商业银行出资并管理
贷款担保	无担保	政府担保	无担保	政府担保或抵押担保
资助对象	家庭经济特别困难学生	家庭经济困难的学生	家庭经济困难的学生	有子女上大学，并且有良好信用记录的家长
利率	5%	利率随物价变化而变化	5%	12%
开始还款时间	毕业后第10个月	毕业后半年	毕业后半年	贷款后60天
偿还期限	10年	10年	10年	5~10年
偿还方式	每月还款不少于50美元	分期偿还	直接还款给联邦教育部	分期偿还
减免条件	死亡、患严重疾病；自愿参军；到待定公立中小学任教等			

资料来源：李晶晶. 高等教育资助制度的比较研究. 广西师范大学硕士学位论文, 2010：26

第五，混合"资助包"。高等教育阶段教育救助最突出的制度是"资助包"（Financial Aid Package）制度。"资助包"制度，根据美国联邦教育部的定义，是指把能够提供给高校大学生的全部资助来源，即不管是美国联邦政府的资助，还是非联邦政府的各种资助，如各类奖学金、助学金、贷款（助学贷款）、校园工读（校园勤工助学）混合成一个"包"，通过这种"包"来协同帮助不同层次的学生解决教育困难问题，其核心是"大学通过规范合理的配置，使每个学生都能获得与其困难程度相称的经济资助"[②]，目的是建立规范性、系统性、合理性的教育救助机制，以贫困等级来评定贫困学生应该获得的教育救助的等级[③]。资助性质分为奖学金、助学金、贷款（助学贷款）、校园工读（校园勤工俭学）四类。这种由种类繁多的不同资助项目组成的复杂的资助形式在很大程度上提

---

① 郭涛. 论美国大学教育救助制度与镜鉴. 郑州大学学报（哲学社会科学版），2010，43（4）：174-176.
② 张民选. 美国大学生资助政策研究. 高等教育研究，1997，（6）：90-95.
③ 赵立卫. 美国大学生资助的"资助包"制度. 比较教育研究，2005，（2）：55-56.

高了美国大学生的资助概率和资助力度，大大促进了美国高等教育的发展。

（二）美国教育救助政策特点

（1）美国的教育救助政策是一个包容了不同理念、混合了多种救助方式的结合体，具有救助资金渠道多元化和救助资金投向多元化的特点。

（2）救助主体明确。美国联邦政府在教育救助中责无旁贷地履行投入主体的责任和义务，给予政策和财政等方面的巨大支持。

（3）救助方式"打包"使用。美国采用的"资助包"式的一揽子救助，既使每个受助学生感到纳税人和政府对他们的支持，又使他们对高等教育费用承担起部分经济责任，其本身就是一种强有力的现实教育。特别是"资助包"的配比标准是有严格规定的，由学生自己根据自身的具体情况选择和制定符合自己需要的资助包，在助学金、助学贷款、奖学金之间做一个综合性的选择。美国大学每年都会公布每所大学的上学成本，政府公布每个地区的家庭应作贡献参照标准，结合相关数据，根据学生的家庭条件、在读学校等情况，计算出学生的经济资助需要，按照每个学校公布的资助配比标准，来对每个需要帮助的同学进行混合资助。这样的资助方式更加规范、公正、易操作。

（4）救助对象明确，救助层次合理。美国大学生教育救助政策，完全是根据学生家庭经济的困难程度而提供不同层次的救助内容，使不同家庭经济状况的学生能够切实地获得经济上的帮助，保障了救助资金的有效利用。例如，联邦帕金斯贷款方案只为家庭经济状况最低下的学生提供；联邦补助教育机会助学金方案只为特别困难的学生提供；联邦斯坦福贷学金方案为所有需要经济救助的学生提供。

二、英国的教育救助

（一）英国教育政策主要内容

1. 学前教育救助

英国的学前教育政策是一种普惠性、全民性的免费教育。确保开端儿童中心是英国普惠性学前教育改革的代表性机构，由国家政府长期投资、地方政府负责运营。它的目标是致力于为每一个儿童，特别是弱势群体儿童，提供一个平等的开端，通过儿童中心这一平台帮助家长改善境遇，提高育儿理念与技能，从而减少儿童在生命开端的不平等。确保开端儿童中心为弱势群体儿童提供了改善性的综合服务，并通过缩小弱势群体与优势家庭儿童之间差距的方式，为最弱势儿童和家庭提供帮助和支持。

弱势群体儿童及家庭是英国发展普惠性学前教育的基点。从服务内容看，儿童中心并不只是儿童看护与托管机构，其宗旨是确保儿童起点的平等、开端的平等，提升儿童未来成长与发展中的成就，向儿童提供各种早期教育服务，在尊重儿童家庭背景文化的基础上，帮助家长提升育儿知识技能，提供就业与培训咨询，戒除不良习惯等。普惠性的学前教育机构不仅有利于儿童成长与发展，而且也惠及家长，它能够为家长的就业、生存提供时间上的保障，还可以利用机构平台缓解或引导性地解决社区中弱势群体家庭的实际困难①。

2. 中小学儿童教育救助

在英国，初等教育公立学校的所有学生不需要缴纳学杂费、书本费等其他费用，并在全国范围内实行免费教育。学校统一发放各科目教材，免费供学生使用，但是学生对所用的教材课本没有所有权，只有使用权。学生不能将课本带回家，只能在课堂上使用，在下课之后老师就会将所有课本收回。在课下，学校还给学生免费配备大量的阅读书籍。为保证每个中小学生都能接受良好的教育，英国政府对困难家庭的子女实行补助政策。收入在最低生活线以下的家庭子女或是处于靠领取救济金生活的失业状态的家庭子女可在学校免费吃午餐。

3. 高等教育阶段的教育救助

在1998年以前，英国的高等教育一直是免费的，但是在布莱尔领导的工党执政后不久，就取消了学生的生活助学金体制，实行了每个大学生每年收学费1 000英镑的政策。政府认为，向学生收学费是解决各大学资金紧张的最好办法。政府收取并提高学费的主要依据来自1997年的《迪尔英报告》，提出让每一个有能力上大学的人都应该有机会从中受益，扩大高校入学率尤其是贫困学生的入学率成了英国政府的一个主要任务。2003年英国白皮书《高等教育的未来》制订了改革高等教育的计划，提出对高校资金彻底改革的多项建议。其中，很重要的一部分是对教育资金、扩大学生入学和增加对贫困生帮助方面的改革，它强调平等入学机会和增加对学生的资助。该白皮书规定，各高校可以自主决定收取0~3 000英镑的学费；取消上学先交学费的做法，改为毕业后再交；给父母年收入在10 000英镑以下的学生提供1 000英镑助学金；视收入水平还贷款；学生开始还贷起点由原来的年收入10 000英镑提高到15 000英镑。

2004年《高等教育法案》在对高等教育经费投入方面做出大胆改革，加大了对学生的资助力度，尤其是对贫困学生的资助，这是为了尽可能避免贫困学生因上大学而欠债。它还提出，让学校给学生发奖助金。

（1）英国高等教育救助体系。英国高等教育救助政策不同于很多国家，能够保证英国的大学生在不用担心费用的情况下顺利地完成学业。2004年《高等教育法案》的出台形成了目前英国高等教育救助体系：第一，毕业后视薪金多少而不同的延期付费取代了预付学费。学生上学期间不需要支付学费，毕业后工作年薪超过15 000英镑再开始偿还。政府先向大学垫付学费，学生毕业后以无息贷款的形式偿还。学生每年的还贷金额额度取决于其工资收入水平，随收入变化而变化，如果年薪低于15 000英镑则无须还款。如果学生毕业25年后仍未还清贷款，政府将免除余下的债务。第二，提高对学生经济资助的水平。作为高教收费改革的一部分，政府要增加助学金，学校要增加奖学金，使最高津贴可以与最高学费即3 000英镑相等，从而帮助穷困家庭的学生。从2006年开始，政府向所有新入学全日制学校的来自低收入家庭的学生提供多达2 700英镑的助学金，

---

① 赵明玉，杨秀玉. 英国普惠性学前教育政策及启示. 外国教育研究，2014，（8）：54-61.

约有占新生总人数一半的学生可以得到全额或部分助学金,具体数额依家庭收入而定,不需向政府归还。各大学也需向低收入家庭的学生提供最低 300 英镑的奖学金。第三,在增加学费的同时,为了使有意愿上大学的学生不会因无力支付学费而放弃受教育的机会,政府制定了一系列对学生尤其是贫困学生提供经济帮助的政策,包括延期交费、学生贷款、助学金、奖学金等。对学生资助最主要是对低收入家庭学生的资助,占学生总数 30% 的最贫困的全日制学生有资格获得每年 3 000 英镑的经济帮助,从而确保每一个困难家庭的学生有足够的钱支付即使是最贵的学费而不需要贷款,保证他们有公平的入学机会。这 3 000 英镑包括减免 1 200 英镑的学费,从 2006 年起把对新生的助学金由原来的每年 1 000 英镑提高到 1 500 英镑,通过公平入学办公室要求各大学向最贫困的学生提供奖学金,收费 3 000 英镑的专业最少要提供 300 英镑的奖学金。如此即使贫困生上最贵的学校,得到的经济帮助也够维持其学习与生活[①]。

(2)高等教育救助资金来源。英国高等教育资金来源渠道多元化,主要如下:第一,财政投入。英国是世界上最早实行高等教育拨款基金制的国家,政府部门通过独立的专门性机构——高等教育基金委员会向各高校拨款。英国所有大学的教育经费主要来自于政府拨款,其中最大的一项是由高等教育基金委员会决定的大学基金。第二,社会捐赠。捐赠者包括慈善基金会、公司企业、个人、信托机构、毕业生、家庭富裕的学生家长。学校设有"高等教育志愿捐赠特别工作组",专门为大学如何提高总资金来源出谋划策。第三,政府拨款通过高等教育革新基金(High Education Innovation Fund,HEIF)来加大对学术成果转化的资助力度,高校与政府、工厂、公司合作研究项目为社会提供服务而获取资金。这对大学来说,是除了政府财政拨款、捐赠外的第三条永久性的资金来源渠道。第四,学生贷款。学生贷款作为学生资助的主要方式,能够为高等教育提供额外的经费,从而提高教育质量和入学率。英国学生贷款的资金绝大部分来源于教育和技能部,部分来源于捐赠或非政府基金,并由国家财政提供全额担保。贷款利率为当年的通货膨胀率。英国在实行贷学金政策之初,把原先的助学金资金冻结起来,并保证以后每年既不增加,也不减少助学金的实际价值(尽管资金的绝对数会随着通货膨胀的情况浮动),同时政府拨专款用于贷学金事业。政府通过这种方式可以估算和了解政府的未来负担和责任,且贷学金的专款能够落实,容易让学生、家长和全社会理解和信赖。

(3)高等教育救助方式。英国高等教育阶段学生资助主要有三种方式,即奖学金、助学金和贷学金。第一,奖学金。奖学金通常是指政府、高等院校及其他资助机构为奖励优秀学生设立的资助资金。奖学金的主要功能是表彰和奖励先进,激励大学生奋发向上,又能够为获奖者提供完成学业的经济保障。英国全国性的奖学金项目有"英国皇家学会奖学金""英国皇家工程科学奖学金"。第二,助学金。在英国的大学生资助体系中,除了政府贷款外,还包括两项生活费补贴,即无须偿还的政府助学金和学校助学金。政府助学金由政府根据家庭收入状况发放,不需偿还。第三,贷学金。英国教育和科学部于 1998 年发表了《有限贷学金》白皮书,开始改革"免费加助学金"模式,启用贷学金资助的办法。从 1991 年开始,政府将全日制大学生的生活补助金减半,并通过了《1990

---

① 何芳. 英国高等教育收费及对学生资助的改革. 教育评论,2007,(3):121-123.

年教育（学生贷款）法案》，推出学生贷款，以帮助学生支付生活费用。该贷款为由政府贴息、分期还款方式的小额生活费贷款，贷款为零利率。

（二）英国教育救助政策特点

（1）学前教育阶段以实施"一揽子"学前教育新政为突破点，从国家层面谋划学前教育全局发展；注重对学前弱势儿童的补偿教育；全面整合托幼机构服务体系，加快推进保教一体化进程；中央政府和地方政府在确保每位儿童拥有"最好的生命开端"中负有全面责任，对弱势儿童学前教育的持续财政资助是重大保障[①]。

（2）高等教育资助政策多种方式协调统一。为了帮助家庭经济状况不好的学生顺利入学接受高等教育，英国政府提供了多种资助方式，包括学费贷款、生活费贷款以及涉及不同方面的助学金，再加上不同种类的贷学金政策，使家庭经济状况不好的学生可以从自身需要出发选择适合自己的资助方式，从而解决学生在校期间的学习和生活困难，使贫困学生可以顺利接受高等教育，推动高等教育大众化的进程。

（3）政府与高校在资助工作中角色定位准确，高校负担轻。确定谁是家庭经济困难学生，是资助工作的前提和基础，学生毕业后贷款的催收工作是保证学生贷款工作长期顺利开展的必要条件。但这两项工作由政府在依据一定条件划定家庭经济困难等级的前提下，将实施资助的工作委托给社会的第三部门，使学生资助工作权责分明，实施顺畅，减轻了高校的负担，保证了政府的"舵手"作用。

（4）英国高等教育资助政策设计更加人性化。从学生贷款的还款制度设计上看，英国的资助政策更加科学，更加体现以人为本的精神。贷款没有利息，还款额度与学生毕业后的收入水平挂钩，由国民税收系统负责催收，这样的回收政策和机制，既符合大学生就业现状，也符合大学生离开学校进入社会发展的一般规律。同时，由税务机关回收贷款，降低了回收成本，不论学生在全国何处工作，税务机关都可以直接找到学生，而且学生的还款也更加方便、快捷[②]。

第三节　中国教育救助

一、我国教育救助产生的背景

中华人民共和国成立以来，政府十分重视发展教育事业。国家制定了多种法律，从不同角度保障人人受教育的权利，其中特别强调少数民族、儿童、妇女和残疾人受教育的权利，我国的教育事业取得了长足进步。在教育制度改革前，我国一直把教育作为一项公益性福利事业。大体来说，中华人民共和国成立以来我国的教育救助经历了计划经济体制和市场经济体制两个大的发展阶段。

---

① 郑益乐. 英国学前教育改革的成功经验及启示. 教育探索，2016，（4）：149-153.
② 常青，杨颖秀. 英国高等教育学生资助制度分析——以里丁大学为例. 外国教育研究，2010，（10）：50-55.

（一）计划经济体制下的教育救助

在计划经济体制之下，我国实行了几乎是免费的教育政策。初等教育免缴学费，只收少量杂费；高等教育不仅免缴学费，而且免缴杂费；师范生教育不仅免缴学杂费，而且有一定的生活补助费用。在这一时期，中央政府对教育投入采取了统一财政、分级管理的方式。全国各类高等院校和普通中小学的经费开支都按照其行政隶属关系给予财政拨款。在我国经济发展水平十分落后、资金极为短缺的情况下，这种财政拨款体制是适合当时国情的。1953年，我国开始执行发展国民经济计划，针对教育事业的财政拨款，主要是财政部按照定员定额的核算方法拨给地方，由各地方结合自己的财力、物力进行统筹安排，国家预算分为中央和地方两级，实行分级管理，即"条块结合、以块为主"的体制，这种体制一直维持到"文化大革命"结束。

总的来看，计划经济时期中国教育福利的主要特点有以下几点：第一，免费教育。在计划经济时代，城镇教育体系包括普通学历教育与职工技能培训，均属于国家公共福利范畴，即使是企业单位举办的学习，也与国家财政紧密关联而事实上属于国家福利教育；乡村教育体系则是在国家支持下由乡村集体举办的一项福利。在这种福利教育制度下，受教育者通常享受免费教育或者只付出极低的成本。第二，教育为工农服务。中华人民共和国成立初期，教育部的一项调查表明，工农出身的学生在被调查高等院校学生中占比是20.5%，普通高中出身的学生占比是31.3%，普通初中出身的学生占比是59%[①]。因此扩大工农子弟在学生中的比例是中华人民共和国成立初期教育的一项重要任务。为工农服务，为生产建设服务是中华人民共和国成立初期提出的教育方针，各级学校都把招收工农子弟作为重要任务，并采取了多种措施。例如，工农子弟兵可降分录取；设立减免费名额，保证贫困的工农子女入学；在原有学校中增设儿童晚班和夜班中学等班级，吸收白天需要劳动的工农子女以及失学的青少年。1950年12月14日，政务院决定举办工农速成中学，以提高工农干部的文化水平，培养他们成为新的知识分子。为适应建设事业的需要，入学对象是参加革命工作3年以上的工农干部或有3年以上工龄的产业工人。1955年秋，工农速成中学因多种原因而停办。

（二）市场经济体制下的教育救助

随着国家体制改革的推进，计划经济体制向市场经济体制转变，长期以来我国教育管理体制的僵化、缺乏竞争激励、应试教育制约创新等诸多弊端日益显现。

改革开放以来尤其是20世纪90年代以来，中国单纯的福利教育制度日渐转向混合型的多元教育体系。一方面，市场经济改革促使国民对教育的需求持续快速增长，"文化大革命"时期的读书无用论迅速转向追求学历教育，而政府对教育的投资难以满足教育发展的需求，因此，不仅非义务教育逐步实行收费制，义务教育也需要向受教育者收取相应的学杂费，许多学校为弥补经费不足而创办企业及其他营利性机构。另一方面，改革开放以后，国民对教育的需求也日益呈现出不同层次性，除正规普通学历教育外，非

---

① 金一鸣.高级中等教育的办学模式和课程改革.教育导刊，2000，（Z1）：16-18.

正规的学历教育与各种非学历教育也因需求高涨而获得前所未有的发展。

在1985年颁布的《中共中央关于教育体制改革的决定》中，要求"把发展基础教育的责任交给地方"，中小学教育实行"地方负责、分级管理"的原则。在农村，义务教育由县政府和乡政府分担。国务院规定，在城乡征收教育事业附加费来实施义务教育。20世纪80年代中期以来，我国义务教育投资来源从原来国家集资的单一体制逐步变为以国家财政性教育经费为主，来源渠道多元化的投资体制。其来源渠道可概括为财政拨款、教育附加税、校办产业、教育收费、社会捐赠，其中前三项分别指政府财政预算内拨款、教育税附加和中小学校办产业收入，属于国家财政性教育经费，即公共管理经费。其余两项为学生杂费收入和社会集资与捐资助学收入。

1986年4月，第六届全国人民代表大会第四次会议审议通过了《中华人民共和国义务教育法》。该法是中国历史上第一部普及基础教育的法律，它的颁布和实施成为中国教育史上前所未有的创举。该法确认了儿童的教育权利，规定国家实行九年制义务教育制度。凡年满6周岁的儿童，不分性别、民族和种族，应当入学接受规定年限的义务教育。还规定，国家对接受义务教育的学生免收学费，国家设立助学金。但由于国家经济力量有限，只得在《中华人民共和国义务教育法实施细则》中提出可以收取杂费。

2001年和2002年，国务院分别颁布了《关于基础教育改革与发展的决定》和《关于完善农村义务教育管理体制的通知》，确立了由地方政府负责、分级管理、以县为主的教育管理体制，规定县级政府对农村义务教育负主要责任，将农村中小学教师的工资管理上收到了县一级。从2005年起，国家免除扶贫重点县农村义务教育阶段贫困家庭学生的书本费、杂费，并补助寄宿生生活费。

2006年1月，国务院第199次常务会议讨论并通过了《中华人民共和国义务教育法（修订草案）》，新的义务教育法回归了义务教育免费的本质，进一步完善了义务教育的管理体制，强化了升级的统筹实施。新义务教育法的一个很大的突破，就是在"以县为主"管理体制的基础上，进一步加大了省级政府的统筹和责任，实践着从"人民教育人民办"到"义务教育政府办"的转变：建立农村义务教育经费的分担机制，分项目、按比例分担；义务教育经费预算单列；规范义务教育的专项转移支付；设立义务教育的专项基金。通过这样几个渠道，建立起义务教育比较完善的经费保障机制。

从2006年起，全国各地也陆续开始了对免费义务教育的积极探索。教育部在2007年工作要点中明确提出："加强教师教育改革和发展，开展师范生免费教育的试点，引导各地建立鼓励优秀人才当教师的新机制。"随后，教育部直属的六所师范院校重新推行师范生免费制度，以此吸引优秀的贫困大学生未来从事教育工作，为未来的骨干教师培养储备资源。免费教育师范生在校学习期间，免除学费、免缴住宿费，并补助生活费。

《社会救助暂行办法》的颁发，以及2016年6月起施行的《中华人民共和国教育法》都标志着我国的教育救助向更好的方向迈进。

二、我国教育救助的对象

在2014年5月起施行的《社会救助暂行办法》第三十三条规定，国家对在义务教育阶段就学的最低生活保障家庭成员、特困供养人员，给予教育救助。对在高中教育（含中等职业教育）、普通高等教育阶段就学的最低生活保障家庭成员、特困供养人员，以及不能入学接受义务教育的残疾儿童，根据实际情况给予适当教育救助。

（一）义务教育阶段救助的对象

义务教育阶段救助的对象主要包括：城乡低保家庭的学生；国有企业特困职工家庭学生；烈士子女、孤儿；困难家庭残疾学生；社会福利机构监护的学生；残疾人特困家庭子女；没有经济来源的单亲家庭子女；因受灾、疾病等导致不能维持基本生活家庭的子女。

（二）中等职业教育阶段教育救助的对象

中等职业教育阶段教育救助的对象包括：经市（州）及以上教育行政部门或劳动保障行政部门注册、取得中等职业教育正式学籍的中等职业学校全日制在校一、二年级所有农村户籍的学生和县（含县级市、农业区）镇非农户口的学生以及城市家庭经济困难学生（含城市残疾学生）。

（三）高等教育阶段教育救助的对象

高等教育阶段教育救助的对象包括：城镇低保特困家庭以及无收入来源和能力支付首次入学费用的家庭子女；农村家庭人均年收入在贫困线以下以及无收入来源和能力支付首次入学费用的家庭子女；因天灾人祸，家庭丧失劳动能力，失去生活来源的学生；家庭困难的烈属子女及没有经济来源的孤儿；残疾人特困家庭子女。

三、我国教育救助的内容

从20世纪90年代开始，我国在普及义务教育的同时，开始积极探索和建立教育救助制度。主要的做法是：对于义务教育阶段家庭困难学生，采取"两免一补"政策，或通过设立助学金、建立助学基金等形式给予资助；对于高中教育阶段家庭困难学生，学校采取"缓、减、免"交学费的办法，各地政府还拨专款设立助学金资助困难学生；对于高等教育阶段家庭经济困难的学生，建立起以"奖、贷、助、减、免"形式为主的全方位高等教育阶段教育救助制度。

（一）学前教育阶段教育救助的内容

为完善国家资助政策体系，积极发展学前教育，2011年财政部和教育部联合下文《关于建立学前教育资助制度的意见》，其主要资助内容包括：①地方政府对经县级以上教育行政部门审批设立的普惠性幼儿园在园家庭经济困难儿童、孤儿和残疾儿童予以资助。②幼儿园要从事业收入中提取3%~5%比例的资金，用于减免收费、提供特殊困难补助等，具体比例由各地自行确定。③各地进一步建立和完善相关优惠政策措施，积极引导和鼓励企业、社会团体及个人等捐资，帮助家庭经济困难儿童、孤儿和残疾儿童接受普惠性学前教育。

(二) 义务教育阶段教育救助的内容

(1) "两免一补"。"两免一补" 是指国家向农村义务教育阶段（小学和初中）的贫困家庭学生免费提供教科书、免除杂费，并给寄宿生补助一定生活费的一项资助政策。2015年国务院下发的《关于进一步完善城乡义务教育经费保障机制的通知》要求，统一城乡义务教育"两免一补"政策。

(2) 关于义务教育经费保障机制。2015年11月，国务院印发《关于进一步完善城乡义务教育经费保障机制的通知》要求，从2016年春季学期开始，统一城乡义务教育学校生均公用经费基准定额。同时，取消对城市义务教育免除学杂费和进城务工人员随迁子女接受义务教育的中央奖补政策。从2017年春季学期开始，统一城乡义务教育学生"两免一补"政策。在继续落实好农村学生"两免一补"和城市学生免除学杂费政策的同时，向城市学生免费提供教科书并推行部分教科书循环使用制度，对城市家庭经济困难寄宿生给予生活费补助。中央财政适时提高国家规定课程免费教科书补助标准。

(3) 营养改善计划。在集中连片特殊困难地区实施农村（不含县城）义务教育学生营养改善计划。中央财政为国家试点地区农村义务教育阶段学生提供营养膳食补助，所需资金全部由中央财政承担。同时，支持地方试点，中央财政给予适当补助。

(三) 普通高中教育阶段教育救助的内容

(1) 国家助学金。用于资助普通高中在校生中的家庭经济困难学生，资助范围约占全国普通高中在校生总数的20%，平均资助标准为每生每年2 000元。

(2) 学校资助。学校从事业收入中提取一定比例的经费，用于减免学费、设立校内奖助学金和特殊困难补助等支出。

(3) 社会资助。积极引导和鼓励企业、社会团体及个人等面向普通高中设立奖学金、助学金。

(四) 高等教育阶段教育救助的内容

(1) 奖学金。奖学金包括国家奖学金、国家励志奖学金、地方政府奖学金、研究生奖学金以及学校设立的其他奖学金。国家奖学金用于奖励特别优秀的全日制普通本专科（含高职、第二学士学位）在校生，无论家庭经济是否困难，只要是在学习成绩、社会实践、综合素质等方面特别优秀的二年级以上（含二年级）的学生，经过规定程序的评审就可以获得国家奖学金。国家励志奖学金用于奖励资助家庭经济困难且品学兼优的全日制普通本专科（含高职、第二学士学位）学生，符合规定条件的二年级以上（含二年级）在校生可以申请。

(2) 国家助学贷款是由政府主导、财政贴息、财政和高校共同给予银行一定风险补偿金，银行、教育行政部门与高校共同操作的，帮助高校家庭经济困难学生支付在校学习期间所需的学费、住宿费及生活费的银行贷款。国家助学贷款是信用贷款，学生不需要办理贷款担保或抵押，但需要承诺按期还款，并承担相关法律责任。

（3）勤工助学。勤工助学是指学生在学校的组织下利用课余时间，通过自己的劳动取得合法报酬，用于补助学习和生活费用的社会实践活动。

（4）特殊困难补助。它是各级政府和高校对家庭经济困难学生遇到一些特殊性、突发性困难时给予的临时性、一次性的无偿资助。

（5）学费减免。国家对公办全日制普通高校中家庭经济特别困难，无法缴纳学费的学生，特别是其中的孤残学生、少数民族学生及烈士子女、优抚家庭子女等，实行减免学费政策。具体减免办法由学校制定。

（6）"绿色通道"。"绿色通道"制度是国家为切实保障家庭经济困难学生顺利入学，规定各公办全日制普通高等学校都必须建立的制度，即高校对被录取入学、因家庭经济困难筹集不到学费的新生，先办理入学手续，再根据核实后的情况，分别采取不同办法予以资助。

（7）师范生免费教育。免费教育师范生在校学习期间，免除学费、免缴住宿费，并补助生活费。地方师范院校师范生资助由各地自行实施。享受师范生免费教育的学生可以申请国家奖学金，但不能申请国家励志奖学金和国家助学金。

（8）基层就业学费补偿贷款代偿。对中央部门所属全日制普通高等学校应届毕业生，自愿到中西部地区和艰苦边远地区基层单位就业、服务期达到3年以上（含3年）的，实施学费补偿或国家助学贷款代偿。补偿代偿金额根据毕业生在校期间每年实际缴纳的学费或获得的国家助学贷款确定。

（9）应征入伍服义务兵役学费补偿贷款代偿及学费减免。对应征入伍服义务兵役的高等学校在校生及毕业生在校期间缴纳的学费或获得的国家助学贷款实施一次性补偿或代偿，对退役后复学的高校在校生（含高校新生）实行学费减免。补偿代偿金额根据学生在校期间每年实际缴纳的学费或获得的国家助学贷款确定，退役复学学费减免金额按照实际收取学费确定。

（10）退役士兵教育资助。对退役一年以上、考入全日制普通高等学校的自主就业退役士兵，给予教育资助。内容包括：一是学费资助；二是家庭经济困难退役士兵学生生活费资助；三是其他奖助学金资助。学费资助标准，按省级人民政府制定的学费标准。生活费及其他奖助学金资助标准，按国家现行高校学生资助政策的有关规定执行。

（11）新生入学资助项目。从2012年起，对中西部地区启动高校家庭经济困难新生入学资助项目，用于解决学生家庭至录取学校间的路费及入校后短期生活费问题。

（五）研究生教育阶段教育救助的内容

研究生教育阶段教育救助内容主要有国家奖助学金、"三助"岗位津贴、国家助学贷款、学费补偿贷款代偿等多种方式：①国家奖学金。研究生国家奖学金用于奖励特别优秀的研究生。②学业奖学金。其是为激励研究生勤奋学习、潜心科研、用于创新、积极进取而设立的奖学金。③国家助学金。其用于资助全国普通高等学校纳入全国研究生招生计划的所有全日制研究生（有固定工资收入的除外）的基本生活。④"三助"岗位津贴。高等学校利用教育拨款、科研经费、学费收入、社会捐助等资金，设置研究生"三助"（助研、助教、助管）岗位，并提供"三助"津贴。⑤国家助学贷款。研究生申请国家助学贷款的条件、程序及其他有关规定，与高等学校本专科生国家助学贷款基本相同。

【本章小结】

教育救助是维护教育公平的必要手段，也是推进教育发展的重要方式，更是社会救助体系的重要组成部分。

教育救助是指政府和社会为了保障适龄人口能获得接受教育的机会，依法对教育各学历阶段贫困家庭子女受教育费用通过资助、减免、奖励、助学贷款、提供勤工助学机会等形式实施的一种社会救助项目。教育救助的特点：教育救助的间接性、教育救助的连续性、教育救助的多样性。教育救助的内容分为中小学教育阶段的教育救助内容、高等教育阶段的教育救助内容。

美国的教育救助资助方式种类繁多，资金来源广泛，是多元的"混合资助模式"的典型代表，美国政府对贫困群体子女拨款进行教育援助，是政府通过立法或制定分类进行的救助计划；英国的教育救助在学前教育阶段以实施"一揽子"学前教育新政为突破点，从国家层面谋划学前教育全局发展；注重对学前弱势儿童的补偿教育；全面整合托幼机构服务体系，加快推进保教一体化进程；中央政府和地方政府在确保每位儿童拥有"最好的生命开端"中负有全面责任。

中华人民共和国成立以来，政府十分重视发展教育事业。目前，国家对在义务教育阶段就学的最低生活保障家庭成员、特困供养人员，给予教育救助；对在高中阶段就学（含中等职业教育）、普通高等教育阶段就学的最低生活保障家庭成员、特困供养人员，以及不能入学接受义务教育的残疾儿童，根据实际情况给予适当教育救助。我国教育救助的内容分为：学前教育阶段教育救助的内容；义务教育阶段教育救助的内容；普通高中教育阶段教育救助的内容；高等教育阶段教育救助的内容；研究生教育阶段教育救助的内容。

【关键术语】

教育救助　教育公平　弱势群体　贫困生　高等教育救助　义务教育救助　学前教育救助　社会救助　助学金　助学贷款　贫困家庭　农村留守儿童　"两免一补"

【案例】

教育救助：点亮贫困学生的人生希望

作为一项救助内容，教育救助包含在教育资助整体构架中。目前，我国已初步建立起从学前教育到高等教育各学段的家庭经济困难学生资助体系。

尽管有了《中华人民共和国教育法》、《中华人民共和国义务教育法》、《中华人民共和国高等教育法》、《中华人民共和国职业教育法》和《中华人民共和国残疾人教育条例》等教育领域相关法律法规，但对于低保、特困家庭的未成年人，以及不能入学接受义务教育的残疾儿童来说，其教育权利的实现仍需进一步强调与保障。

在2014年5月1日正式施行的《社会救助暂行办法》中，和住房、医疗、就业等专项救助一样，教育救助以专章的形式列入，强化了其兜底保障作用，为碎片化的救助制度打上了补丁。

编实兜底网，强化国家责任。我国教育救助的发展过程，是一个国家责任不断强化、教育福利不断普惠的过程。在20世纪八九十年代，教育经费投入不足、中央财政承担不够一直为民间所诟病。从2003年起，国家调整教育体制改革方针，促进教育公平和优先发展成为改革目标，维护底线公平的教育救助越来越被重视。

教育救助的形式主要有减免相关费用、发放助学金、给予生活补助、安排勤工助学等。2004年，民政部、教育部对农村五保、城市"三无"未成年人实行普通中小学免费教育；对低保和农村特困家庭子女在义务教育阶段实行免杂费、书本费，补助寄宿生活费的"两免一补"的教育救助政策。2008年全国义务教育实行学杂费全免后，这项原本只针对特殊群体的教育救助内容升级成为义务教育阶段学生的普惠福利，并继续为家庭经济困难的寄宿生提供生活补助，对农村义务教育学生实施营养改善计划。

在非义务教育阶段，除了费用减免，还有国家助学贷款、学校提供的勤工俭学等救助内容，民政部门还专门针对大学新生中的贫困生实施福彩助学等。在政府的救助之外，社会力量也一直参与其中，并发挥重要作用。例如，公募基金开展的失学儿童春蕾计划、希望工程等，各慈善会开展的各类慈善助学项目等。家庭经济困难学生教育救助标准不是一成不变的，而是随着经济发展水平和物价变动而调整。北京市民政局社会救助处处长吕海燕告诉记者，北京市从2007年开始，每年为考上大学的低保、低收入、重残人士等城乡困难家庭子女提供4 000元入学救助金，救助标准随新生入学学费的变化和居民生活水平的提高适时调整。目前，大学新生入学救助金最高为4 500元。

特殊教育送教上门。目前，我国共有1 853所特殊教育学校，8万名未入学适龄残疾儿童少年。在残疾学生教育资助方面，普通高校家庭经济困难的残疾学生和中职学校一、二年级残疾学生全部享受国家助学金，特殊教育学校职业高中班（部）的残疾学生也享受国家助学金。《社会救助暂行办法》规定，对不能入学接受义务教育的残疾儿童根据实际情况给予适当教育救助。

从《特殊教育提升计划（2014~2016）》和2014年全国特殊教育工作电视电话会议内容看，对于未入学的适龄残疾孩子，将根据他们的残疾状况和教育需求选择适宜的形式，使他们都能接受教育，并将其纳入学籍管理。例如，整合教育、卫生、残联、社区等各方资源，为未入学适龄残疾儿童少年提供送教上门、家庭社区教学、远程教育服务等，并由残联做好实名调查登记工作。

一位在西部某市残联工作的人士认为，即使这样，送教上门实现全覆盖仍面临师资等方面的问题。就在不久前，他所在的城市里一所普通初中招收了一个就近入学电脑选派的残疾孩子，家长需要每天到学校陪着，家庭负担重，家长想放弃了，学校也头疼。"普通学校随班就读只能解决很少部分的残疾孩子求学，虽然有法律上的保障，但现实中，有的家庭怕孩子在普通学校受歧视，情愿孩子待在家里，学校也担心安全怕麻烦不愿意接收。而特殊教育又是一块短板，学校容量有限。"这位工作人员表示。

按照国家规划，预期到2016年，全国基本普及残疾儿童少年义务教育，视、听、智力残疾儿童少年义务教育入学率达到90%以上。义务教育阶段特殊教育生均公费标准达到6 000元，随班就读、特教班和送教上门参照此标准，师资力量将大大加强。

学校实施，政府部门监管落实。按照《社会救助暂行办法》，教育救助的申请程序为"按照国家有关规定向就读学校提出，按规定程序审核、确认后，由学校按照国家有关规定实施。"据了解，完成一个教育救助过程，需要学生提出申请，学校组织实施，民政、教育等部门审批并拨款。在整个过程中，学校起到了关键作用，这需要政府部门做好监管与落实。

资料来源：伍欣. 教育救助：点亮贫困学生的人生希望. 中国社会报，2014-05-15

【复习思考题】

1. 如何理解教育救助的概念？
2. 教育救助的主要特点是什么？
3. 美国和英国教育救助对我国教育救助发展有哪些启示？
4. 我国教育救助的种类有哪些？
5. 我国教育救助覆盖的对象有哪些？
6. 请谈谈我国为促进教育公平采取了哪些教育救助措施。

第七章

住房救助

住房权是基本人权,是联合国规定的重要的公民权利。提供住房救助,为最低收入家庭解决住房问题是政府所需承担的基本责任。

第一节 住房救助概述

一、住房救助的概念

住房救助是指国家向贫困家庭及其他住房困难家庭提供现金补贴,或直接提供限定标准、限定价格或限定租金住房的一种社会救助制度。具有住房救助功能的保障房(也就是廉租房)在不同国家和地区的叫法有所不同,如在英国和美国称为可支付住房,在德国称为社会住房,在新加坡称为组屋,在我国称为公共租赁住房。

住房救助是住房保障的基本内容之一。按照救助对象和保障水平来区分,住房保障包括住房救助、住房保险和住房福利。住房救助的保障目标是让保障对象住得上房[1]。

我国住房救助对象是指符合县级以上地方人民政府规定标准的、住房困难的最低生活保障家庭和分散供养的特困人员。城镇住房救助对象,属于公共租赁住房制度保障范围;农村住房救助对象,属于优先实施农村危房改造的对象范围。对城镇住房救助对象,优先配租公共租赁住房或发放低收入住房困难家庭租赁补贴,其中对配租公共租赁住房的,给予租金减免,确保其租房支出可负担;对农村住房救助对象,优先纳入当地农村危房改造计划,优先实施改造。

---

[1] 季璐,白维军,刘红光. 我国城镇住房救助体系研究综述. 河北经贸大学学报,2015,(4):125-129.

二、住房救助的特征

1. 政府主导性

住房具有双重属性,既有商品属性,又有社会属性,住房的特殊性决定了住房资源配置中既有市场的作用,又有政府的作用。在住房市场供求平衡的情况下,政府通过政策引导和财政补贴的方式,引导社会力量生产保障房;通过发放租房补贴或租房券的方式,让救助对象通过住房租赁市场获得住房。政府通过发挥主导作用,以保证向低收入家庭提供廉价住房。

2. 救助对象的针对性

住房社会救助只是对少数自己无经济能力解决住房问题的个人和家庭,提供相应的救济和补助,使他们获得最低的居住条件,所以救助范围必然较小。因此,住房社会救助对象必须通过一定的甄别机制来确定。申请住房社会救助的人除了主动提出申请住房社会救助以外,重要的是,还需通过政府部门调查核实收入状况和住房状况,公示确认后,才能享受相关的优惠和补贴。

3. 救助管理的动态性

个人和家庭的收入状况是在不断变化的,如工资、家庭就业人口、就业状况的变动等,因此,住房社会救助的对象也要随之变动。这样才能体现出社会的公平和公正,真正保障无力购租住房者有房可住。

4. 保障水平的适度性

住房救助的目标是满足低收入群体的基本居住条件的需要,解决他们的住房问题。在救助资源有限的情况下,无论是提供保障房还是发放租金补贴,都应该是比较低的水平。享受救助的最低收入群体的住房面积、造价、位置和设施都应该是相对低标准的,即应明显低于社会平均水平。

5. 保障功能的多重性

住房问题是绝大多数国家在经济发展、城市化进程中不可回避的一个现实问题。住房社会救助具有政治、社会和经济等多重功能。例如,"廉租房"政策有助于平抑房地产价格飞涨;使贫困家庭或有身体疾病和残障的人得以安身;减少了城市房屋的空置,在保证租金合理的情况下,对房主收入的征税可以增加市政收入;多数低收入个人和家庭在基本安居得到满足后,往往增加学习和工作的意愿,最终减轻社会负担;无家可归人数的减少,有助于保障整个社会的安定。

三、住房救助实施的方式

根据政府介入程度和市场机制作用的大小,总体上可以将住房救助的实施方式分为政府直接提供保障模式和政府间接提供保障模式。根据住房救助资金的流向,又可将政府间接提供保障模式分为政府补供方模式和政府补需方模式。政府直接提供保障模式和政府补供方模式又可称为实物配租的保障方式，即"补砖头"；政府补需方模式又可称为租金补贴的保障方式，即"补人头"。就大部分市场经济体制国家而言，三种廉租住房保障的主要方式是同时并存的，只是在不同的历史阶段侧重点有所不同[①]。

1. 政府直接提供保障模式

政府直接提供保障模式是指政府出资修建保障性住房，然后低价出租给低收入群体。这一模式可以简单概括为"政府建房、居民租房"。这一模式出现于住房短缺时期，政府发挥土地、资本等资源优势，在生产环节干预住房市场，直接建造保障房提供给居民，从而在短期内增加住房供应总量。其最大的好处在于政府能够在短时期内利用公共财政，通过政府直接介入的方式，解决住房短缺问题，满足低收入家庭不能通过市场来解决的住房需求。公共财政的直接补贴能够提供大量的开发和建设资金，从而为大规模建设廉租房奠定物质基础。

政府直接提供保障模式存在的主要问题如下：第一，政府承担着巨大的财政压力，必须每年从财政中支出一大笔资金用于廉租房的开发和建设，低水平的租金满足了低收入者的住房需求，却无法维持廉租房的正常保养与维修，加上一般廉租房在建造时建设标准较标准商品房低，其质量下降在所难免，政府还必须补贴低租金带来的廉租房的保养与维护资金缺口，这些都会使政府财政承担巨大的压力。如果宏观经济形势发生变化，如经济持续低迷，将会使廉租房政策很难真正落实。第二，集中建设廉租房在某种程度上是贫民窟的复制。低收入群体的集中居住加深了社会阶层间的隔阂，带来了贫困的再生产，并引发诸多社会问题。集中建设的廉租房，将低收入者集中起来居住，会加深其与社会其他阶层的隔阂，容易产生贫困文化的复制和代际传递的后果，某些区域甚至成为社会治安事件的多发地段。第三，政府以供给者的身份介入住房供应，干扰了住房市场的正常发展，影响到商品房市场的发展，不利于社会成员住房质量的提高。在短期内，政府以供给者的身份介入住房建设，能够缓一时之急，但是从长远来看，市场终究是配置社会资源的基础，政府可以有所作为，但不能代替市场[②]。

在英国和美国等国家，政府直接投资兴建的公共住房项目到 20 世纪七八十年代基本走向终点，政府不再直接投资新建公共住房，中央政府的公共住房财政投入主要针对存量公共住房进行维护和更新，并在促进公共住房居民收入多元化方面采取了相应措施。80 年代以来，国际上公共住房政策的基本趋势是从注重住房数量到注重质量，鼓励社会融合与社区协调发展，鼓励住房私有化，给予居民更大的自由选择权[③]。

2. 政府补供方模式

随着房地产市场的发展，许多国家通过采用住房建设补贴的办法实现对住房市场的间接干预，即政府通过提供优惠贷款、补偿贷款利息等优惠政策，支持营利性房地产企

---

① 潘向敏. 我国廉租住房保障体制研究——以上海市为例. 复旦大学硕士学位论文, 2008：32.
② 隆国强. 廉租房：实物配租与租金补贴的比较研究//满燕云, 隆国强, 景娟, 等. 中国低收入住房：现状及政策设计. 北京：商务印书馆, 2011：244.
③ 刘志林. 低收入住房的供给方补贴政策：国际经验及对中国的启示//满燕云, 隆国强, 景娟, 等. 中国低收入住房：现状及政策设计. 北京：商务印书馆, 2011：155.

业和非营利性机构发展低租金、低成本住房，同时对建成住房的出租或出售做出限制，规定通过享受优惠政策建成的住房必须按成本价出租或出售给符合政策规定的家庭。

从公平和效率两个角度来分析，政府补需方模式是提供住房保障的最优模式。而以市场化融资支持租赁性保障房（公共租赁住房）的政府补供方模式则是一种次优解。在中低档住房存量不足，以及政府补需方模式受到其他一些条件制约的背景下，该模式将是一种更加切实可行的选择[1]。

3. 政府补需方模式

政府补需方的住房救助模式，也可称为需方补贴模式，是指政府为符合条件的家庭提供现金或代金券，鼓励他们以市价租住住房。需求方补贴又分为直接提供货币补贴的模式和提供代金券（租房券和购房券）的模式。一般而言，代金券模式更为常见。根据英国和美国等各国的实践经验，政府补需方模式必须满足三个条件：第一，在建立起个人信用档案的基础上；第二，在建立起个人住房档案的基础上；第三，基本解决住房短缺问题且地方财政又不是很困难的地区。

相对于政府补供方模式，政府补需方模式有如下优势：第一，对住房市场的干扰有限，既实现对社会公平的基本保障，又较大限度地发挥了市场机制在住房资源配置方面的作用；第二，给予低收入住户更多的住房选择自由，更好地满足各类弱势群体日益多元化的需求，在一定程度上避免了贫困和弱势群体的过度聚集而形成长期、永久贫困和社会隔离的情况；第三，需求方补贴的公共财政支出的成本效率高于供给方补贴。运用需求方补贴可以对更大范围的人群给予帮助[2]。

从发达国家和地区廉租住房方式的转变过程可以看出，租金补贴是一种让政府、社会、市场三方都比较满意的政策选择。第一，租金补贴提高廉租房保障资金的使用效率，减少了政府的财政压力和行政成本。同样是解决一个低收入家庭的住房问题，在实物配租模式下，政府财政需要补贴建房，而在租金补贴模式下，政府只需要对单位面积的市场平均租金与廉租住房租金标准的差额进行补贴，财政投入可以获得更大的社会效益。保障资金使用效率的提高也意味着政府财政支出压力的减少。此外，在租金补贴模式下，政府只需要定期审核租户的租住资格、租赁合同租金发放工作、住户收入水平等，无须直接参与廉租房的开发、建设、分配和维修等环节，因而能够大大节约行政成本，提高行政效率。第二，可以促使租户自由选择租住房屋，促进阶层融合，减少因贫困者集中带来的社会问题。租金补贴把租住房屋的选择权赋予租户，租住房的质量等级、房屋区位、租金价位由租户自行选择和决定。政府不再提供住房，而由租户市场上选择合适的住房租住，避免了低收入家庭和住房困难户在居住位置上的集中和与其他社会阶层的隔阂。第三，租金补贴保障方式有助于活跃二手房屋租赁市场和商品房市场，整体提升社会成员的住房质量。租金补贴这种方式能够大大活跃并推进二手房屋租赁市场的发展。其关键在于把低收入群体和住房困难户对政府的住房要求转化为有效的市场需求。

---

[1] 景娟，刘志林. 低收入住房政策的国际经验借鉴：需求方补贴//满燕云，隆国强，景娟，等. 中国低收入住房：现状及政策设计. 北京：商务印书馆，2011:178.
[2] 曹勇，苏健，论中国住房保障模式的选择. 浙江金融，2012，（9）：15-17.

二手房屋租赁市场的发展客观上也推动了商品房市场的发展。根据发达国家和地区的经验，租金补贴模式利用了淘汰下来的二手房屋，而二手房屋的所有者会通过市场购买商品房获得新的居所，从而在市场上产生一定规模的商品房需求，推动商品房市场的发展。这样既节约了社会资源，又能够在整体上提升社会成员的住房质量[①]。第四，由于需求方补贴的发放依赖于对住户进行经济情况审查，因此不可避免地会产生操作和管理上的繁复，以及不甚理想的参与率。

第二节 国外住房救助

一、新加坡的住房救助

（一）新加坡住房救助发展背景

新加坡是世界上公认的住房问题解决得最好的国家之一。新加坡的廉租房制度以高福利、高效率著称。新加坡于 1959 年脱离马来西亚实现自治，当时全国共有 158 万人，其中 75 万人没有住房，50 万人居住在贫民窟和窝棚内，拥有像样住宅的人只占居民总数的 9%，房荒是其严重的社会问题。由于新加坡国土面积只有 700 多平方千米，但人口却相对较多，土地资源宝贵，住房建设成本高，一般家庭无力自行解决住房问题。

1960 年新加坡颁布《建屋与发展法》，并根据该法设立建屋发展局，制定规划，统一负责住宅的建设、分配和管理工作。新加坡的公屋分配制度分为两个阶段：在住房严重短缺时期，政府大量投资建房出租给广大中低阶层的居民，这些政策保证了低收入家庭能够优先住进公共住宅；当住宅短缺问题解决之后，又推行住房自有化政策，即执行"居者有其屋"的计划。为此，建屋发展局建设大量公共住宅，低价向广大中、低收入家庭出售，并鼓励私人建房，一般收入水平的家庭都有资格购买建屋发展局的住宅。

（二）新加坡住房救助的主要内容

1. 建造公屋，低价向居民出租

1966 年新加坡政府颁布《土地征用法令》，规定建屋发展局能以远远低于私人发展商的价格获得土地，建造公屋，使建屋发展局以低于市场的价格获得大量土地，保证了公屋建设的顺利进行。政府以低价将土地让渡给建屋发展局的行为实质上是对其以间接方式进行补贴。

新加坡房产和发展委员会为了适应低收入者租住需求的增加，修订了一系列措施，实施也更为精细。该部门将公共"廉租房"分为两个档次：家庭收入在 800 新元或以下的家庭，只需交占总收入 10%的钱作为房租；收入在 800~1 500 新元的家庭，用于租房

---

① 隆国强. 廉租房：实物配租与租金补贴的比较研究//满燕云，隆国强，景娟，等. 中国低收入住房：现状及政策设计. 北京：商务印书馆，2011：245-246.

的钱为收入的30%。该部门还计划再扩大投资,建设新的供出租房产,而且这些房子与商品房混建,以平衡社区的人文居住情况。该部门还将部分空置楼房中的多居室,改造成一居或两居室的小单元,这样就可以让更多的家庭有房可租,租金也更贴近他们的收入[①]。

2. "居者有其屋"计划

1964年推出"居者有其屋"计划(即"组屋"计划)。该计划主要是由政府划拨国有土地和适当征用私有土地,将其作为建房之用。公积金和银行储蓄贷款是"组屋"建设资金的主要来源。新加坡政府设立了公积金制度,个人收入的40%~50%被强制性划入公积金账户,其中企业和个人各负担一半。积累的私人公积金由政府借给建屋发展局作为建房的最初资金,建成后的组屋出售给用户,费用则从用户的公积金中逐年扣除。

新加坡政府按不同的收入水平制定购置组屋的政策,凡月收入800新元以下的家庭购屋首次付款只占房款的5%,其余的95%可向建屋发展局申请贷款,期限可达25年,每月可用缴纳的公积金还款;凡月收入4 000新元以下的中等收入家庭可以申请购买公共组屋,首次付房款为20%,其余的80%可向建屋发展局贷款,在之后的20~25年中,每月从缴纳的公积金中还款;月收入4 000新元以上的高收入家庭,只能按市场价格向私人建筑商购买私人产业房[②]。新加坡政府对贫困层次不同的人群提供相应等级的住房补贴。

二、美国的住房救助

(一)美国住房救助发展背景

美国的公共住房规模比欧洲国家小,通常被认为是低收入家庭获得住房的"最后手段"。美国公共住房制度的发展大致可以分为三个阶段。

第一个阶段是1937年至20世纪60年代初。1937年,罗斯福政府颁布了首个住房法案以解决低收入阶层的住房短缺问题。在这一阶段中,公共住房的资金提供者是美国联邦政府和地方政府,而公共住房的建造者和提供者是地方政府。地方政府通过收购贫民窟等土地将土地进行整理,将土地一部分用于公共住房的建造,大部分出售给私营的房地产开发商,保障了公共住房建设的资金来源,也对拉动美国经济起了重要作用。这一阶段的公共住房制度卓有成效,到了20世纪60年代,政府已经兴建了大量公共住房。但是公共住房的兴建也带来了一些问题:一方面,造成政府负担沉重;另一方面,由于公共住房市场的大量供给,一部分私人住房市场的购买者也转向公共住房市场,整个住房市场出现供求失衡的问题。

第二个阶段是20世纪60年代初至70年代末。从60年代开始,为减轻政府的财政负担并保证住房市场的良性发展,联邦政府一方面开始鼓励私营房产开发商为低收入阶

---

① 彭晶,段洋. 我国廉租房退出机制研究. 企业研究,2011,(10):143-144.
② 廖秋林,漆畅青. 住房保障:新加坡的"组屋"计划及其启示. 宁波经济,2007,(6):21-23.

层建造住房；另一方面则为低收入阶层提供更灵活、更多样的补贴方式。1968年，约翰逊政府提出了针对低收入阶层的房租补充计划，主要内容包括：向私营房地产开发商提供低利率贷款；向低收入家庭提供租金补贴。这一阶段美国公共住房政策的主要特点是"公私合营"。

第三个阶段是20世纪70年代末至今。这一阶段美国公共住房政策的主要特点是政府逐渐退出了公共住房的建设，公共住房的建设任务主要由政府支持和引导的私营房地产开发商承担，政府转为向低收入者直接提供租金补贴。

（二）美国住房救助的主要内容

1. 公共租赁住房

在住房短缺时代，实物配租是主要方式。1937年美国颁布《国家住房法案》，正式确立了公共租赁住房作为一项独立且长期的联邦房政策的地位。美国早在1937年就通过了《低租住房法》。该法案规定，联邦政府有义务向地方政府提供财政补贴，资助其为低收入者建造一定标准的公共住房，符合条件的申请者只需向地方公共住房管理机构缴纳低廉的租金就可以住进政府兴建的公共住房。联邦政府是住房建设的出资人，而地方政府通过收取租户的租金来支付运营成本。联邦政府通过住房局向各地方政府提供的公共住房的开发和建设费用补贴一般可以占到开发费用的90%甚至100%，而各地方政府也可以通过减税的形式予以额外补贴。建设资金早期由地方发行长期税债券来筹集，联邦政府对债券进行担保并偿付本息；后期联邦政府资助存量公共住房的修缮更新，主要通过一般性国债筹集基金并向地方政府直接提供补助基金。几乎所有的公共租赁住房的设计、建造和管理均由地方公共住房管理局负责和监督。就项目设计而言，公共住房的目标对象是低收入家庭。

到1941年，美国住房局已经为年收入不足1 000美元的家庭提供了16万套的廉租房。1949年的住房法案进一步扩大了公共住房的建设规模，要求建设80万套公共住房供各地住房机构出租。类似的公共住房建设计划一直持续到20世纪60年代[1]。60年代以前它是唯一的联邦低收入住房项目，1980年以后逐渐停止。

2. 开发贷款利率补贴

1968年《住房与城市发展法》的颁布标志着美国联邦政府由直接投资公共住房建设向补贴私营可支付住房建设正式转型，其目的是鼓励私营资本参与可支付住房建设。其基本模式如下：开发商从银行或其他金融机构获得开发贷款；政府对贷款进行担保，并通过补贴使贷款利率低于市场水平，从而降低开发贷款成本以鼓励低收入住房的私营供应。这类项目允许开发商盈利，但利润水平不能高于政府规定的水平；中低收入家庭作为租户缴纳的租金用来支付维护运营成本、开发贷款还款以及一定比例的开发利润。

美国在1960~1980年，尝试了一系列的开发贷款利率补贴计划，为营利性开发商和

---

[1] 李艳玲. 20世纪30年代美国城市公有住房建设初探. 华东师范大学学报（哲学社会科学版），2003，(7): 115-120.

私人投资者提供优惠政策从而鼓励他们为低收入家庭开发廉价房。其包括1961年开始试验性实施的第221(d)(3)条款的低于市场利率计划和1968年实施的第236条款开发贷款利率补贴项目、第515条款乡村可支付住房开发贷款利率补贴项目。第221(d)(3)条款是联邦政府通过房利美(Fannie Mae)向私营贷款机构提供房贷保险,使营利性和非营利性开发商能够获得低于市场利率(通常设定为3%)的开发贷款[1]。

该项目于1961年开始实施,1968年停止,这期间共开发了18.4万套住宅。1968年实施的第236条款开发贷款利率补贴项目及第515条款乡村可支付住房开发贷款利率补贴项目,则是开发商在获得联邦政府保险的商业开发贷款后,由联邦政府每年向开发商补助每年市场利率下还款额与利率为1%时的还款额之间的差值,通过这种"降息支付"来减少开发商的还款压力,并要求开发商降低房租。第236条款在1974年被停止实施,共资助了54.4万套住宅。

3. 租金补贴

从20世纪70年代开始,美国不再面临住宅供给短缺的问题。因而联邦政府逐渐终止了住房建设补贴计划,转而实行更为实际和有效的租金补贴计划。

美国联邦政府在全国范围内实施的主要租金补贴项目由1974年通过的《住房与社区发展法案》中的第8条款所规定。第8条款项目分为两类:租赁认证项目(Rental Certificate Program)和租房券项目(Rental Voucher Program),均由联邦政府住房与城市发展部通过地方公共住房管理机构(Public Housing Agency,PHA)来执行。参加上述两个项目的低收入家庭和其他需要公共财政援助的住户可以在市场上自行选择私人租赁住房,同时向地方公共住房管理机构申请获得财政资助。在两个项目的执行过程中,地方公共住房管理机构都要对加入该项目的私人租赁住房的质量进行严格的监督,以确保其达到联邦政府住房与城市发展部制定的安全、体面的基本居住标准。地方公共住房管理机构对申请住户的年收入和家庭规模进行审查,以决定其是否符合受资助者的资格。有资格在这两个项目中获得援助的住户包括:由1937年美国住房法案所定义的最低收入者和其他需要援助者以及家庭收入在本地收入中位数80%以下的住户。联邦政府住房与城市发展部每年都会公布各地区的收入中位数标准。近年来,联邦政府住房与城市发展部用于以这两个项目为代表的各类需求方补贴项目的财政支出不断上升。为了应对这一局面,目前联邦政府住房与城市发展部已停止接受新的普通申请,只接受原有申请的更新续期和一些特殊目的的申请。

参加租赁认证项目的租户只需支付其校正收入(即扣除必需的基本生活消费以外的纯收入)的30%或全部收入的10%作为租金,不足部分由地方公共住房管理机构直接支付给房主,但要求租户选择的住房的租金不得高于联邦政府住房与城市发展部规定的本县或都市区的公平市场租金。租赁认证项目获得的资助力度更大,而租房券项目则给予住户更大的选择余地,尤其在住房需求较旺盛的地区,私人租赁房屋的价格往往都高于本地公平市场租金,租房券项目成为几乎唯一能够有效执行的住房需求方补贴项目。在

---

[1] 施瓦茨 A. 美国住房政策. 黄瑛译. 北京:中信出版社,2008:131-135.

实际操作中，住户可以选择在两个项目中相互转换[①]。

第 8 条款的直接补贴计划极大提升了对开发商供应可支付住房的激励。公平市场租金允许开发商获利，而房租的设计使得低收入家庭只需支付其能够承受的部分，这实际上是政府对可支付住房供应提供了深度的财政补贴。但问题在于，对于每个家庭来说，实付租金维持在其收入的 30%，而超过部分均由政府财政补贴来承担。因此，开发商并没有动力来控制成本，这往往导致受政府资助的租赁住房的房租甚至高于周边没有接受政府资助的住房的房租，这也加大了政府的财政负担[②]。

4. 低收入住房税收补贴

低收入住房税收补贴是目前美国最大的资助可支付租赁住房供给的联邦项目。该项目由 1986 年《税制改革法》设立，旨在为低收入家庭的租赁住房建设、修缮或购买等提供预算资助，由州和地方的低收入住房税收补贴主管机构负责发放和管理。其基本模式如下：开发商或租赁机构通过自有资金或开发贷款建设或修缮租赁住房，在满足低收入租户比例和租金等要求下，可以享受十年内联邦政府税收减免，以抵偿其开发成本。这一税收减免方式，由于是一种间接的补贴，而不涉及政府发放直接贷款利率补贴，政策执行成本更低，因此被认为是一种更好的激励私营可支付住房供应的补贴模式。低收入住房税收补贴是一项联邦预算，但是由各州负责执行和管理，开发商直接向州住房金融管理局申请。各州可以获得的预算资助额度由各州人口数决定。

申请税收补贴的住房项目必须满足以下条件：项目中至少有 40% 的单元为收入不超过都市区收入中位数 60% 的低收入家庭居住，或者至少有 20% 的单元为收入不超过都市区收入中位数 50% 的家庭居住。补贴额度的计算一般参照项目总开发费用减去土地成本、运营成本、非居住部分建设成本等费用后的合格成本基数、低收入租户占全部住户的比例等指标，按照联邦政府规定的公式进行计算。当然，低收入住宅单元的比例与开发商或房东能够获得的租金补贴额度直接相关。低收入租户比例越高，获得的资格系数越大，补贴额度也就越大。此外，如果项目位于困难开发区或合格人口普查区，则可获得一个基数扩大系数，从而获得更高的补贴额度。

凡是接受补贴的项目必须符合最高租金的限制要求。补贴项目的最高房租一般设定为当地家庭收入中位数的 30%（或地区平均收入 60% 的 30%），即中等收入家庭能够靠自身能力支付该项目的租赁住房。当然这可能意味着，收入极低的租户（即低于地区平均收入）的家庭所支付的房租可能超过其实际收入的 30%。对于房东或租房机构来说，政府补贴是通过税收补贴的形式返还的。

低收入住房税收补贴项目在政策设计和实施上存在以下缺陷。第一，对于极低收入家庭，房租很可能超过其实际收入的 30%，即超过其支付能力，因此极低收入家庭很可能无法承受税收补贴项目的房租。第二，政策设计中开发项目能够获得的税收补贴额

---

① 景娟，刘志林. 低收入住房政策的国际经验借鉴：需求方补贴//满燕云，隆国强，景娟，等. 中国低收入住房：现状及政策设计. 北京：商务印书馆，2011：172-173.

② 刘志林. 低收入住房的供给方补贴政策：国际经验及对中国的启示//满燕云，隆国强，景娟，等. 中国低收入住房：现状及政策设计. 北京：商务印书馆，2011：159.

度,与项目中的低收入住宅比例成正比,因此开发商或房东有更大的动力将项目的绝大部分或全部住宅单元设定为低收入住宅,从而无法为促进居住融合、消除贫困集聚现象等政府目标提供激励①。

私营可支付住房供应的补贴政策,通常只要求私营开发商将所开发住房的低租金水平保持一定年限,如利率补贴项目通常要求 20 年,低收入住房税收补贴项目最初要求 15 年,后延长至 30 年。超过廉价期后,税收补贴项目可以收取市场价位的租金,并可以将住宅出租给任何家庭。因此,20 世纪 80 年代开始,出现了如何防止这类租赁住房从可支付住房供应体系中退出的问题。为了稳定市场上低收入住宅供应量,联邦和州政府都必须出台新的政策或给予新的税收补贴,从而会增加低收入住房持续供应的政策成本②。

三、德国的住房救助

(一)德国住房救助发展背景

第二次世界大战后,德国四分之一的住房被彻底毁坏,还有四分之一的住房已不能居住,面临着非常严重的房屋短缺问题。20 世纪 70 年代,德国大力引进外籍劳工,大量外籍劳工的居住问题又成为严重的社会问题。自 1950 年起,联邦政府多次立法,大力推进公共福利住房建设,50~80 年代,其建设了大量的公共福利住房。90 年代后,德国住房短缺的问题得到了根本解决,每年新建或政府购买的公共福利住宅数量已大大减少。德国房租补贴政策已成为解决低收入家庭住房问题的主要途径③。

(二)德国住房救助的主要内容

1. 社会住房

在德国,所有旨在为有住房需求的低收入家庭提供的其经济上可以负担的住房都被认为是社会住房,既包括地方政府管理的住房,也包括有私营或第三部门(如英国的住房协会)提供和管理的住房。

德国社会住房政策的核心是为在市场上难以获得住房的家庭,提供能够租得起的住房。其住房建设方式主要有两种,一是政府运用住房建设基金直接主导建设,主要出现在第二次世界大战后住房极度短缺时期,现在已很少采用;二是由房屋投资商、私人或住房合作社等社会力量组织建设(含在商品住房项目中配建社会住房),这是德国社会住房建设的主要形式。社会力量建设的社会住房,投资方拥有住房产权,但在与政府事先商定的限定期(12~40 年,获得政府资助越多,限定期越长)内,需按与政府约定的社会住房租金标准出租。限定期期满后,投资方可按市场价格自由出租或出售。近几年德

---

① 施瓦茨 A. 美国住房政策. 黄瑛译. 北京:中信出版社,2008:99-100.
② 刘志林. 低收入住房的供给方补贴政策:国际经验及对中国的启示//满燕云,隆国强,景娟,等. 中国低收入住房:现状及政策设计. 北京:商务印书馆,2011:159-161.
③ 黄清. 德国低收入家庭及公务员的住房保障政策.城乡建设,2009,(4):73-74.

国社会住房虽仍在继续建设，但受住房私有化和减轻政府财政负担的思路的影响，社会住房数量已在逐步减少。

德国的社会住房建设主要通过联邦政府向私营业主直接提供贷款或补贴的方式，具体补贴手段包括：通过低利率贷款提供本金补贴、运营成本补贴以及运营成本贷款。通常，社会租住房机构需要自己提供至少15%的资金。除政府补贴的贷款外，也可以从资本市场上获得资助。政府补贴一般包括两种类型：第一，资助面向特定人群的社会住房建设，这类住宅的建设通常需要满足最低质量标准，但也不能超过最高质量标准，以保证其廉价性；第二，资助面向收入较高但无法支付市场租金的家庭的社会住房建设。此外，一些州能够在联邦政府补贴之外，为社会住房建设提供额外补贴，这种补贴常常是短期性的，并且主要是基于州政府与开发商之间的协议，在租金标准和分配方式上更为灵活。

德国联邦政府每年确定社会住房的补贴额度，并且决定其租金。社会住房必须以成本租金水平出租。社会住房的租金水平由政府参考成本租金核定，租金标准约为同地段同质量房屋市场租金的50%~60%。如果租住社会住房的居民收入超过规定收入上限，政府一般不会强制要求搬出，而是提高租金标准，收取"额外租金"或市场租金，以利于实现不同收入人群"混居"，促进社会融合[1]。

社会住房准入条件、规则及具体审核工作由地区政府制定。准入条件一般要求申请家庭收入在国家规定的低收入线以下，无自有产权住房，并且在申请城市工作或居住一定年限。德国社会住房供应对象主要包括低收入群体、特殊人群（如老人、残疾人、怀孕妇女等）和关键工作者（如政府雇员、教师、医生、警察等）。

从1985年以后，德国社会住房补贴政策也发生变革，主要特点是联邦政府逐渐退出了对社会住房的直接资金资助。这一方面是由于社会住房建设的需求和紧迫性下降；另一方面是对政府在住房中的角色的重新思考。受其影响，州和城市政府逐渐承担主要的社会住房建设补贴的职责。但联邦政府资助从1989年开始恢复[2]。

2. 房租补贴政策

房租补贴是目前德国对低收入家庭住房保障的主要方式。德国拥有自有产权住房的比例并不高，在城市居民中，不到20%的家庭拥有自有产权住房，80%以上的家庭租房居住[3]。德国《住房补贴法》规定：居民可支付租金一般按家庭收入的25%确定，低收入居民实际缴纳租金与可支付租金的差额，可向地区政府申请房租补贴。房租补贴标准综合考虑家庭规模、租金费用、住房水平（面积、地段、配套等）、家庭收入状况等因素。补贴资金由联邦政府和州政府共同负担。

地区政府负责房租补贴资格审核，只审核申请人的收入，不审核资产。过去主要审核个人陈述资料，2013年底实行信息系统联网核查收入。居民领取房租补贴后，可以申

---

[1] 杨瑛. 借鉴德国经验，加快建设以公租房为主的住房保障体系. 城市发展研究，2014，（2）：77-82.
[2] 刘志林. 低收入住房的供给方补贴政策：国际经验及对中国的启示//满燕云，隆国强，景娟，等.中国低收入住房：现状及政策设计. 北京：商务印书馆，2011：163-164.
[3] 黄清. 德国低收入家庭及公务员住房保障政策情况和启示. 中国房地产金融，2010，（3）：46-48.

请社会住房，也可以在市场上租房，但只能选择房屋设施、区位条件普通的房屋，并须经政府部门认可，以保证租赁的房屋仅仅是满足基本居住需求（政府部门根据房屋质量、区位、配套等因素将房屋分成六个等级，一级为最差，六级为最好。领取房租补贴的家庭一般只能租住一至二级类别的住宅，最高不能超过三级）。

四、英国的住房救助

（一）英国住房救助发展背景

英国是最早实施公共廉租房制度的国家之一。英国从19世纪下半叶开始提出公共廉租房制度，而真正大发展始于第二次世界大战之后。英国经济发展得较早，住宅问题也最早出现。

英国政府在解决居民居住问题的过程中起着重要作用。由于英国两大政党轮流执政，住房政策在市场化和国家干预之间摇摆，不同的历史时期采取相应的住房政策，影响和控制着英国的住房市场。正是这些政策的作用，才形成当今英国发达的住房市场。

（二）英国住房救助的主要内容

1. 公共住房

英国政府参与建设公共住房，始于1919年《住房与城镇规划法案》的出台，该法案明确了地方政府实施公共住房的职责和中央政府的财政投入职责。第二次世界大战后，严重的房荒使迅速提升住房供应成为当时英国住房政策的中心议题，1945~1974年的30年也是英国大规模进行公共住房建设的时期。在1946~1951年，英国主要城市政府负责建造的房屋总量高达全国建房总量的78%[①]。政府建房促进了住房供应，以最快的速度解决了当时住房短缺和低收入居民住房支付能力较低问题。总的来说，英国政府公共住房的基本模式如下：由中央政府提供补贴，地方政府负责规划、投资和管理公共住房，主要负责部门是地方政府下属的地方住房管理局（Local Housing Authority）；公共住房的实际建设主要由私营的建筑公司完成。

英国公共住房的供应对象不像美国那样只是面向低收入阶层，实际上第二次世界大战后上台的工党政府专门取消了有关公共住房只能面向工人阶级的限制性规定，以解决当时普遍存在的住房短缺问题。英国的政府公共住房采取打分制进行分配，依据"合理偏好"原则优先分配给最需要的人群，如无家可归者、住房条件差或居住环境过于拥挤者等。各地方政府在实际操作中通常考虑申请者的居住区域、经济状况、是否具有良好租房记录及轮候时间等指标。公共住房是第二次世界大战后英国租赁住房的主要来源；1980年以后逐渐被社会住房取代。

2. 社会住房

1980年，英国撒切尔政府开始大规划调整公共住房政策，1988年的《住房法》进一

[①] 吴宁，陈卫华. 英国住房保障模式的有益启示. 学习月刊，2011，(23)：43-44.

步推动了英国公共住房政策向社会住房模式的转型，同时对公共住房进行私有化和社会化改革，主要包括以下两方面：第一，购买权政策。允许在公共住房居住三年以上（后调整为两年）的租户以折扣价购买自己已经租住两年以上的住房。这让许多家庭获得了以极优越条件将所租住房转为自有的机会。公共住房社区产权结构向混合型转变，有助于这些社区保留原有的社会网络关系和混合式的社会结构。第二，公共住房的产权和管理向住房协会转移。1980年以后住房协会被视为拥有和管理公共住房的主要机构。地方政府基于减少财政压力等的原因，通过"自愿大规模产权转移"，主动将自己拥有的公共住房转移给地方住房协会，实现公共住房管理的社会化。

在20世纪90年代后期，布莱尔为首的工党在原有住房政策的基础上，继续调整和完善公共住房政策。首先是提高公共住房的质量标准，并合理确定公共住房的租金价格；其次是继续鼓励地方政府将公共住房向住房协会转移。

中央政府通过社会住房基金对住房协会进行资助，也通过相应规制手段约束其行为，并对政府公共住房的资金来源和管理模式进行约束，以保证公共和社会租赁住房公平竞争。

3. 房租补贴计划

1979年保守党上台后，英国政府开始反思住房福利制度，并着手对其进行改革。其中一项就是房租补贴。房租补贴计划是把财政预算中原来用于公房建设和维修的住房保障资金的一部分用于发放低收入居民的房租补贴。根据补贴对象的不同，房租补贴分为直接补贴和间接补贴。直接补贴是指政府向住宅消费者发放补助，直接资助其买房、租房；间接补贴是指向非政府的住房供给者提供补助，包括向住房开发商提供的建屋补助和向私人房屋出租者提供的租金补助。房租补贴的发放标准和家庭收入水平密切挂钩，不同收入的家庭领取不同水平的房租补贴[①]。

第三节　中国住房救助

一、我国住房救助的发展历程

中华人民共和国成立后，长期实行住房福利分配制度。在住房福利分配制度下，政府划拨土地给单位，单位出资建造住房，住房建成后分配给居住者，居住者只需缴纳低额租金后就可以长期承租，政府或单位负责住房的维修、管理及保养。这种住房分配制度是与当时计划经济体制相适应的。随着我国经济日益增长，住房福利分配制度与社会需求差距越来越大，低租金租赁制度造成房屋建设和维修资金困难、住房数量缺口大、住房分配不公等现象日益严重。

20世纪80年代初，"出售公房、调整房租、提倡私人购房建房"的设想提出后，我

---

① 黄泽华. 公共廉租房制度的国际借鉴. 改革, 2010, (3): 136-139.

国开始城镇住房制度改革,逐步打破住房福利分配制度。到 90 年代中期,"住房商品化"已经成为我国住房制度改革和发展的指导思想,住房价格增长较大,低收入人群难以承受住房消费带来的压力,国家出台住房救助政策的现实需要迫在眉睫[①]。

(一)根据不同收入水平分别构建住房救助制度的阶段:1998~2013 年

1998 年 7 月,国务院发布《关于进一步深化城镇住房制度改革加快住房建设的通知》,提出建立面向城市低保家庭的廉租住房制度,这是我国住房救助发展起步的标志。之后,建设部等部门陆续出台《城镇廉租住房管理办法》《城镇最低收入家庭廉租住房管理办法》《城镇最低收入家庭廉租住房申请、审核及退出管理办法》等,为廉租房建设和规范经营管理提供了制度保障。2007 年,国务院颁布《关于解决城市低收入家庭住房困难的若干意见》,标志着住房救助进入全面推进和完善阶段。2012 年国家住房和城乡建设部颁布实施《公共租赁住房管理办法》,对城镇公共租赁住房做出具体规定。经过多年发展,我国针对低收入群体住房困难的一系列制度安排,初步形成了住房救助体系。

(二)住房救助制度的并轨整合阶段:2014 年至今

2013 年,住房和城乡建设部发布《关于公共租赁住房和廉租住房并轨运行的通知》,提出从 2014 年起城镇公共租赁住房和廉租住房并轨运行。2014 年,国务院出台《社会救助暂行办法》,为此,住房和城乡建设部出台《关于做好住房救助有关工作的通知》,明确住房社会救助的对象、方式、标准、申请程序及资金保障,住房社会救助体系日臻完善。

二、我国住房救助的主要内容

2014 年 5 月开始施行的《社会救助暂行办法》,其第三十七条规定:国家对符合规定标准的住房困难的最低生活保障家庭、分散供养的特困人员,给予住房救助。第三十八条规定:住房救助通过配租公共租赁住房、发放住房租赁补贴、农村危房改造等方式实施。

(一)城镇的住房救助制度

1. 廉租住房制度

廉租住房制度是住房保障体系中的最基本制度。各地在起步阶段,普遍将住房保障对象界定为城镇低保家庭,后扩大至城市低收入住房困难家庭。廉租住房保障方式实行货币补贴和实物配租等相结合的方式。货币补贴是指向申请廉租住房保障的城市低收入住房困难家庭发放租赁住房补贴,由其自行承租住房。实物配租是指向申请廉租住房保障的城市低收入住房困难家庭提供住房,并按照规定标准收取租金。实施廉租住房保障,主要通过发放租赁补贴,增强城市低收入住房困难家庭承租住房的能力。

廉租住房保障资金来源包括:第一,年度财政预算安排的廉租住房保障资金;第二,

---

① 刘娟,何少文. 社会救助政策与实务. 广州:广东经济出版社,2015:168.

提取贷款风险准备金和管理费用后的住房公积金增值收益余额；第三，土地出让净收益中安排的廉租住房保障资金；第四，政府的廉租住房租金收入；第五，社会捐赠及其他方式筹集的资金。

实物配租的廉租住房来源主要包括：第一，政府新建、收购的住房；第二，腾退的公有住房；第三，社会捐赠的住房；第四，其他渠道筹集的住房。

2. 公共租赁住房制度

公共租赁住房的保障对象主要是城镇中等偏下收入住房困难家庭、新就业无房职工和在城镇稳定就业的外来务工人员。公共租赁住房通过新建、改建、收购、长期租赁等方式筹集，可以由政府投资，也可以由政府提供政策支持、社会力量投资。

3. 廉租住房与公共租赁住房并轨运行制度

尽管公共租赁住房、廉租住房在准入条件的设置上形成从低到高的梯度，但是未能做到"无缝"衔接。一是由于各种保障性住房的房产条件设置不同，尽管收入条件的设置从低到高，仍未能形成有效的"全覆盖"；二是公租房要求申请对象为无房户，部分希望通过申请保障房改善现有住房条件的"夹心层"群体还是被拒之门外。

廉租住房和公共租赁住房都是保障性住房的重要组成部分，两者在发挥重要作用的同时，其平行运行过程中也出现了一些问题：一方面，两者虽都属于租赁型保障房制度，但面向的群体不完全一样，申请人容易混淆；另一方面，公租房、廉租房的交互性较差，表现为相互转换的流程复杂。

2013年，住房和城乡建设部、财政部、国家发展和改革委员会联合印发《关于公共租赁住房和廉租住房并轨运行的通知》，决定从2014年起公共租赁住房与廉租住房并轨运行，并轨后统称为公共租赁住房。并轨后公共租赁住房的保障对象包括原廉租住房保障对象和原公共租赁住房保障对象，即符合规定条件的城镇低收入住房困难家庭、中等偏下收入住房困难家庭，以及符合规定条件的新就业无房职工、稳定就业的外来务工人员。并轨后公共租赁住房制度坚持分层实施、梯度保障原则，优先满足符合规定条件的城镇低收入住房困难家庭的需求，对城镇住房救助对象，即符合规定标准的住房困难的最低生活保障家庭、分散供养的特困人员，做到应保尽保。并轨后公共租赁住房租金原则上按照适当低于市场租金的水平确定。政府投资建设并运营管理的公共租赁住房，根据保障对象的支付能力实行差别化租金，对符合条件的低收入住房保障对象采取租金减免政策；社会投资建设并运营管理的公共租赁住房，按规定对符合条件的低收入住房保障对象予以适当补贴。

（二）农村危房改造

农村危房改造政策是政府根据农村困难群众住房问题而制定的一项涉及广大群众利益的公共政策。从2008年起，国家开始组织实施农村危房改造，先在贵州省开展试点，后将危房改造范围扩展至全国农村地区。

2009年，住房和城乡建设部、国家发展和改革委员会、财政部联合出台《关于2009年扩大农村危房改造试点的指导意见》。2012年，在颁布的《国家基本公共服务体系"十二五"规划》中进一步将危旧房、城中村改造、旧住宅小区综合整治纳入改造范围。2015年3月，住房和城乡建设部、国家发展和改革委员会、财政部三部委联合下发了《关于做好2015年农村危房改造工作的通知》，其目的是通过国家财政补助为全国农村地区贫困农户解决最基本的安全住房问题。

危房改造政策规定，危险房屋（简称"危房"）是指承重构件已属危险构件，结构丧失稳定和承载能力，随时有倒塌可能，不能确保住用安全的房屋。依据住房和城乡建设部印发的《农村危险房屋鉴定技术导则（试行）》的有关规定，危房是指经鉴定属于整栋危房（D级）或局部危险（C级）的房屋。

农村危房改造的补助对象重点是居住在危房中的农村分散供养"五保户"、低保户、贫困残疾人家庭和其他贫困户。不得纳入扩大农村危房改造试点补助资金范围内的危房改造对象包括：第一，长期无人居住的房屋；第二，有两处以上住房，其中一处是最危险的；第三，不属居住的临时用房、简易房，不影响人员生活的独立厨房、厕所和畜禽养殖圈舍等；第四，已经纳入地质灾害防治搬迁避让规划的住房重建户以及因灾倒损重建户。农村危房改造坚持"三最"原则，即优先帮助住房最危险、经济最贫困农户解决最基本安全住房。农村危房改造建设面积以满足最基本的居住需求为标准，户均建筑面积控制在60平方米以内。

【本章小结】

住房救助是指国家向贫困家庭及其他住房困难家庭提供现金补贴，或直接提供限定标准、限定价格或限定租金住房的社会救助制度。政府承担住房市场费用与低收入家庭支付能力之间的差额，解决部分居民对住房支付能力不足的问题。住房救助的特征包括政府主导性、救助对象的针对性、救助管理的动态性、保障水平的适度性、保障功能的多重性。根据政府介入程度和市场机制作用的大小，总体上可以将住房救助的实施方式分为政府直接提供保障模式和政府间接提供保障模式。根据住房救助资金的流向，又可将政府间接提供保障模式分为政府补供方模式及政府补需方模式。不同的住房救助模式适用于不同的住房市场的发展阶段。

新加坡住房救助的主要内容包括：建造公屋，低价向居民出租；"居者有其屋"计划。美国住房救助的主要内容包括公共租赁住房、开发贷款利率补贴、租金补贴、低收入住房税收补贴。德国住房救助的主要内容包括社会住房、房租补贴政策。英国住房救助的主要内容包括公共住房、社会住房、房租补贴计划。

我国住房救助的发展历程包括两个阶段：第一阶段，根据不同收入水平分别构建住房救助制度的阶段（1998~2013年）；第二阶段，住房救助制度的并轨整合阶段（2014年至今）。国内住房救助制度包括：廉租住房制度；公共租赁住房制度；廉租住房与公共租赁住房并轨运行制度；农村危房改造。

【关键术语】

住房救助　廉租房　公共租赁住房　危房改造　住房救助制度并轨　开发贷款利率补贴　低收入住房税收补贴　社会住房

【案例】

四川省探索用公共租赁住房来解决农民工住房问题

在新型城镇化过程中,为农民工提供住房保障,有助于推进这部分农业转移人口市民化。四川省是农民工大省,让更多农民工兄弟在城里住得稳、住得好,是四川省住房保障工作的重点之一。早在2013年四川省就启动了"农民工住房保障行动",首次尝试对有稳定职业、在城镇居住一定年限的农民工提供公租房,提出全省提供给农民工的公租房不低于房源总量的30%,房租按当地市场租金的50%左右水平确定。2013年共向农民工供给公租房3.2万套。2014年,这一政策得到继续实行。同年,四川省出台《健全住房保障和供应体系专项改革方案》,明确提出每年继续将竣工公租房的一定比例定向供应农民工,形成长效机制。2015年四川省各地根据农民工实际住房需求,继续把当年竣工公共租赁住房的30%定向供应农民工,公共租赁住房平均租金按市场租金的50%左右确定,预计可供应1万套左右。

2015年成都等"租改售"试点城市,将试点向农民工出售公共租赁住房。2015年,四川省政府办公厅印发《加强农民工住房保障工作指导意见》,提出将把进城农民工(包括其他外来进城务工人员)住房问题纳入城镇住房保障体系筹安排解决。该意见要求,对已在城镇落户的农民工给予和城镇居民同等的住房保障,对有稳定职业并在城镇居住一定年限的农民工提供公共租赁住房。该意见提出,四川省将放宽农民工购买产权型保障性住房的限制,允许成都等省政府批准的公共租赁住房"租改售"试点城市把向农民工出售公共租赁住房纳入试点范围。向农民工供应的公租房将实行差别化租金,根据农民工经济条件和支付能力,分类分档实行。这个"档""类"怎么分,由各地根据实际情况具体确定。总之,在平均租金为同地段市场租金50%的前提下,上下浮动,最低约为同地段市场租金的10%,最高不超过同地段市场租金的80%。

四川省计划2015年内实现农民工使用住房公积金租赁公租房及其他住房,还将探索发放货币补贴方式,让农民工自行在市场上租赁房屋。这既扩大了自主性,让农民工能根据工作和家庭情况选择住房标准和位置,也有利于筹集更多房源。

资料来源:熊筱伟. 农民工公租房租金最低可为同地段市场价10%. 四川省人民政府网站,http://www.sc.gov.cn/10462/10464/10797/2015/1/21/10324314.shtml, 2015-01-21;陈健. 四川今年30%的公租房定向供应农民工. 新华网四川频道,http://cd.bendibao.com/news/201519/67076.shtm, 2015-01-09,经过作者整理

【复习思考题】

1. 住房救助的特性有哪些?
2. 根据政府介入程度和市场机制作用的大小,住房救助实施的方式可分为哪几种?
3. 发达国家住房救助发展的经验与启示有哪些?
4. 简述我国住房救助发展的历程。
5. 简述我国住房救助的主要内容。

第八章

就业救助

就业是最大的民生问题。从各国社会救助体系来看，就业救助是社会救助体系中不可或缺的组成部分。进入全球化时代之后，就业救助作为积极的劳动市场政策，在提高人力资本、促进经济和社会发展方面发挥了重要作用。

第一节 就业救助概述

一、就业救助的概念

就业救助是建立在家计审查基础之上，由国家为促使具有劳动能力并处于失业状态的贫困者参与劳动市场而实施的一系列措施。就业救助的概念主要包含以下三层含义。

第一，就业救助通常是以家计调查为前提的。世界各国就业救助首先通过家计调查辨识出贫困对象并给予生活救助，对其中具有劳动能力并处于失业状态的贫困者再进一步提供指导、培训、补贴等，促使其进入劳动力市场。

第二，就业救助是以国家和政府为主体来实施的就业保护政策。就业救助不是依靠市场力量实现就业，也不是依靠个人能力或资源而获得就业机会，需要由政府通过法律法规的形式来规范并向救助对象提供帮助。政府的责任既表现在对就业救助措施的规定方面，也包括财政支持。

第三，就业救助的措施是多样化的，各国会根据不同的政策理念和国情采取不同的措施。发达国家就业救助措施主要涉及强制性快速就业、培训和财政激励；发展中国家就业救助措施主要是以工代赈、小额信贷和培训。

从国际上看，就业救助的概念与积极劳动市场政策的兴起密切相关。20 世纪 90 年代以来，西方发达国家为了抑制高社会支出，纷纷推动工作福利改革，强调以促进就业为中心的社会政策，增强有劳动能力的受助者重返劳动力市场的动机和能力，推动他们参与劳动市场。

在我国，就业救助是政府采取措施，对最低生活保障家庭中有劳动能力并处于失业状态的成员实行优先扶持和重点帮助的一项积极的社会救助。根据《社会救助暂行办法》有关规定，国家对最低生活保障家庭中有劳动能力并处于失业状态的成员，通过贷款贴息、社会保险补贴、岗位补贴、培训补贴、费用减免、公益性岗位安置等办法，给予就业救助。

在我国，就业救助概念与就业援助概念既有联系，也有区别。2008年开始实施的《中华人民共和国就业促进法》（简称《就业促进法》）第六章规定"各级人民政府建立健全就业援助制度，采取税费减免、贷款贴息、社会保险补贴、岗位补贴等办法，通过公益性岗位安置等途径，对就业困难人员实行优先扶持和重点帮助"。就业援助的对象是就业困难人员，即"因身体状况、技能水平、家庭因素、失去土地等原因难以实现就业，以及连续失业一定时间仍未能实现就业的人员"。根据《社会救助暂行办法》，就业救助把救助对象范围聚焦到最低生活保障家庭中有劳动能力的失业人员，这类人员同时也属于就业困难人员范畴。因此，就业救助既是社会救助的重要组成部分，也是就业援助的重要内容。

二、就业救助的特征

从发达国家就业救助的发展趋势来看，作为积极劳动力市场的重要内容和主要手段，就业救助强调受助者的责任和义务，通过惩罚和激励等措施促进有劳动力的受助者进入劳动力市场，因此具有以下特征。

（1）强制性。从发达国家就业发展来看，就业救助通常具有强制性，受助者需要为救助金而工作，工作参与是全面性与强迫性的，而不是有限、志愿性的。为了体现强制性，管理机构有责任甄别出"必须工作的"对象，确保这些对象拥有足够的时间从事规定的社会服务劳动、辅导及其他支持性的活动，然后才有资格享受社会救助。

（2）惩罚性。就业救助的实施往往与一定的惩罚措施相伴，因为它在某种程度上是一种行为纠正方式，旨在将负责任的行为作为领取救助的一个条件，从而在微观上调控受助者的行为。例如，美国的惩罚措施就十分严厉，被救助者拒绝一次工作机会的代价是丧失三分之一救助资格，当这种拒绝行为达到一定次数的时候，救助金有可能被全部取消。在英国，1999年的救助金申领者当中受到制裁的比例接近于11%。在丹麦，第一次拒绝参加工作活动的人的救助金会减少20%，多次拒绝会导致丧失社会救助资格。

（3）非职业性。一般而言，受助者被安排的岗位通常是非全职性的，并安排在公共的或非营利性的领域。为了换取救助待遇而工作，这一特定的义务将工作福利与职业性的工作岗位相区别。就业救助安排的工作岗位通常是非职业性的，而且通常技术含量较低。

三、就业救助的形式

就业救助的形式多样，发达国家就业救助通常采取三种形式，分别为强制性快速就业、培训和财政激励,而发展中国家通常采用以工代赈、小额信贷和培训的措施。不同的国家会根据不同的国情采用不同的混合方式。

(1)强制性快速就业。强制性快速就业的目标是促使被救助者尽快返回劳动市场。有劳动能力的被救助者必须接受救助机构提供的工作,拒绝接受工作会伴有惩罚措施,如救助金的丧失或减少。强制性快速就业模式的基本假定是,被救助者的懒惰和工作精神的缺乏是导致其陷入贫困的最重要原因。在快速就业模式得到强烈认同的美国、英国等国家,无一例外都是将失业和贫困归因于福利依赖和低就业动机。除了上述因素外,劳动力市场结构对快速就业模式的形成和发展也产生着重要影响。例如,工作性质日益弹性化、临时化,工作机会两极分化程度的加深,都是其大力支持快速就业模式的重要因素。为了能够保持其低工资就业部门的竞争优势,美国、英国等国家选择通过强制性快速就业的模式,保证底层劳动力市场能够拥有一个持续的、充分的、随时可进入就业的状态。

(2)培训。培训模式的基本假定是失业是由劳动者缺乏市场所需的技能所导致的,但培训的形式和强度在不同的福利体系中有所差异。在美国、英国等国家,培训通常是从属于快速就业的目标。培训是短期的、补救性的,仅在于帮助被救助者获得最基本的技能,甚至只是"正确的工作态度"。培训目的依然是保证低工资、低技术次级劳动市场的灵活性。而在北欧等国家,培训通常是长期的、正规的、高质量的,以使失业工人人力资源获得长期发展。培训的根本目的在于推动失业工人回归主流市场,避免国家经济结构中出现分割性的劳动力市场和低工资部门。而在发展中国家,培训则更多的是为受助者提供技能方面的训练、指导和实习等,目的是帮助就业弱势群体找到工作,从而自力更生。

(3)财政激励。财政激励模式的假设包括两方面:一是失业问题是由社会保障体系本身所导致的。救助金数量随工作收入的增加而相应减少的社会救助支付结构容易导致"贫困陷阱",使被救助者放弃工作依赖福利;二是失业者亦属于"理性人",他们能够随社会保障体系的变化做出相应的理性选择,救助体系应该引入财政刺激措施,积极地改变被救助者的行为。这种通过改变救助金支付结构"使工作产生收益"的判断,使在美国和英国等国家中工作补助金和收入豁免政策被广泛应用,保证被救助者就业后的总收入一定会高于不工作依赖救助时的收入。财政激励机制的功能并非对福利依赖的控制,而是作用于对劳动力市场的影响上。财政刺激措施提高了被救助者从事低工资工作的收入回报,增强了低工资就业对被救助者的吸引力,扩大了底层自由劳动力的存量。这对于维持低工资就业的灵活性具有重要意义。

(4)以工代赈。以工代赈是指政府投资建设基础设施工程,受助者参加工程建设获得劳务报酬,以此取代直接发放救助金,这是发展中国家就业救助制度中最常见的形式。以工代赈通常由政府全额出资创造就业机会,工作主要是非技术劳动,涉及基础设施建设,如修路、架桥、兴修水利等,发放基本工资和补贴,以保障贫困群体的最基本生活。这也可看做发展中国家的快速强制就业措施。

(5)小额信贷。小额信贷是为低收入和贫困群体服务的小规模金融服务,旨在为贫困农户或微型企业提供自我就业和自我发展机会。小额信贷一般额度较小，无须担保和抵押，可推动社区或村庄的减贫。

四、就业救助的主要措施

当前，各国社会救助制度改革的总体方向是走向"工作福利"，促进有劳动能力的受助群体就业。其制度措施的思路不仅运用市场机制，同时也注重采取管制的手法，综合通过法律、政策、资金安排等措施建立行之有效的就业救助制度，其主要措施如下。

（1）以法律保障就业困难者的权益。多数国家均有立法要求本国政府机关、企事业单位和企业要雇佣一定比例的残疾人，如日本企事业单位和政府机关雇佣残疾人的比例必须分别占其雇佣总人数的1.5%和1.9%；德国要求按在职职工的5%吸收残疾人就业。如果没有按比例吸收残疾人就业的，部分国家还要缴纳残疾人就业保障金。如果要解雇残疾职工的，必须经过政府劳动部门批准。企业经批准解雇残疾职工后，须偿还政府给企业的各种补贴。

（2）以就业为前提获得救助资格。多数发达国家甚至北欧福利国家倡导"无责任即无权利"工作福利意识。例如，1996年美国通过的《个人责任与工作机会调和法案》要求有劳动能力的穷人在享受两年福利救助后必须就业；在德国，对于社会救助的申请者，除非健康、年龄等原因，否则都要被要求寻找工作和接受就业机会。如若拒绝，社会救助金将被削减25%以上。挪威、瑞典等典型北欧福利国家，也先后采取了类似的以就业为门槛的受益准入制度。

（3）以加大工作回报预期扩大就业激励。为了鼓励有劳动能力的受助者就业，很多国家都在税收方面给予优惠，同时为低收入工作家庭保留一定期限或者一定比例的救助金。例如，美国规定受助者参加工作后，继续给予6个月的救助期限，直至收入高于贫困线50%才停止救助；法国规定社会救助对象再就业时获得的是最低工资，则继续领取100%的救助金6个月，然后再领取50%的救济金9个月。通过税收减免和保留救助金的方式，让受助者通过工作获得的收入比依赖救济福利更具有吸引力。

（4）以提供教育培训机会提高受助者就业条件。很多国家和地区，都会针对有劳动能力的受助者提供再就业培训，培训课程除了包括专业技术课程外，还有心理辅导课程等，这些课程多数由政府出资提供。例如，中国香港地区在1992年推行的雇员再培训计划，由劳动者、资方和政府三方代表共同组成，培训对象为30岁及以上的香港人，随后范围逐渐扩至家庭妇女、老年人、伤残人及新移民。再培训课程包括专业课程、技术课程、基础技术及技术提升课程。除了技术提升课程外，所有再培训课程都是免费的。

（5）以实施公共就业保护政策提供给受助者就业机会。政府以劳动力市场的购买方，进入劳动力市场，直接雇佣受助劳动力，或不惜耗费巨资实施公共工程，并制定最低工资立法和收入政策，来保护和扶持具有劳动力的受助者。例如，美国首先为"贫困家庭临时救助"的家庭设计福利就业方案，所有州都设有专门机构为救助对象提供就业，由联邦政府提供一定的资金帮助，创造额外工作机会。此外，政府还提供生产经营救助，为受助者提供小企业经营培训，甚至以低价租赁为小企业开办者提供共同的场地、设备和工具,给予技术支持、信息服务和经营指导等。

(6) 设立特困群体就业救助。例如,英国从1998年实施了一项为期5年的促进特困群体就业的"新协议"再就业计划。该计划投资35亿英镑,由英国教育和就业部下属的就业服务中心负责实施。该计划的服务对象如下:失业6个月以上的18~24岁求职者、失业2~3年以上的25岁以上求职者、失业6个月以上的50岁以上求职者。救助措施包括:为服务对象配备就业服务顾问;为其确立为期4个月的强化服务措施,提供学习新技能的特殊培训机会;为其提供补贴性就业项目、支援工作队项目、环保工作队项目、全日制培训项目、自创小企业项目等。

第二节 国外就业救助

一、美国有关就业救助政策的改革

19世纪以来,美国有关就业救助政策的改革,从单纯的福利救济走向对工作、就业的侧重,后来发展成为国际上推行的"工作福利"制度的模式。

1. 政策规定

1996年,克林顿政府通过了《个人责任与工作机会调和法案》。之后,美国联邦政府将"抚养未成年子女家庭援助计划"改为"贫困家庭临时救助",从此社会救助扩展到就业服务方面,采取了具有惩罚性和强制性的工作福利。作为美国最大的社会救助计划,"贫困家庭临时救助"对生活困难的抚养儿童的贫困家庭提供经济上的援助,并达到减少未婚怀孕及促进失业双亲家庭再回就业市场的双重目的。一方面,强制工作的要求。社会救助受益家庭中的成年人或是实际照顾儿童者,必须按照要求参与工作、就业准备或指派参与其他就业相关的活动,"以工作换取福利"。一般来说,接受援助的单亲父母两年内需要每周工作30小时,核心家庭则每周至少要求工作35小时。另一方面,各州必须满足联邦政府对于接受临时援助单亲家庭和核心家庭就业率的要求,所有接受援助的家庭需达到50%的就业率,核心家庭则要达到90%。如果未达到目标,该州得到的救助拨款就会减少[①]。各州通常会通过安排受助者参与工作或者减少领取福利的人数来达成目标。同时,联邦政府也做了资格条件的例外规定:对于受助者抚养6岁以下儿童的单亲家庭,可经由单亲父或母举证,其所居住处所或工作场所内一定合理距离内,无法获得适当的儿童照顾服务;或是通过亲戚或其他安排仍无法获得适当的儿童照顾咨询,或获得适当及儿童照顾之时,无法遵守工作要求时,可以免除给付删减或终止的处罚。

但是如果救济对象违背了工作要求或没有履行个人责任,救济对象及其全家都将面

---

① 林亦府. 从"福利依赖"到"工作自救":美国福利制度改革对中国城市低保制度可持续发展的启示. 哈尔滨工业大学学报, 2013, 15 (1): 45-50.

临严厉的制裁。对于不服从工作安排的社会救助受益者，美国州政府规定按比例删减现金给付，甚至取消救助资格，由各州自行规定。以威斯康星州为例，扣减部分以该州最低工资乘以受助者未达到的工作时数，若情节严重，将永久性并全部删减现金补助。大部分州最严厉的处罚方式是终止整个家庭的现金给付，但贫困家庭暂时救助领取人数最多的加利福尼亚州和纽约州，则是以减少给付的方式替代终止全部家庭给付，避免因一个家庭成员的违规而牵连整个家庭。各州提供救助给付原则上具有 5 年限定时间，主要针对贫困家庭中领取现金给付的父母或怀孕妇女[①]。

2. 政策激励

为增强工作诱因，避免"依赖陷阱"，美国对低收入个人或家庭的工作收入和补贴实施"劳动所得税收抵免"（Earned Income Tax Credit，EITC）制度。即如果低收入个人或家庭符合条件，可以从劳动纳税额度中直接减去计算得到的抵免额。当抵免额大于应纳税额时，还可以得到补贴。劳动所得税收抵免与美国其他福利政策相比有两个特点：第一，只有纳税人才能享受到劳动所得税收抵免，这就意味着只有起码的劳动收入并纳税才能享受到劳动所得税收抵免的优惠政策；第二，劳动所得税收抵免是通过税务系统而非福利系统进行管理，其运作机理在于受助者抵免额每增加 1 美元收入，联邦政府补助 40 美分，实质上等于实行收入 40%的负边际税率。最近的研究表明，劳动所得税收抵免对劳动供给产生了正面影响[②]。

劳动所得税收抵免的政策目标是，一个家庭全职工作获得的工资加上劳动所得税收抵免的抵免额以及食物券等其他能够得到的补贴的总和能够使这个家庭的税后净收入达到贫困线以上。政策的实施规则如下：第一，纳税者必须有劳动工资收入，且调整后的总收入不得超过一定限额，该限额与家庭抚养儿童情况有关。第二，对纳税人抚养儿童的情况从年龄、关系及居住情况等各方面认证，1993 年对抚养 2 个或以上儿童的家庭，劳动所得税收抵免额大幅度增长，1994 年，对无抚养儿童的纳税者也首次允许了一个小额的抵免额。第三，纳税人的投资所得不得超过一定限额（如 2011 年该限额为 3 150 美元）。抵免额的计算可分为三个阶段，即递增阶段、水平阶段和递减阶段。每个阶段按照工资收入水平和抚养儿童的数量进行划分。在递增阶段，抵免额随收入增加而增加；当增加到水平阶段时，抵免额成为一个常数；当收入大于一定水平进入递减阶段后，抵免额随着收入的增加而减少。

美国劳动所得税收抵免制度是一项针对低收入劳动者的税收优惠和福利政策，总体而言具有以下几个优点：一是有利于促进社会公平，实现个人所得税调节收入分配的作用。二是有利于促进低收入者进入劳动力市场，发挥有劳动能力低收入者的人力资源。三是实施该制度成本相对较低，通过抵免税收返还低收入者的形式达到兼具效率和公平的目标。

3. 具体措施

《个人责任与工作机会调和法案》规定，联邦政府以"整体预算"方式拨给各州福

[①] 吴小芳. 我国城市就业救助政策研究. 社会保障研究，2011，(4)：67-77.
[②] 杨帆，刘怡. 美国劳动所得税抵免制度及其借鉴. 国际税收，2011，(7)：33-37.

利支持资金,让各州因地制宜地自行制订就业救助相关方案措施。但是各州在制订该方案时仍要遵守联邦政府规范就业的各种标准和活动,否则将面临删减预算的风险。各州政府要达成的目标准则有:第一,提供救助给低收入家庭;第二,通过促进工作,提供职业训练及鼓励婚姻的方式,逐步减少受助者对政府的依赖程度;第三,预防并降低非婚生育的现象;第四,增加并维持正常婚姻关系的家庭数目。同时,联邦政府还列举了9种就业相关活动(表8-1),包括文凭训练、技能训练、提供工作岗位、以工代赈和托育服务等,以供各州规划工作参与方案。

表8-1 美国联邦政府就业救助活动

就业活动	定义
受补助的就业	由公共补助部分(全额)薪资及雇佣支出公部门和私部门就业
寻职或就业准备	为求职的相关准备活动,包括心理咨询、勒戒、复健等,需由专业医疗和心理咨询师评估
社区服务	贫困家庭临时救助受助者在受公部门或非营利团体补贴的社区工作
工作经验	对于无法找到全职工作者,培训个人与工作相关的技能知识
在职训练	公私部门提供受雇者知识或技术训练
技能教育训练	为个人现有或预期中的就业机会提供与之相关的教育计划,受助者最长受训时间为12个月
儿童托育服务	提供儿童托育,使领取现金的受助者可以参与社区服务计划
与就业相关的技能训练	按照雇主所需提供训练和教育,使受助者获得就业所需技能,或是适应工作环境变化
完成高中学历计划	针对未完成高中学业或取得文凭的受助者,使其参加高中或是相等课程,取得文凭

各州在满足以上准则和活动要求外,均可按照自身情况的不同制订不同的具体实施方案,包括自行修订领取福利的资格条件、福利给付的多少、制裁措施等,与之前相比较,州政府拥有更多的自主权。

美国工作福利政策自实施以来,取得了一定的效果:第一,救济人数减少。据美国政府统计,自1996年《个人责任与工作机会调和法案》制定以来,登记在册需要社会福利救济的人数从1996年的1 220万人减少至2002年的530万人,2005年减少至500万人[1]。其中,白人下降速度比非裔和拉丁美洲人快。到2002年,将近1/3的人正在工作,是4年前的3倍[2]。第二,就业状况改善。工作福利制度实施后,美国的就业率相应提高,特别是对于女性而言,就业率从49%上升至65%[3];原来领取福利救济的母亲参与工作,尤其是那些未婚的母亲,就业率从1993年的44%上升到2000年的66%,贫困率从15.1%下降到11.3%。第三,积极反贫困效应。美国工作福利制度主动遏制福利依赖,提高了美国贫困人口效率意识和资源利用意识

二、英国有关就业救助政策的改革

英国有关就业救助政策的改革是将"失业福利"转向"工作福利",改革的核心思想

---

[1] 周昌祥. 防范"福利依赖"的思考. 经济体制改革, 2006, (6): 151-154.

[2] Handler J F. Social citizenship and workfare in the United States and Western Europe: from status to contract. Journal of Europen Social Policy. 2003, 13 (3): 229-243.

[3] 赵淑芬,黄光芬. 美国工作福利制对中国低保救助的启示. 云南行政学院学报, 2007, (6): 114-118.

是鼓励人们积极就业，重点是瞄准那些准备再就业的人实施"工作福利"。

1. 政策规定

1998年，布莱尔政府出版了《英国的新蓝图：一种新的福利契约》的绿皮书，开始推动一系列福利制度改革。在就业救助方面，政策主要针对以下几类人员。

（1）失业青年。要求失业6个月的18~24岁的年轻人，必须从以下四种方案中做出选择：在私人部门工作，雇主得到补助；在志愿性部门工作；从事环境保护工作；接受全职教育或培训。

（2）单身父母。政府制订特别行动计划，通过工作寻求、建议和培训，帮助单身父母找到工作。必要时，可以为那些再次全职学习的单身父母提供小孩的照看服务。1998年10月这项计划推广至全国。

（3）长期失业人员。自1998年6月以来，雇主如果雇佣一个已失业两年或两年以上的失业者，可获得为期6个月的每周75英镑的现金补助，年龄超过50岁的人还可享受特殊援助。该计划到1998年1月实施。

（4）长期患病人员。这类人除了获得现金补助外，还可获得就业帮助。计划的目标是帮助残疾人或长期患病的人找到工作，或者帮助那些已工作的人继续工作。

英国法律规定，凡领取失业救济金的失业者，必须到职业介绍部门登记待业，并准备接受提供任何工作机会，否则将降低或取消其社会救济金。如果接受社会救济的家庭或个人获得其他收入，救济金也会随之降低。此外，还有一些条件限制，如参加劳资纠纷的雇员，其本人不得享受救济，只能领取其家属的救济部分。

2. 政策激励

英国的工作福利注重增加工作回报，主要通过减免所得税、提高单亲家庭孩子照料费用资助标准等途径来创造有利条件，协助受助者寻找工作。2000年企业雇主雇佣年轻人的费用降低了25%，达到每月120欧元，时限为6个月。这6个月中，还有另外1 200欧元用于支付工人的培训费用。1999年10月，英国实施"工作家庭税收抵免"（Working Families Tax Credit）以取代原有的"家庭抵免"（Families Credit）项目，新项目使受益人数从不足83.3万人增加到130万人，同时救济金的发放比率从70%降到了55%。另外，英国把房屋救济金和议会税收救济金领取的时间延长了4个星期，也就是说，在找到工作之后，仍然可以享受近1个月的救济。2001年其又将这一政策推广到抵押利息支付上。

3. 具体措施

英国政府对于长期失业人群提供了多种方案。对于18~24岁连续领取失业救济金6个月以上的失业者，在就业中心工作人员帮助下积极寻找工作或参加短期的技能培训，期限为4个月。如果不能成功就业，受助者进入以下几个选择阶段：第一，雇主选择阶段。就业的前6个月，雇主每周可以得到60英镑的政府工资补贴，另外可以得到750英镑的培训费用补助。第二，参加最长达12个月政府规定的教育或培训计划，享受与"求职者津贴"相当的政府补贴。第三，到志愿部门工作，领取工作或不低于"求职者津贴"和400英镑的补贴。而对于25岁以上连续失业2年以上的失业者，他们可以有两种选择：一是为他们提供为期12个月的全日制教育培训机会；二是新的工作机会。雇主如果雇佣一个已失业两年或两年以上的失业者，可获得为期6个月的每周75英镑的工资补助，雇佣超过50岁的失业者还可享受特殊补助。对于"单亲父母"而言，政府将付给每周至少工作16小时的受助者250英镑的补助。工作应急基金将为单亲父母承担就业后前两个月的应急费用，期望减轻他们的后顾之忧。同时，政府还支付正式儿童照顾的所有费用和提供工作贷款[①]。

三、日本有关就业救助政策的改革

生活保护制度是日本社会保障制度的重要内容，进入21世纪后，日本经济危机和人口老龄化加剧，促使了日本对生活保护制度进行改革。2013年日本通过了《生活保护法修正案》及《社会保障改革计划法案》，确定了改革的计划和进程。

1. 政策规定

《生活保护法修正案》提及，在领受政府生活保护金期间，如果领受者参加工作，并且获得收入的情况下，将减少其领取的保护金。为提高领受者的劳动积极性，现在规定减少的保护金将由地方自治体保管，当领受者摆脱领取生活保护金的困难生活时，这些保护金将作为政府的发放金发给领受人。通过这样的规定，激励有劳动能力的生活保护对象积极寻找工作，提高劳动者就业的积极性。

针对新增贫困人口中不少是有劳动能力的年轻人这一现象，从2005年开始，日本启动了旨在帮助生活贫困者自立的"自立援助项目"。2009年以后进一步强化这些措施，并和社会福利措施以及职业安定所项目等共同构建生活保护受给者早期就业促进平台，将生活保护内容与职业训练、再就业以及在接受培训和寻找工作过程中的生活费救助、住宅救助结合起来，并利用民间职业介绍所、民间非营利组织等多方力量，为贫困者早日就业自立提供全方位的支援。

2013年5月17日，日本通过了《生活穷困者自立支援法》，在2015年4月开始实施。这项法案旨在促进领取生活保护费的生活贫困者自立，如法案规定，永久对失业、没有住所的人，在一定时期内发放房租补助金，还规定了在地方自治体设置咨询窗口。

2. 政策激励

日本工作收入认定的行政实务考虑到社会救助自我负责的自立目的，原则上由救助需求者自行申报。但由于日本最低收入门槛是以非就业家庭的水准设置的，因此认定工作收入时还会再考虑到"工作所需花费"和"促进工作的意愿"设置实报实销（通常设有上限）和定率的工作收入扣除额。前者是指，一般认定工作收入前会扣除社会保险费、必要通勤费、工会会费等实际花费；后者则指提供各种促进工作意愿的扣除额，甚至是扣除因就业而导致的托育花费和有助于低收入户自力更生的贷款清偿额，而目前仍有扩大扣除金额范围的讨论。为提供就业诱因，在生活保护的收入认定部分设置扣除额，2013年生活保护制度的改革提高了工作收入扣除额的额度，至少15 000日元；并增加以求职

---

① 曹强. 当代英国公共服务改革研究. 济南：山东人民出版社，2009：96.

为条件为期 6 个月的就业活动促进费。生活保护法设立的就业自立给付金，以脱离社会救助为给付条件鼓励其就业脱贫。制度的最终目的是回归自立概念，缩小生活保护制度的出口，确保有工作能力者有足够的经济自立、日常生活与社会自立条件后，再将其推出生活保护制度。

3. 具体措施

在日本就业支援方面，主要包括两种形态：一是由全国福祉事务所各自设计各种自立支援方案，由福祉事务所新配置就业支援员独立执行就业自立方案。二是借由厚生劳动省以逐年编列预算的方式，由公共职业安定所进行"生活保护受领者等之就业自立促进事业"[①]，加强福祉事务与公共职业安定所的合作。概括而言，生活保护受领者的就业自立促进事业仍维持既有两个机关的分工合作，但借由公共职业安定所的就业支援领航员和协调人与福祉事务所的个案协调人等成员共同组成的就业支援选单小组，试图形成无缝式机构转介。2013 年生活保护制度的改革，更导入"阶段性支援"与"陪伴性支援"的想法，配合个案需求与阶段状况，加强与公共职业安定所的链接。

《生活贫困者自立支援法》针对有工作能力的受助人口设计了以下五个阶段：第一，刚开始接受保护阶段。为避免因长期失业而增加进入职场的难度，在受助者同意下，订立为期 6 个月的自立计划，全力协助受助者尽快就业，并对积极参加就业活动或就业支援方案的受助者，定期补助活动经费。第二，陪伴性支援（生活保护后的 3~6 个月）。对于难以在 6 个月内脱离保护的受助者，由于安定的生活节奏与逐渐积累的工作经验同样有助于之后的就业，故在尊重当事人意愿下，鼓励其先参加低薪的临时非全日制工作，确保其社会参与的机会。第三，开始就业阶段，增加工作收入扣除比例的制度设计，增强工作诱因。第四，脱离生活保护阶段。由于一旦脱离生活保护，无法获得现金补助，连许多相应的减免和补助也会丧失，因此要设法提高脱离生活保护制度的诱因。在这一背景下，"就业收入累计制度"被提出，在领受政府生活保护金期间，如果受助者参加工作获得收入，其领取的部分保护金将由地方自治体保管，直到未来获得安定，这些保护金将由政府再发还本人。第五阶段，脱离生活保护后，持续给予支援仍然是必要的，但由现任福祉事务所的个案工作者持续接触将产生心理压力，因此这被认为有必要由之后创设的"咨商援助事业"实施机关进行持续性的支援。

第三节 中国香港地区就业救助

1997 年后，受东南亚经济危机和产业结构调整的影响，香港数以万计的劳动者被迫失业。面对严重的失业问题，香港特别行政区政府强调失业者遭遇经济困难，可向社会福利署领取援助。除此之外，社会福利署及其资助机构辖下的服务单位也为失业者及其

---

① 这是 2013 年新创的行政计划，其前身为 2005 年的生活保护受领者等就业支援事业与 2011 年以福利促成就业支援事业。

家属提供各类不同的社会福利服务。

1. 政策规定

1999年6月,香港社会福利署推出"自力更生综合就业援助计划"(简称"综援"),委托非政府机构以家庭为基础,为健全"综援"申请人提供一站式的综合就业援助服务,在为身体健全的"综援"申请人提供现金援助的同时,鼓励及协助他们寻找工作,达到自力更生的目的。"综援"直接面对的群体是年龄在15~59岁,包括:失业或每月从工作中所赚取的收入或工作时数少于社会福利署规定标准的申请人;最年幼子女年龄在12~14岁的单亲家长和儿童照顾者。对于失业"综援"申请人而言,强制参加这一计划,才符合领取"综援"的资格。失业"综援"申请人必须寻找每月工作时数不少于120小时及收入不少于社会福利署所定标准的有薪工作。最年幼子女年龄在12~14岁的"综援"单亲家长和儿童照顾者须寻找每月工作时数不少于32小时的有薪工作。

香港"自力更生"计划列出了若申请人拒绝签署求职人士承诺书或未能履行该承诺书内所列明的事项,社会福利署会向失业"综援"申请人停止其"综援",终止向其及家庭成员继续发放已批核的"综援"金以及要求其偿还未能履行承诺而多领的"综援"金。社会福利署也会扣减有最年幼子女,即年龄介乎12~14岁的"综援"单亲家长和儿童照顾者的"综援"金每月200元。

2. 政策激励

香港"综援"规定:领取"综援"不少于两个月的个案,无论受助人的类别,可享有豁免计算入息的安排。现时的失业"综援"受助人每月豁免计算的入息最高为1805元。15岁或以上的受助人从新工作赚取的首月工资,可获全数豁免计算,但受助人必须在过去两年内未获此项豁免。同时,受助人每月可获得工作入息豁免,前800元全数豁免,之后3400元可获半数豁免。除此之外,还享受交通补贴等。豁免计算部分入息的目的是让受助人应付与就业有关的开支,鼓励受助人继续工作。

此外,香港特别行政区政府于1992年6月开始制订一系列劳动就业计划:一是中年人士就业计划。政府给予雇主培训津贴,鼓励他们聘请40岁或以上失业人士。雇主如聘用40岁或以上的求职人士担任全职长工,并提供在职培训,可获得每月1500元的培训津贴,每3个月为限。二是工作试验计划,为寻找工作有特殊困难的求职人士提供一个月的工作试验,提升其就业能力。在圆满完成工作试验后,每位试工者可获5000元津贴。三是就业展才能计划。每聘用一名残疾求职人士,雇主可获发相当于残疾雇员每个月工资的一半,以3个月为限。四是展翅计划,为15~19岁离校人员提供一系列与就业有关的培训、工作实习、择业辅导及支持服务。在一个月的工作实习期,学员可获2000元津贴。五是青少年见习就业计划,为15~24岁的人员提供在职培训。雇主每聘用一名学员,便可获每月2000元的培训资助,培训期6~12个月。六是本地家务助理特别津贴奖励计划,如家务助理愿意跨区或在特许时段内工作,可申领每天50元以及每月最高1200元的特别津贴。

3. 具体措施

香港就业援助计划包括一般就业援助服务、加强就业援助服务(包括训练及工作体验服务)、"欣晓"计划服务和"走出我天地"计划。

第一，一般就业援助服务。其主要包括：定期与服务使用者面谈并提供就业建议；帮助服务使用者订立个人求职计划并定期做出检讨；协助服务使用者取得最新的劳工市场信息及安排就业选配；评估服务使用者的需要以安排他们接受其他合适的就业援助服务及考虑转介服务使用者接受福利服务；向成功就业的服务使用者提供最少3个月的就业后支援服务，鼓励服务使用者持续工作。

第二，加强就业援助服务（包括训练及工作体验服务）。其主要包括：提供一般就业援助服务；安排与就业有关的训练（如基本社交技巧、求职技巧及技能提升的训练）及提供工作体验服务（如园林美化、社区服务、工作实习以及具有规范性的义务工作等）。

第三，"欣晓"计划服务。其主要包括：定期与服务使用者会谈并提供就业建议；提供辅导服务以强化服务使用者的就业意识；协助服务使用者订立个人求职计划并定期做出检讨；协助服务使用者取得最新的劳工市场信息及安排就业选配；安排与就业有关的训练，如基本社交技巧、求职技巧及技能提升的训练；提供其他的支援服务，如照顾子女的信息；向成功就业的服务使用者提供最少3个月的就业后的支援服务，鼓励服务使用者持续工作。除此之外，社会福利署委托营运机构为有需要的服务使用者提供及时的经济援助，协助他们应付在寻找工作期间或就业初期所需的开支及接受工作体验服务的交通费。

第四，"走出我天地"计划。其主要包括：向服务使用者提供深入辅导；安排激励性/纪律性训练；协助服务使用者取得最新的劳工市场信息，安排就业选配及工作实习；转介合适的服务使用者参加劳工处的"展翅青见计划"；向成功就业的服务使用者提供最少3个月的就业后支援服务，鼓励服务使用者持续工作。

2014年，香港"关爱基金"推出进一步试验性质的鼓励"综援"的就业奖励计划，为期3年。方式为通过随机抽样方式选出2 050名"综援"受助者进行奖励。在奖励计划下，若"综援"受助者每月工作时数不少于120小时及收入高于4 200元，他们可将每月超过豁免计算入息限额的收入累积起来，当累积到家庭资产限额的两倍时，关爱基金做等额拨款，获得一笔全数奖励金额并脱离"综援"。

第四节 中国内地就业救助[①]

一、我国就业救助发展历程

在中华人民共和国成立后，中央政府面对着大规模的失业问题。1950年政务院发布了《救济失业工人暂行办法》，对当时400多万名失业人员进行了妥善安置。同时根据生产自救方针，发动社会各界成立了合作社，将因常年战争造成的伤残士兵组织起来从事手工业或小型加工业生产。之后，为进一步促进残疾人的就业，1957年，国务院内务部、财政部和中国人民银行联合发出《关于城市烈属、军属和贫民生产单位的税收减免和贷

[①] 本节中的中国和我国均指中国内地。

款扶助问题的通知》，首次对残疾人就业救助税收进行减免。这一时期，我国的就业救助制度开始萌芽，但救助对象较单一，主要针对失业工人和残疾人进行救助。

十一届三中全会后，我国的就业救助工作得到恢复和快速发展。1980年，全国劳动就业工作会议提出在国家统筹规划和指导下，实行劳动部门介绍就业、自愿组织起来和自谋职业相结合的方针。1982年，我国宪法规定"国家和社会帮助安排盲、聋、哑和其他有残疾公民的劳动、生活和教育"的法律条款。1986年7月，国务院发布了我国第一部失业保险法规《国营企业职工待业保险暂行规定》，这一法规的发布标志着我国失业保险制度初步建立，以配合国有企业改革和劳动制度改革。

1998年，中共中央、国务院发布《关于切实做好国有企业下岗职工基本生活保障和再就业工作的通知》，切实保障下岗职工的基本生活，大力实施再就业工程，进一步推动了我国就业保障制度建设进程。1999年颁布实施《失业保险条例》。这一时期，我国的就业救助立法开始起步并得到初步发展，就业主体由单一化向多元化转变，就业渠道拓宽，竞争机制被引入就业领域。但鉴于当时我国国有企业处在改制阶段，就业救助涉及的对象仍比较单一，仅包括残疾人和国企下岗职工。就业救助方式也主要是保障基本生活，很少涉及就业困难群体劳动技能的提升。

2002年，中共中央、国务院出台了《关于进一步做好下岗失业人员再就业工作的通知》，确立了有中国特色的积极就业政策框架。2005年，国务院《关于进一步加强就业再就业工作的通知》对原有的就业政策进一步扩展和充实。2007年，设立公平就业专章的《就业促进法》正式颁布，一系列积极的就业政策被上升为法律规定，救助就业工作开始了长效化、法制化的征程。2008年，国务院发布《关于做好促进就业工作的通知》，进一步完善面向所有就业困难人员的就业救助制度。至此，救助对象不再只是残疾人、下岗失业人员，"零就业"家庭、失地农民也得到了应有的关注，就业困难群体的就业救助得到了较快的发展与进步。

2014年，国务院出台了《社会救助暂行办法》，以政府法规的形式确定救助除了由政府承担外，也倡导社会参与救助。同时专门设置了"就业救助"部分，明确了就业救助对象、工作要求及惩罚措施。此外，还出台了吸纳"低保户"再就业的鼓励政策，"吸纳就业救助对象的用人单位，按照国家有关规定享受社会保险补贴、税收优惠、小额担保贷款等就业扶持政策"。这些规定通过物质激励引导有劳动能力者积极就业退出"低保"，完善了之前政策关于"就业"的模糊之处。

《社会救助暂行办法》要求"县级以上地方人民政府应当发挥社会工作服务机构和社会工作者作用，为社会救助对象提供社会融入、能力提升、心理疏导等专业服务"。这些规定对消除救助对象"等、靠、要"思想，促进人们进入劳动力市场，形成一个自立自强氛围具有积极引导作用。

二、我国现行的就业救助

（一）救助对象

目前，我国就业救助的对象是指低保家庭中有劳动能力并处于失业状态的成员。《社会救助暂行办法》第四十三条规定："低生活保障家庭有劳动能力的成员均处于失业状态的，县级以上地方人民政府应当采取有针对性的措施，确保该家庭至少有一人就业"。

而就业援助的对象则更为广泛，在人力资源和社会保障部、中国残疾人联合会发布的《关于开展2016年就业援助月专项活动的通知》中，就业援助对象包括四类人员：一是符合认定条件的就业困难人员；二是残疾登记失业人员；三是最低生活保障家庭中有劳动能力并处于失业状态的人员；四是本地区确定的困难家庭离校未就业毕业生、因病致贫家庭成员、退役士兵、失地人员、戒毒康复人员、刑满释放人员等其他援助对象。《就业促进法》第五十二条规定："就业困难人员是指因身体状况、技能水平、家庭因素、失去土地等原因难以实现就业，以及连续失业一定时间仍未能实现就业的人员，就业困难人员的具体范围，由省、自治区、直辖市人民政府根据本行政区域的实际情况规定。"

（二）主要措施

我国现有法律中对于就业救助具有强制性就业要求，并设置了惩罚措施。《社会救助暂行办法》规定：救助对象应当接受人力资源社会保障等有关部门介绍的工作，确保最低生活保障家庭有劳动能力的成员至少有一人就业。我国就业救助由公共就业服务机构免费提供就业岗位信息、职业介绍、职业指导等就业服务。《社会救助暂行办法》同时规定：无正当理由，连续3次拒绝接受介绍的与其健康状况、劳动能力相适应的工作的，县级人民政府民政部门应当决定减发或者停发其本人的最低生活保障金。同时，《社会救助暂行办法》规定，国家对最低生活保障家庭中有劳动能力并处于失业状态的成员，通过贷款贴息、社会保险补贴、岗位补贴、培训补贴、费用减免、公益性岗位安置等办法，予以就业救助。吸纳就业救助对象的用人单位，按照国家有关规定享受社会保险补贴、税收优惠、小额担保贷款等就业扶持政策。

第一，贷款贴息。根据财政部、人力资源和社会保障部、中国人民银行《关于加强小额担保贷款财政贴息资金管理的通知》的规定，就业救助对象属于财政贴息资金的支持对象，财政贴息资金支持的最高小额担保贷款额度为5万元，小额担保贷款期限最长为2年。

第二，社会保险补贴。根据《国务院关于做好促进就业工作的通知》的规定，对各类企业招用就业困难人员，签订劳动合同并缴纳社会保险费的，在相应期限内给予基本养老保险、基本医疗保险和失业保险补贴；各地政府投资开发的公益性岗位要优先安排符合岗位要求的就业困难人员，并视其缴纳社会保险费的情况，在相应期限内给予基本养老、基本医疗保险和失业保险补贴以及适当的岗位补贴；对就业困难人员灵活就业后申报就业并缴纳社会保险费的，给予一定数额的社会保险补贴。就业救助对象属于就业困难人员，可以按照上述规定享受社会保险补贴政策。

第三，岗位补贴。《就业促进法》第五十三条规定，被安排在公益性岗位工作的，按照国家规定给予岗位补贴。《财政部 人力资源社会保障部关于进一步加强就业专项资金管理有关问题的通知》对就业专项资金安排使用公益性岗位补贴做了具体规定，就业救助对象属于就业困难人员，可以按照上述规定享受岗位补贴政策。

第四，培训补贴。《就业促进法》第四十九条规定，失业人员参加就业培训的，按照有关规定享受政府培训补贴。《国务院关于加强职业培训促进就业的意见》规定，对城乡未继续升学的应届初高中毕业生进行劳动预备制培训，按规定给予培训费补贴的同时，对其中农村学员和城市家庭经济困难学员给予一定生活费补贴。从各地情况看，培训标准根据培训类型和层次的不同，一般为 300~1 000 元，部分地区高级技能培训的补贴已超过 1 000 元。

第五，费用减免。根据《财政部　国家税务总局关于支持和促进就业有关税收政策的通知》的规定，对符合条件的就业救助对象，在 3 年内按每户每年 8 000 元为限额依次扣减其当年实际应缴纳的营业税、城市维护建设税、教育费附加和个人所得税。

第六，公益性岗位安置。《就业促进法》第五十三条规定，政府投资开发的公益性岗位，应当优先安排符合岗位要求的就业困难人员。政府投资开发的公益性岗位是指由政府作为出资主体，扶持或通过社会筹集资金开发的，以安置就业困难人员为主，符合社会公共利益需要的服务性岗位和协助管理岗位，在同等条件下，应当优先录用和安排包括就业救助对象在内的各类就业困难人员。

除此之外，经济发展状况较好、社会救助水平较高的地区也会在地方实践中配合采取培训和财务激励的措施。例如，《广州市最低生活保障办法》规定，达到法定就业年龄且具有劳动能力但未就业的最低生活保障对象，应当参加有关部门举办的就业培训，接受推荐就业。镇人民政府、街道办事处可以将达到法定就业年龄且具有劳动能力但未就业的最低生活保障对象委托给社工机构，由社工机构对其开展心理辅导、提升社会融入能力等服务。上海市则规定了"救助渐退"，对重新核算后应予扣除的抵保金部分，采取逐步扣除、逐月退出的办法，激励受助者参与劳动市场。

三、我国就业救助政策的发展趋势

借鉴国外发达国家社会救助政策的改革历程和发展经验，完善我国就业救助政策的关键在于消解"负激励"影响，给付转向以激活就业和提升能力为导向的积极发展型救助政策。

（1）实施分类救助，激活低保对象。从国外救助经验来看，有无劳动能力的甄别是各国制定救助政策的出发点和重要依据。对于没有劳动能力的受助群体，被认为是"值得"帮助的，需要长期依赖物质给付的基本救助制度。对于具有劳动能力的受助群体，救助措施是暂时性的，对其救助只是过渡性解决眼前的生活困境，就业和再就业才是脱贫自立的"最佳路径"，是治本之策。

激活"低保"对象，第一，应有"两个确保"：一是确保没有劳动能力的"低保"对象基本生活得到长期的综合性保障，使这部分最困难人群生计有保障、生存有尊严；二是确保法定年龄范围内且有劳动能力的"低保"对象基本生活得到暂时的过渡性保障。第二，瞄准"两个必须"：一是有劳动能力的"低保"对象资格是短暂性的，必须对其进行定期评估确认，并限定领取"低保"待遇的最长时限；二是必须提供"一人一策"的"就业脱保"激活方案，帮助他们自立自助，实现从"等饭吃"到"找饭碗"的转变。第三，完善"两项制度"：一是完善"低保"对象主动就业承诺制度。要求每一位有劳动能力的"低保"对象，签订自愿就业承诺书，积极主动地接受培训和自愿接受就业。二是完善"低保"对象的动态管理激励制度。对有劳动能力的"低保"对象，设立就业前的过渡期和就业后的缓冲期，以政策杠杆的方式增强低保对象的就业意愿。

（2）借鉴工作福利制度改革，建立激活救助体系。西方发达国家实施推进工作福利制，通过加大劳动就业激励，增加工作回报，消减了福利依赖，激活了救助群体，促使有劳动能力的受助者达到就业和经济上的独立。我国社会救助制度长期以来主要定位于保障基本生活，通过简单发放低保金等方式实施社会救助，手段单一，管理粗放，使"低保"救助总体上还处于"守"势，无法成为增强社会活力的政策工具，因此，需要从以下几方面进行调整。

第一，救助激活体系的目标定位要高。救助激活体系目标不能仅局限于保障基本生存需要，还要重视治本脱贫与发挥人的潜能。因此，在救助手段上，需要从现金救助到服务救助、从单一救助向综合救助的转变。救助激活体系目标面对的是贫困群体，激活"低保"对象更需要理解和尊重，不只是经济上的单纯给付金钱或物质，更强调给予的扶助能帮助被保护者自立，即不仅帮助其获得经济生活上的自立，而且帮助其获得人格的自立，特别是精神上的非依赖性。因此，救助激活体系由社会助力和社工助力两方面构成。一是需要社会助力。针对"吃低保为荣""抱着低保金过日子"等错误观念，营造"救贫不养懒""应急不包揽"，尊重劳动、助者自助的新风。发挥典型引路和人物示范作用，在有劳动能力的贫困群体中树立"谁有劳动能力，谁就有责任工作"的正气，打掉"一旦入保，不会退保"的想法。二是需要社工助力。通过政府购买社会救助服务，积极推动专业社工进入城市低保家庭开展就业服务，助力积极就业。

第二，救助激活体系的各种运行机制要全。一是建立健全需求发现机制，通过政府购买服务，将适合由社工服务机构和社工承担的对象调查、需求分析和政策效果评估等事务剥离出来，交给社工服务机构和社工承担。二是建立健全服务承接和转介机制。通过发挥社工服务机构和社工在提供社会融入、能力提升、心理疏导等专业服务方面的优势，逐步形成低保对象"有困难找社工"的良好局面。加快建立社区"一门受理"平台基础上的服务分流转介机制。由"全科社工"进行综合评估和初步服务后，再根据低保对象的不同需求，将其转介给专门的社工服务机构，使低保对象的需求得到有效和及时介入。三是建立健全联动机制。救助激活体系涉及多部门和多单位，在"政府领导、民政牵头、部门配合、社会参与"的管理格局中，需要明确各部门的工作职责，通过联席会议形式解决协作中的主要问题，使救助激活形成统一的有机整体。

总之，要充分发挥社会救助的功能与作用，就需要把社会救助与扶贫开发、能力援助相结合，把重点转移到提升困难家庭自我发展上，实现由传统给钱给物的"救济型助人"，向现代注重能力发展的"扶助型助人"的转变。除保障救助对象基本的生活之外，更需要提升受助者的自我发展能力，如构建高效的就业培训机制，提升受助者劳动技能，加强就业指导与推介，提升受助者的社会参与和就业竞争能力。推行多元化的救助方式，加强对受助者的社会参与支持和心理扶持，构建有助于受助者脱贫致富的社会支持网络。

【本章小结】

就业救助是建立在家计审查基础之上,由国家为促使具有劳动能力并处于失业状态的贫困者参与劳动市场而实施的一系列措施。就业救助具有强制性、惩罚性和非职业性三大特征。就业救助的形式多样,发达国家就业救助通常采取三种形式,分别为强制性快速就业、培训和财政激励,而发展中国家通常采用以工代赈、小额信贷和培训的措施。不同的国家会根据不同的国情采用不同的混合方式。

我国就业救助的发展大致经历了萌发、发展、改善三个阶段。目前,我国就业救助的对象是指低保家庭中有劳动能力并处于失业状态的成员。我国现有法律中对于就业救助具有强制性就业要求,并设置了惩罚措施,通过贷款贴息、社会保险补贴、岗位补贴、培训补贴、费用减免、公益性岗位安置等办法予以就业救助。吸纳就业救助对象的用人单位,享受社会保险补贴、税收优惠、小额担保贷款等就业扶持政策。除此之外,经济发展状况较好、社会救助水平较高的地区也会在地方实践中配合采取培训和财务激励的措施。

【关键术语】

工作福利　强制就业　培训　财务激励　激活失业者

【案例】

政社合作助力就业困难人员

2015年,民政部、财政部共同发布了《关于加快推进社会救助领域社会工作发展的意见》,明确提出社会救助领域社会工作服务机构和社会工作者的服务内容主要为提供社会融入服务、能力提升服务、心理疏导服务、资源链接服务和宣传倡导服务。在资源链接方面,可以帮助救助对象链接生活、就学、就业、医疗等方面的政府资源与社会资源。近年来,各地政府逐渐开展制度创新,将由自己独自承担的公共就业服务转给社会组织来共同承担,社会力量参与成为助业服务的主体。

1. 创新:安吉乐助业服务所

上海静安区安吉乐助业服务所是一个专门从事就业救助的社会组织。自2010年2月成立以来,安吉乐助业服务所通过社区接待、声讯服务、网络服务和举办主题活动等方式,为社区求职者提供助业服务达两万余人次,岗位推荐9 000余人次,成功帮助社区困难人群实现就业3 000余人次。安吉乐助业服务所以满足社区就业困难人群多元化需求为目标,帮助他们融入社会、促进就业,通过项目化操作方式,开展通过社会组织对社区内各类就业困难人员进行常态化促进就业的服务工作。

起初,安吉乐助业服务所承担职能众多,工作量非常大,无法对每一个青年做深入细致的职业指导。为解决这些问题,政府创新方法,着手三个转变,即从贴人头到贴机制,探索将岗位补贴的钱用到能促岗的机制建设上;从政府为主到社会为主,探索以社会组织承接项目的方式让社会力量参与到就业促进工作中;从管理服务者到策划设计者，从事务堆中解脱出来，探索设计更多的项目。安吉乐助业服务所充分调动各方积极性，合理运用就业促进资金，使其发挥最大效能。

2. 项目："展翼"小屋和"微谷"

上海静安区政府提出了以项目为抓手提高就业促进工作水平。把落实项目作为实现促进就业的支撑，引用项目管理理念和运作模式，建立与促进就业目标相符的项目体系。同时，建立广大社会组织参与项目的渠道和平台，整合社会各方资源，引导社会力量参与就业促进工作，进一步提高项目的执行力。通过项目运作，安吉乐助业服务所当年宣传服务超 1 000 人次，指导服务 387 人次（包括接待和各种活动），青年成功上岗 261 人次，占当年目标数 1 000 人的 26%，按照此进度，社区促进就业率会实现真正意义上的提高。

"展翼"小屋项目就是其中之一。"展翼"小屋项目计划在社区网格内进行 5 个居委会试点，形成启点工作站延伸服务网络，建立各居委会青年劳动力资源数据库，在外网建立援助交流网络平台。同时，该项目在各居委会、社区单位中招募有人事干部经历、有公益爱心的就业援助志愿者，义务提供岗位信息源和相关服务，定期对志愿者"一对一"就近开展个性化职业指导服务。

2016 年，安吉乐助业服务所策划和实施了"微谷"项目：通过"孵化器、加速器运管服务"的资源整合，让就业困难群体走上自主创业之路。受助对象小汪，初中学历，求职困难，全家依靠丈夫理发为生，家庭收入低。在"微谷"项目中，小汪和其他受助对象在安吉乐助业服务所的实训基地接受产后康复中医理疗技师培训，培训结束后进行实操，通过考核后被安排计时上门服务。在实训中，导师根据个人的情况先进行创业能力测评，根据测评的结果，将受助对象编入不同的组群，为接下来的培育孵化发展创业团队奠定基础。

3. 推广：政社合作

社会力量参与成为助业服务的主体，其直接效应就是让社区的求职者得到公共就业服务的精准推送和专业社会组织的个性化差异服务；其间接效应就是改变了政府包揽一切公共服务的模式，为创新社会管理和社会服务做出了有益的实践。

社会组织的发展，离不开政府的支持。安吉乐助业服务所所在的临汾路街道通过发动就业援助员、居委会干部、社区志愿者等多方力量，帮助安吉乐助业服务所提高知名度和公信力，使其能够迅速融入社区开展工作。临汾路街道充分考虑到社会组织市场化的特性，形成政府出资购买服务的模式，既解决安吉乐的后顾之忧，又确保项目的成功实施。为扶持安吉乐的发展，临汾路街道免费提供场地和设备，支持安吉乐助业服务所各类助业项目的开展；提供人力支持，培育社区助业志愿者队伍；通过政府购买服务的方式给予资金扶持。几年来，临汾路街道先后共投入 100 多万元购买安吉乐助业服务所助业服务。

临汾路街道办事处副主任李斌表示："政社合力助业的成效取决于合作方向的把握，取决于合作机制的建立，取决于社会组织的发展能力和项目承接能力。只有双方秉承公益理念，优势互补，精诚合作，才能共同把社会助业的蛋糕做大做好。"

资料来源：李小彤. 政社合力给就业困难人员一片天. 中国劳动保障报，2016-08-04

【复习思考题】

1. 简述就业救助的概念与特征。
2. 就业救助的主要形式有哪些？就业救助与就业援助的联系与区别是什么？
3. 简述欧美国家就业救助的经验措施。
4. 谈谈我国就业救助的主要形式及其发展趋势。

第九章

临时救助

临时救助作为一种应对各类突发性风险的化解机制,在及时保障救助对象基本生活方面发挥了重要的作用。从世界范围来看,近年来,各国政府正不断重视对临时救助制度的建设,临时救助逐渐成为各国社会救助体系的重要组成部分。

第一节 临时救助概述

一、临时救助的概念

以往政府对社会救助项目的设置主要是围绕一些传统的社会风险开展的,如生活救助、医疗救助、住房救助、教育救助等项目,但在当前风险社会的背景下,人们往往会因紧急事态导致生活突然陷入困境,却无法覆盖在传统社会救助项目之下。这就需要建立临时救助项目,以满足其基本生活的需要。

临时救助具有狭义与广义之分。在狭义上,临时救助主要是指政府与社会为遭遇突发性与意外性事件导致基本生活陷入困境,而其他救助项目又覆盖不到的个人与家庭给予的紧急性救助。在广义上,临时救助除了政府与社会对困境个人与家庭给予的紧急性救助之外,还包括为短期内因生活必要支出急剧增加,而在接受现有救助项目后仍超出其承受能力的个人与家庭所提供的补充性救助。

作为社会救助体系的重要组成部分,与常规性救助项目相较,如生活救助项目及各类专项救助项目,临时救助与这些救助项目之间并不是包含或是简单叠加的关系。相较于生活救助所起到的基础性救助作用,以及专项救助所起到的需求针对性救助作用而言,临时救助主要发挥的是临时性和过渡性救助的功能。

二、临时救助的基本特征

1. 应急性

应急性是临时救助的主要特征之一。在现代社会中,危险和潜在的威胁释放达到了一个前所未有的程度,已经成为当代社会难以规避的境遇[①]。在这个高风险和高不确定性的风险社会中,一些个人和家庭,尤其是对于那些风险抵御能力较低的群体而言,可能会因突发性、偶然性事件突然陷入生活困境。对此,临时救助最重要的目标就是要紧急应对个人与家庭发生的各种突发性困难,及时帮助这些个人与家庭摆脱临时困境,使其尽早尽快地恢复生计。

2. 短期性

由于临时救助是一项为解决社会成员突发性生活困难而建立的社会救助项目,所以这种救助的给付往往是非连续的或是过渡的,在一定时期内被救助者获取临时救助的次数或获取临时救助的期限也都是有限的。这与其他一般社会救助项目,如生活救助、医疗救助、住房救助、教育救助等所提供的长期化、经常化救助存在本质不同。

3. 需求导向性

随着现代社会中贫困的发生越来越不可预测,不分收入与职业,任何人都有可能遇到各种紧急事件而导致生活突然或暂时陷入困境,都有可能成为救助的对象。鉴于此,临时救助对象的确定不仅限于个人与家庭的收入与资产情况,而应该更加多地考虑所遇困难的大小与实际救助的需要。凡是发生临时性生活困难的个人与家庭都有获取临时救助的权利,凡是认定有临时救助需求的个人和家庭都应予以临时救助。

4. 基本保障性

任何一项社会救助项目的根本目标都在于满足救助对象的基本生存需要。这就要求临时救助也必须以维持最基本的生活水平为给付原则,根据救助对象的致贫原因与困难程度等因素合理确定救助的对象范围、救助的方式,以及给付的标准,并针对救助对象所面临的实际困难给予相应救助,从而确保这些困难群体能够获得基本生活保障,帮助其渡过这一困难时期。

三、临时救助的主要内容

1. 临时救助的行为主体

临时救助作为社会救助体系中的重要组成部分,既是一项政府责任,也是一种社会行为。其中,政府和社会双方主体在临时救助中分别具有不同的角色定位,发挥不同的功能作用。

第一,政府对陷入困境居民的临时救助负有不可推卸的责任,是临时救助最主要的行为主体。政府在临时救助的实施过程中主要扮演政策制定者、资金提供者、救助供给

---

① 贝克 H. 风险社会. 何博闻译. 南京:译林出版社,2004:15.

者、救助规制者四类角色。具体而言，政府需要通过专门的法律和规章来建立和规范临时救助制度，确保临时救助的有效实施；需要对临时救助的顺利实施负有主要的筹资责任，为临时救助的顺利开展提供资金支持；需要直接提供救助资金、救助服务与实物给付，满足临时救助需求者多样化的救助需要；需要通过制定一系列规则与标准对临时救助的供给（包括政府供给与社会供给）进行审核、监督与管理，以规范临时救助的供给行为。

第二，社会力量在社会救助中具有自身的优势，能够弥补政府临时救助的不足与缺陷，是政府临时救助重要的补充力量与合作伙伴。对于企业、慈善组织、社区组织、社会工作者、志愿者等在内的社会力量而言，一方面，由于社会力量在运作上比较灵活，救助形式更为多样，其参与临时救助能够及时满足临时救助需求者个性化的需求；另一方面，社会力量能够为临时救助提供资金支持，即通过慈善劝募、社会捐赠等多种方式募集善款，以扩充或补充政府在临时救助方面的资金。另外，社会力量扎根于社会，更加贴近于社会大众与困难群体，可以迅速地发现救助需求和解决其救助问题。

2. 临时救助的施救对象

从世界各国来看，临时救助的保障范围主要包括急难型困难群体和支出型困难群体两类对象。

（1）急难型困难群体。其主要是指那些因突发灾害（如火灾、水灾等）、意外事件（如生产事故、人身事故、突然失业等），以及其他突发事件等原因，暂时收入骤减、财产损失，以及基本生活暂时陷入困难的个人与家庭。

（2）支出型困难群体。其主要是指因生活必需突然增加，基本生活成本超出收入与承受能力的个人与家庭；或因医疗费用、住房费用、教育费用、照顾费用等突然增加或支出过大，基本生活暂时陷入困难的个人与家庭。

3. 临时救助的给付方式

面对风险社会背景下救助对象需求的多样化，与其他救助项目相比，临时救助的给付方式更呈现出多元化的局面。具体来说，临时救助的给付主要包括现金救助、服务救助和实物救助三种方式（图9-1）。其中，三种给付方式既可以单独使用，也可以彼此之间组合使用。

（1）现金救助。现金救助是指临时救助资源以现金的形式提供，是最主要的临时救助方式。在大多数情况下现金救助主要是通过现金、汇款、借贷等方式直接发放给受助者，但同时也可以通过票券、税收支出等方式进行间接发放。这种救助方式能够使受助的个人与家庭具有很大的选择空间，自行决定如何使救助资金最大限度地满足自身的需要。

（2）服务救助。服务救助是指临时救助资源以社会服务的形式提供。服务类型主要包括医疗救助服务、教育救助服务、住房救助服务、就业服务、照顾服务、法律援助等专项服务，同时还包括基本生活救助项目、各类专项救助项目以及慈善救助的转介服务。由于受助的个人与家庭所获取的救助是一种非现金的形式，因此贫困者对救助资源的自

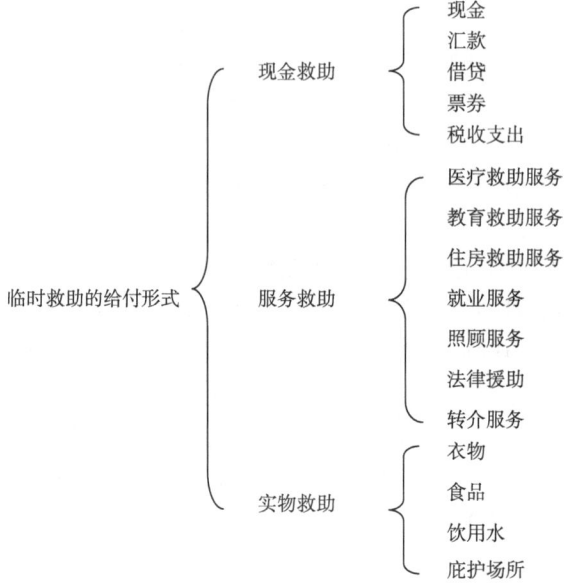

图 9-1 临时救助的给付形式

由使用度较低。

（3）实物救助。实物救助是指临时救助资源基于救助对象的基本生活需要，以生活必需物品的形式提供的救助。救助的内容通常包括发放衣物、食品、饮用水，提供庇护场所等。

第二节 国外临时救助

一、英国的临时救助制度

利用单向支付解决困难群体的紧急需要是英国社会保障制度的一个特色。从 20 世纪 30 年代以来，英国政府就已经设立了相关规定，对于满足额外需要而提出基本补贴之外要求的申请人提供一次性支付[①]。20 世纪 80 年代以来，以撒切尔夫人为代表的保守党政府加强预算控制及减少政府支出，英国议会于 1986 年通过了《社会保障法案》，设立了"社会基金"（Social Fund）。

社会基金是一种为应对死亡、生育、社区照顾、贷款以及其他资金危机和突发情况，为困难人群所提供特别需要的给付和帮助。社会基金在建立之时主要分为法定社会基金[②]（The Regulated Social Fund）和自由裁量社会基金[③]（The Discretionary Social Fund），

---

① 郑春荣. 英国社会保障制度. 上海：上海人民出版社, 2012: 291.
② 法定社会基金是一项针对满足特定资格条件的人所提供的补助金计划。
③ 自由裁量社会基金是一项当申请人符合某些特定条件时，政府根据具体情况进行判断并决定是否给予的补助金计划。

其中法定社会基金包括确保开端孕妇津贴（Sure Start Maternity Grant）、丧葬补助金（Funeral Payment）、寒冷天气补助金（Cold Weather Payments）和冬季燃料补助金（Winter Fuel Payment）。自由裁量社会基金包括社区照顾津贴（Community Care Grants）、预算贷款、危机贷款。2012年，英国议会通过了《福利改革法案》，废除了自由裁量社会基金项目[①]，并形成了一些新的援助项目。许多过去通过社区照顾津贴和危机贷款满足突发需求的责任转移到了地方政府。目前英国的社会基金包括如下项目：确保开端孕妇津贴、丧葬补助金、寒冷天气补助金、冬季燃料补助金、预算预支项目、地方福利援助计划（Local Welfare Assistance Scheme）及短期给付预支项目等。

1. 确保开端孕妇津贴

确保开端孕妇津贴是一项旨在帮助那些正在接受特别给付或税收抵免的具有婴儿直接需求人群的支出。该项津贴由社会基金予以一次性支付，并不需要资金偿还。申请人每生育一个孩子将会获得500英镑的补贴，并且确保开端孕妇津贴的获得不受任何储蓄或资产影响。

具体而言，想要获得确保开端孕妇津贴的申请人需要具备以下资格：申请人或其家庭成员已经怀孕或在过去的3个月里生育过小孩；或申请人及其配偶收养了一名未满12个月的婴儿；或通过父母责任令获得养育由代孕母亲生下的小孩，并且申请人或其配偶正在接受通用福利、收入支持补助金、基于收入的求职者津贴、与收入相关联的就业与支持津贴、养老金补贴、工作税收抵免。

2. 丧葬补助金

丧葬补助金是一项旨在帮助低收入者支付丧葬费用的支出。这项补助金通常需要从死者的财产中进行偿还，即使其财产数额无法足够偿还补助金额。丧葬补助金作为一项法定支付项目，其支付不受任何储蓄或资产影响，只要申请者满足以下条件皆可申请获取：去世的人是英国的普通公民，其死亡和葬礼一般情况下要发生在英国本土。然而在某些情况下，葬礼举行在其他欧洲经济区[②]（European Economic Area）或瑞士也可以获得丧葬补助金。但是所给予补贴的数额将会进行一定限制。另外，申请人及其配偶必须正在接受通用福利、收入支持补助金、基于收入的求职者津贴、与收入相关联的就业与支持津贴、养老金补贴、住房津贴、工作税收抵免、儿童税收抵免。

丧葬补助金能够帮助人们支付一个体面葬礼的费用。支出包括土葬的费用、火葬的费用、死者财产状况的公告费用、一些出差费用以及不超过700英镑的其他费用（如购买鲜花、葬礼经办人员的费用等）。

[①] 社区照顾津贴与预算贷款于2013年4月1日废止。申请者接受收入支持补助金、基于收入的求职者津贴、与收入相关联的就业与支持津贴，仍然可以接受申请预算贷款直到其转为接受通用福利（universal credit）。预算贷款也将对接受养老金补贴的申请者暂时保留。接受通用福利的申请者将有资格申请预算预支项目（budgeting advance）。

[②] 欧洲经济区的成员国为奥地利、比利时、保加利亚、塞浦路斯、捷克共和国、丹麦、爱沙尼亚、芬兰、法国、德国、希腊、匈牙利、冰岛、爱尔兰、意大利、拉脱维亚、列支敦士登、立陶宛、卢森堡、马耳他、荷兰、挪威、波兰、葡萄牙、罗马尼亚、斯洛伐克、斯洛文尼亚、西班牙、瑞典。

3. 寒冷天气补助金

寒冷天气补助金是一项旨在帮助支付困难人群在遭遇非常寒冷的天气时的额外供暖费用。这一补助项目的支付系统将符合条件的申请人与英国85个气象台之一进行捆绑。在每年11月1日至次年的3月31日这一天气寒冷的时段，如果某个气象台（申请人当地气象台）预测当地的日平均气温将连续7天低于0℃，那么申请人将会得到25英镑的补助金（每7天为一个补助期）。

寒冷天气补助金不需要申请者予以偿还，只要申请者满足以下一项条件皆可申请获取：获得收入支持补助金、获得与收入相关联的就业与支持津贴、获得基于收入的求职者津贴、获得养老金补贴、获得通用福利。另外，同确保开端孕妇津贴一样，寒冷天气补助金的申请也不受任何储蓄或资产影响。

4. 冬季燃料补助金

冬季燃料补助金是一项帮助符合资格的人支付冬季供热费用的年度免税付款项目。这一补助项目在每年的11月和12月之间采取一次性支付的形式发放。获取冬季燃料补助金的申请者应具备以下资格条件：一是年龄限制（申请者如获得2016~2017年冬季的补助需要在1953年5月5日或之前出生）；二是居住限制（申请者如获得2016~2017年冬季的补助需要在2016年9月19日到25日那个认定周在英国居住）。此外，如果有公民居住在瑞士或欧洲经济区并且与英国有真正联系，也能够获得补助金[①]。

符合资格者可以获得100~300英镑的免税付款帮助以支付其取暖费用。而具体补贴金额主要取决于认定周期间资格认定者的具体环境。

5. 地方福利援助计划

地方福利援助计划是在人们遭遇紧急状况或者发生不可预见的事件后对其给予的帮助以维持生活的援助项目，是用来替代原自由裁量社会基金中社区照顾津贴与危机贷款的一项新的社会资金项目。地方福利援助计划通常不以现金的形式发放，受援助者能够获得优惠券用以支付食品、燃料、衣服，以及较大的基本生活用品，如床、炉灶和冰箱等。

地方福利援助计划主要由地方议会运行，不同地区之间存在差异。以伦敦朗伯斯区（Lambeth）为例，在朗伯斯区，地方福利援助计划被称为紧急援助计划（The Emergency Support Scheme）。这一计划主要通过提供家具、家电、搬运与储存服务、家庭维修等服务，以及食品券、家用燃料费用等对紧急需求者进行支持。要想获取紧急援助计划，申请者需满足以下条件：年龄达到16岁及以上；已经住在朗伯斯区至少6周；接受了基于收入的求职者津贴、与收入相关联的就业与支持津贴、收入支持补助金、住房津贴、工作税收抵免、儿童税收抵免、养老金补贴、丧亲与孀妇补助、产假津贴、照顾者津贴、丧失工作能力补助等。另外，紧急援助计划的申请需要进行评估，评估主要基于需求的紧迫性和个人收入进行。

[①] 如果居住在塞浦路斯、法国、直布罗陀、希腊、马耳他、葡萄牙或西班牙将不会获取冬季燃料补助金，因为这些地区冬季平均温度要高于英国最热的地区。

6. 短期给付预支项目

短期给付预支项目是一项申请者可以获得特定福利款项预支的新的贷款补助（从2013年4月开始实施）。其设立是为了支持那些具有资金需要的人，以替代原来自由裁量社会基金中的预算贷款项目。

想要获得短期给付预支项目，申请者需要满足以下的条件：接受了收入支持补助金、基于收入的求职者津贴、与收入相关联的就业与支持津贴、丧失工作能力补助、通用福利、养老金补贴和国家养老金、产假津贴、丧亲与孀妇补助、照顾者津贴、工伤津贴。并且申请者需要证明其具有资金需要，即这一需要已经对申请者或其家庭成员（丈夫/妻子或孩子）的健康或安全构成严重危害。短期给付预支项目是一项需要偿还贷款的项目。申请者需要在获得贷款后3个月内进行偿还，特殊情况下还款时限可以延长至6个月。

7. 预算预支项目

预算预支项目是一项无息贷款项目，以帮助困难者一次性的或不可预见的支出。要想获得预算预支贷款，申请者需要满足以下资格：申请者必须获得为期6个月及以上的通用福利，并且需要资金以帮助其开始一份新工作或维持现有的工作；申请者在申请贷款之前6个月其收入必须少于2 600英镑（夫妻一共3 600英镑）；申请者或其配偶不能偿还之前的预算预支。

预算预支贷款可以支付一次性物品（如更换损坏的冰箱或家具）、意外支出、房屋维护或安全修缮费用、怀孕支出、葬礼费用、房租押金、衣物支出等费用。贷款的具体数额主要依申请者的具体情况而定，如申请者为单身没有子女抚养责任的给予100~348英镑、申请者配偶没有子女抚养责任的给予100~464英镑、申请者有子女抚养责任的给予100~812英镑，如果申请者拥有超过1 000英镑的财产将给予更少的资金。另外，预算预支贷款作为一项还款项目，申请者必须在12个月内偿还贷款，特殊情况下还款时限可以延长至18个月。

二、澳大利亚的临时救助制度

在澳大利亚，如果人们遭遇了严重的经济困难、正在从灾难中恢复，或是需要特殊帮助，政府会制定一些救助项目对这些困难者进行援助，如提前支付计划（Advance Payment）、危机补助金（Crisis Payment）、特殊救助金（Special Benefit）、养老金贷款计划（Pension Loans Scheme）等。

1. 提前支付计划

如果个人遭遇危机处境，并且已经接受了一项收入支持项目，则能够从其所获得的收入支持支付项目中领取一笔提前支取资金。即想要获取提前支付的资格，申请者需要接受一项收入支持项目，如申请者已获取3个月的养老金、照顾者补助、残疾人支持养老金、农户津贴、新起点津贴、家长补助金、孀妇津贴、孀妇B抚恤金、妻子抚恤金和青年求职者津贴等有时间限制的项目，或是接受土著居民学习津贴、居民学习津贴、A

类家庭税收补助和行动不便者津贴等无时间限制的项目。

提前支付的标准：一是对于养老金、照顾者补助、残疾人支持养老金、孀妇B抚恤金和妻子抚恤金的支付而言，如果申请者为单身，最低支付414澳元，最高支付1 242澳元。如果申请者有配偶，则最低支付312.1澳元，最高支付936.3澳元。二是对于土著居民学习津贴、居民学习津贴、新起点津贴、家长补助金、孀妇津贴、青年求职者津贴和农户津贴的支付而言，申请者只能够在12个月内得到一项提前支付金，最高支付500澳元，最低支付250澳元。支付数额可以一次全部领取也可以分两次领取（农户津贴只能一次全部领取）。三是对于A类家庭税收补助的支付而言，一次性提前支付最高的为申请者每年A类家庭税收补助的7.5%。四是对于行动不便者津贴的支付而言，申请者只能在12个月内得到一项相当于13次隔周发放的行动不便者津贴的提前支付数额的补助。需要注意的是，申请者通过收入支持项目所提前支取的资金事后需要进行偿还。

2. 危机补助金

危机补助金是一项对那些正在遭遇困难或极端处境下的人所给予的一次性补助项目。其获取资格主要取决于申请者目前的处境，即是否处在严重的经济困难之下。其中，严重的经济困难的标准主要为：如果申请者为单身，其可支配资金少于两周收入支持项目的数额；如果申请者已婚，其可支配资金少于四周收入支持项目的数额。

具体而言，困难人员要申请危机补助金需要符合以下条件：有资格获得或正在接受收入支持补助金；满足相关居住条件；正处于严重的经济困境；在发生以下事故后7天内提交救助申请，即申请者因为极端处境如遭遇家庭暴力离家不能返回，并且已经新组建或是有意向组建新的家庭；申请者由于自然灾害已经离家，并且已经新组建或是有意向组建新的家庭；施暴的家庭成员离开或移居后，申请者仍然留在家中；申请者因被指控犯罪，在狱中服刑至少14天；申请者持人道主义签证首次进入澳大利亚。申请者如果已经获得灾害恢复补助金（Disaster Recovery Payment）或是其他灾害救助资金[①]，将不能获取危机补助金。

危机补助金采取一次性支付的补助形式，补助数额相当于收入支持项目一周的支付金额。其补助不包括其他额外的津贴或补助金。申请者获取危机补助金的次数主要依据其不同情况而定。如果申请者具有难民或是人道主义签证，是一名新移民，其只有一次危机补助金的获取机会；如果申请者是一名释放的囚犯，则其获取补助金的次数不受限制（必须被关押超过14天以及有资格获得收入支持项目）；如果申请者正处在极端情况下，其12个月内最多可以获取4次补助金。

3. 特殊救助金

特殊救助金是一项对那些处于严重的经济困境，并无法依靠自身与家属，且无法获取其他政府救助金支持的特殊困难人群所给予的政府援助项目。申请者获得特殊救助金的资格需要满足以下条件：环境超出自身控制所导致的严重的经济困难；不能够赚取足够的收入以支持自己与家属；不能够获取其他政府救助金的支持；澳大利亚的公民或是

---

① 灾害恢复补助金是澳大利亚政府为公民遭受大范围的自然灾害或人为灾害所提供的一项短期经济援助救助制度。

特定临时签证的持有者。其中，如果申请者拥有相当于两周特殊救助金数额的资金，将无法获得特殊救助的短期援助；如果申请者有超过 5 000 澳元的可支配收入，则将无法获得特殊救助金的长期援助。

特殊救助金的支付数额取决于申请者所处的个人环境。申请者如果能够获得免费的食宿或是各种形式的支持，其所获得的救助金数额将会减少。另外，申请者的收入和资产也将决定特殊救助金的支付。具体而言，在收入评估方面，申请者的收入会影响其救助金的数额。申请者每获得 1 澳元的额外收入，其救助金的数额将会减少 1 澳元。申请者配偶的收入也包含在申请者的收入评估之中，并可能影响救助金的支付。在资产评估方面，评估的内容包括申请者所拥有的任何资金和财产，也包含申请者在澳大利亚之外的资产与债务。

如果申请者及其家庭的环境发生变化，如收入改变、可支配资金数额改变、地址改变、照顾安排改变、工作改变等，申请者需要在发生变化后的 14 日内告知相关部门，因为这将影响到申请者特殊救助金的获取与否，以及特殊救助金的数额多少。

4. 养老金贷款计划

养老金贷款计划是一项旨在帮助那些急需资金生存而其资金被捆绑在不动产上的老年人贷款项目。该项目是个人自愿安排的，既可以提供短期贷款也可以提供长期贷款。想要获得养老金贷款计划的支持，申请者需要满足以下条件：申请者或其配偶已达到领取养老金的年龄；申请者在澳大利亚拥有不动产能够为其贷款提供安全担保；申请者或其配偶获得一份非全额养老金，或者将要获得一份非全额养老金，而这一非全额养老金的支付额由于其收入或资产任何一个审查的原因，其支付额被减到了零；申请者需要满足养老金的居住要求。

申请者所能获得的贷款数额主要依据个人的具体情况而定，即申请者拥有的资产所能提供的安全保证，以及申请者是否达到贷款被允许的年龄等。养老金贷款的给付每两周发放一次，贷款无须纳税。需要注意的是，有关贷款建立、改变和敲定的所有相关费用都由申请者承担。如果获取养老金贷款期间自身的处境发生变化，如申请者将担保贷款的资产出售，必须在 14 天内告知相关部门，否则会影响申请者养老金贷款的发放。

三、瑞典的临时救助制度

瑞典作为高福利国家的代表，建立了较为完善的基本生活保障制度[1]，其中，为缓解家庭中父母为了照料生病孩子所导致的收入减少和入不敷出问题，瑞典政府制定了临时性父母补贴（Temporary Parental Benefit），以帮助拥有孩子的父母能在照料生病孩子的同时兼顾家庭与工作，从而维持家庭的基本生活[2]。

具体来说，临时性父母补贴是一项为解决父母因孩子患病需要照顾而短期离开工

---

[1] 瑞典的基本生活保障制度与我们通常所理解的社会救助制度在保障困难群体基本生活需要方面具有很大的相似性。基本生活保障体系主要包括儿童基本生活保障、家庭基本生活保障及残疾人基本生活保障三大部分。

[2] 粟芳，魏陆. 瑞典社会保障制度. 上海：上海人民出版社，2010：240.

作，以对其收入进行补偿的一项临时性补贴制度。就临时性父母补贴申请时间而言，父母离开工作申请临时性父母补贴的情形包括：孩子生病需要照顾之时；当服务在工作时，照顾者（如保育员或亲戚）照看孩子之时；其他家长陪同另一个家庭的孩子去看医生之时；家长去访问儿童卫生健康诊所、儿童医疗机构（如牙科诊所、儿童和青少年精神病学诊所等）、特殊儿童学校之时。此外，父母如果参与医院安排的课程，也可以获得临时性父母补贴。需要注意的是，如果父母因为照顾上幼儿园的孩子或是学校关闭而留在家中的孩子，将无法获得临时性父母补贴。

就临时性父母补贴申请资格而言，一般12岁以下儿童的父母均有资格申请获得临时性父母补贴。另外，临时性父母补贴还可以支付给一起居住的人员、寄养家庭的父母、收养儿童的家庭，以及有法定监护孩子的人。当孩子生病时父母不能或是不想离开工作留在家中照顾孩子时，父母也可以将临时性父母补贴转移到其他离开工作去照顾孩子的人。如果申请者已经获得了残疾儿童照顾津贴，将无法获取临时性父母补贴。

对于临时性父母补贴的给付，父母可以为每个孩子一年最多申请120天的补贴。临时性父母补贴金额通常为标准工资的80%。其中，申请者的职业状态不同，临时性父母补贴的计算方式也不同。如果补贴者为在职被雇佣者，补贴会基于其每年的工作时间计算。如果补贴者为失业者，补贴将会按每一公历日进行计算。另外，临时性父母补贴的给付方式具有多样性，父母可以通过全天、半天、三分之一天、四分之一天或八分之一天的方式获得临时性父母补贴。

第三节　中国临时救助

一、中国临时救助发展的背景

在中华人民共和国成立初期，社会救助主要通过紧急救助的形式，为战后大量的灾民、难民、贫民、散兵游勇、失业人员等困难群体提供临时性救助，帮助他们渡过难关，主要目的在于安抚战乱贫民和巩固新生政权。而我国真正现代意义上的临时救助制度则是在社会救助体系建立与完善的过程中逐步形成的。

自20世纪90年代起，我国政府为解决人们的生活困难问题，陆续制定了针对低收入人员、城市"三无"和农村"五保群体"的基本生活保障制度，如出台《关于在全国建立城市居民最低生活保障制度的通知》（1997年）、《国务院关于在全国建立农村最低生活保障制度的通知》（2007年）和《农村五保供养工作条例》（2006年）等文件；针对具有基本医疗、住房、教育和维权困难人员的专项救助制度，如制定《关于实施农村医疗救助的意见》（2003年）、《经济适用住房管理办法》（2007年）、《国务院关于基础教育改革与发展的决定》（2001年）和《法律援助条例》（2003年）等文件；针对流浪乞讨人员以及受灾害人员的流浪乞讨人员救助制度和灾害救助制度，如出台《城市生活无着的流浪乞讨人员救助管理办法》（2003年）、《国家自然灾害救助应急预案》（2006年）等文件。

然而，伴随着经济的快速发展与社会的急剧转型，我国城乡居民遭受突发性与临时性生活风险的频率逐渐上升，已严重威胁到人们的基本生活。为妥善解决这一临时性生活困难问题，2007年6月，民政部发布了《关于进一步建立健全临时救助制度的通知》，明确了建立临时救助制度的重要意义，并对临时救助的范围和数额、受理和发放程序、投入和管理力度等方面提出了要求。随后江苏、江西、内蒙古、黑龙江、重庆、甘肃等地区在此基础上相继制定了有关临时救助的专门性政策文件，逐渐建立并实施了临时救助制度。

2011年，民政部、国家发展和改革委员会出台的《民政事业发展第十二个五年规划》指出，"十二五"期间"要全面建立临时救助制度，对因病、因灾等特殊原因造成生活暂时困难的家庭，以及收入略高于最低生活保障标准但生活确有困难的低收入家庭实施阶段性生活救助"。2013年底，全国建立临时救助制度的省（自治区、直辖市）已达到26个，其中，天津、内蒙古、浙江、安徽等14个省（自治区、直辖市）建立了省级临时救助专项资金。

2014年5月，国务院颁布《社会救助暂行办法》，首次将"救急难"作为社会救助的基本方针予以明确，并对临时救助的范围、申请等相关事项做出了规定。2014年10月，国务院发布《关于全面建立临时救助制度的通知》，进一步明确了全面建立临时救助制度的重要意义，提出了建立临时救助制度的目标任务和总体要求，并对临时救助制度的主要内容和工作机制进行了相关规定。至此临时救助制度开始在全国范围内普遍建立起来。

到2016年，除港澳台地区，我国31个省（自治区、直辖市）已经全部建立起临时救助制度。临时救助制度作为一项新的社会救助项目已成为我国社会救助体系一项重要的组成部分。

二、中国临时救助制度的主要功能

1. 解决困难群体临时性生活困难

解决困难群众生活中所发生的临时性困难，是临时救助制度的一项最主要的功能。一方面，伴随着经济、社会、技术的快速发展，我国正进入一个社会风险高发时期，人们在生产和生活中面临的各种突发情况不断增多，各种突发事件往往会导致个人和家庭突然出现生活困难，进而陷入生活的困境。另一方面，受社会关系、家庭结构、思想观念等变化的影响，如今我国传统的亲友、邻里、单位等救助机制在大幅度弱化，已无法对个人和家庭所发生的临时性困难进行及时、有效的保障。这就需要政府发挥更大的作用，通过制定临时救助制度，将那些遭遇临时性生活困难的个人与家庭纳入制度保障的范围之内，使其尽快摆脱困境，恢复生产生活。

2. 弥补社会救助体系的不足

经过多年的发展，我国已初步构建了以最低生活保障、特困人员救助等生活类救助为核心，以医疗救助、住房救助、教育救助等专项类救助为辅助，以流浪乞讨人员救助、灾害救助等紧急类救助为补充的社会救助体系。但这一救助体系仍存在缺陷：一方面，低保制度以家庭收入和财产状况为依据，这就造成那些收入超出低保标准，但因突发性的疾病、教育、残疾、灾害、事故等刚性支出较大而导致生活困难的家庭，无法申请和获得各项社会救助的支持。另一方面，由于现行的社会救助制度都是强调在户籍地进行申请，这就把一些临时遇到生活困难的人户分离的流动人口挡在了各项救助制度的门外。为了克服和弥补现有社会救助体系的不足与空白，需要建立和健全临时救助制度，使困难群众都能得到及时救助。

3. 增进社会救助的公平性和可持续性

从目前社会救助的实施情况看，低保制度及相关专项救助政策覆盖的主要是低保对象，专项分类救助覆盖到所有低收入家庭尚需时日。低保对象能够享受到多项救助待遇，而家庭收入略高于低保标准的低保边缘家庭则可能享受不到任何救助，从而加剧了社会救助的"悬崖"效应，也增加了低保制度的压力，使动态管理增加困难，进而会导致低保乃至整个社会救助负担沉重、难以持续。临时救助制度的建设，可以为遇到临时性、突发性困难的低保边缘家庭和其他困难低收入群体提供一次性救助待遇，在解决低收入家庭暂时生活困难的同时，缩小困难家庭在获得救助方面的差距，增进社会救助的公平性和可持续性[①]。

三、中国临时救助的制度设计

1. 临时救助的责任主体

我国临时救助制度实行地方各级政府负责制。具体而言，县级以上地方政府主要负责本行政区域临时救助政策制定、资金投入、工作保障和监督管理责任。其中，县级以上民政部门作为临时救助的主管部门主要负责临时救助的组织与实施工作，以及发挥临时救助的统筹协调作用；财政部门主要负责临时救助资金的筹措保障工作，确保资金及时拨付和及时到位；卫生计生、教育、住房城乡建设、人力资源社会保障等部门则主要负责配合临时救助工作的顺利开展。另外，临时救助的政策咨询、申请受理、资格审查、日常监管等工作则由乡镇（街道）政府主要负责。

2. 临时救助的范围

我国临时救助的对象范围主要包括家庭对象与个人对象两类。家庭对象主要针对持有本地户籍或持有居住证并与家庭成员共同生活的人员。这类人员遭遇火灾、交通事故等意外事件，家庭成员突发重大疾病等困难后，导致基本生活暂时出现严重困难的家庭；生活必需支出突然增加，超出家庭承受能力，导致基本生活暂时出现严重困难的最低生活保障家庭以及遭遇其他特殊困难的家庭，都可以申请临时救助。个人对象主要针对与家庭分离的非本地户籍人员。这类人员因为遭遇火灾、交通事故和突发重大疾病等，暂时无法得到家庭支持，导致基本生活陷入困境时也可以申请临时救助。其中，符合生活无着的流浪、乞讨人员救助条件的，由县级人民政府按有关规定提供临时食宿、急病

---

① 张浩淼. 我国临时救助制度建设及其思考. 社会保障研究，2014，(1)：153-163.

救治、协助返回等救助。

3. 临时救助的方式与标准

目前我国临时救助主要有三种救助方式：第一，发放临时救助金，包括将救助金直接支付到救助对象个人账户，以及直接发放现金两种发放形式。第二，发放实物，如根据需要发放衣物、食品、饮用水，以及提供临时住所等。第三，提供转介服务，主要包括两方面内容，一是救助制度之间的转介，即对符合最低生活保障或医疗、教育、住房、就业、司法、残疾人保障等专项救助条件的，协助其申请；二是政府救助向慈善救助转介，即对于所有救助制度都发挥了作用，仍不能有效解决困难的个案，可转介到公益慈善组织、社会工作服务机构等，通过实施慈善项目、发动社会募捐、提供专业服务和志愿服务等形式给予帮扶。

对于临时救助的具体标准，目前则是由市和县一级政府予以设定。各地大都基于当地经济社会发展水平，主要参照当地城乡低保标准，并综合考虑困难对象的家庭的人口与收入、困难的原因与类型、困难的程度与持续时间等因素，分类或分档确定临时救助的标准。因此，各地临时救助具体的划定标准与计算方法存在较大差异。

四、中国临时救助的发展方向

1. 加强临时救助的法制化建设

实现临时救助工作的法制化是临时救助制度有效开展的内在要求，也是维护临时性困难群众社会救助权利的根本保障。因此，加强临时救助的法制建设势在必行。针对我国临时救助缺少法律保障的局面，一是要提高临时救助的法制层次，以行政法规的形式对临时救助的对象范围、申请受理、审核审批、救助方式、救助标准、资金筹集、监督管理等各项工作加以规范，树立其权威性，确保临时救助的各项工作有法可依；二是在《社会救助暂行办法》的基础上加快推进《社会救助法》的立法工作，为包括临时救助在内的各项社会救助制度和各项社会救助工作提供基本的法律依据，促进我国社会救助统一和规范管理。

2. 实现临时救助方式的多样化

受救助对象贫困致因和救助需求多样的影响，我国临时救助的给付必须采取多样化的发展趋向，积极拓展救助方式和救助内容，实现从以现金救助为主的给付方式转向现金救助、实物救助和服务救助并重的多样化给付方式。具体而言，一方面，要在强化现金救助的基础上，不断增加实物救助和服务救助的给付力度，如增加临时住房、紧急治疗、临时就业、应急照顾、心理安抚、危机干预等救助内容，并做好这些救助内容与各类专项救助的转接以及社会组织救助的转介；另一方面，要在救助的给付过程中加强与救助需求的针对性与匹配性，通过采取"现金+实物+服务"组合化的救助方式，有效满足救助对象的各类需求，从而实现临时救助效用的最大化。

3. 优化临时救助的管理与办理方式

一方面，在管理体系上，建立并落实"民政牵头统筹，其他部门参与"的大救助管理格局。要充分利用已有的各类资源，加快统一的社会救助管理信息平台建设，实现民政与卫计、教育、住建、人社、金融等部门的信息共享，提高临时救助精确、快速的甄别与审核水平。另一方面，在基层办理机制上，要全面建立社会救助"一门受理、协同办理"工作机制。要依托基层政府设立统一的社会救助受理窗口，实现社会救助事务"整合化"和基层工作人员的"全科化"，以解决基层救助管理人员人手不足和专业化水平较低的问题。要明确临时救助受理、办理、反馈的时限，建立标准化的工作要求，优化和减少临时救助的审批程序，缩短临时救助的办理时间，为临时救助申请者提供便利，使困难者能够及时获得相应的救助。

4. 建立和完善社会力量参与机制

社会救助究其内涵而言，实际包含政府与社会两个方面的救助。特别是伴随着社会的发展，社会力量在社会救助中所起的作用日益重要。因此，面对我国临时救助工作中社会力量参与率较低的问题，在强化政府救助的主体责任之外，要大力引导群众团体、社会组织、社会工作服务机构、志愿者队伍等社会力量参与到临时救助之中，充分发挥社会力量的积极作用。具体而言，一是要建立和落实好社会力量参与社会救助的相关激励和支持政策，使社会力量在参与临时救助工作时能够切实享受到政府所提供的补贴、税收、用地、奖励等政策，为社会力量的发展营造良好的政策环境；二是要创新政府与社会力量的合作方式，探索通过委托、承包、采购等方式向社会力量购买临时救助服务，把适合社会提供的临时救助服务交由社会力量承担；三是要鼓励、动员和引导有影响力的社会组织、大中型企业等设立临时救助公益基金，在民政部门统筹协调下有序开展临时救助活动。

【本章小结】

当今社会正处在急剧转型时期，社会的不确定性和不可预测性导致社会成员面临各种突发性风险的问题日益增多。临时救助作为一种应对各类突发性风险的化解机制，在及时保障救助对象基本生活方面发挥了重要的作用。

在狭义上，临时救助主要是政府与社会为遭遇突发性与意外性事件导致基本生活陷入困境，而其他救助项目又覆盖不到的个人与家庭所给予的紧急性救助。在广义上，临时救助除了政府与社会对困境个人与家庭给予的紧急性救助之外，还包括为短期内因生活必要支出急剧增加，而在接受现有救助项目后仍超出其承受能力的个人与家庭所提供的补充性救助。临时救助具有应急性、短期性、需求导向性和基本保障性等基本特征，其责任主体包括政府和社会两大方面。从世界各国来看，临时救助的保障范围主要包括急难型困难群体和支出型困难群体两类对象。救助的方式也呈现出现金救助、服务救助和实物救助多元化的给付局面。

为缓解临时性和突发性事故对人们基本生活所带来的困境，国外发达国家构建了较为完善的临时救助制度。英国于1986年建立了"社会基金"制度，主要包括确保开端孕妇津贴、丧葬补助金、寒冷天气补助金、冬季燃料补助金、预算预支项目、地方福利援助计划及短期给付预支项目等救助项目计划。澳大利亚实施了提前支付计划、危机补助金、特殊救助金和养老金贷款计划等救助项目。瑞典政府则制定了临时父母补贴制度。这些制度在很大程度上保障了临时性困难群体的基本生活。

当前，我国已在各地普遍建立起了临时救助制度。临时救助制度也已成为我国社会救助体系一项重要的组成部分。在我国，临时救助制度实行地方各级政府负责制，民政部门为临时救助工作的主管部门。临时救助的对象范围可以分为家庭对象与个人对象两类，并主要通过发放临时救助金、实物和提供转介服务等方式进行救助，其救助标准的设定则由市和县一级政府根据具体情况自行确定。未来我国临时救助的发展应该加强临时救助的法制化建设，实现临时救助方式的多样化，优化临时救助的管理与办理方式，以及建立和完善社会力量参与机制。

【关键术语】

突发性风险　临时救助　急难型困难群体　支出型困难群体　英国社会基金　澳大利亚临时救助制度　瑞典临时父母补贴　中国临时救助制度

【案例】

救急难：让穷困者求助有门

"没想到，一个电话，救了我，也救了我全家！"2015年2月1日，扬州开发区八里镇八南村村民沈仁亮领到了市里的"救急难"资助金。

沈仁亮原本是家里的顶梁柱。不幸的是，一场交通事故导致他胰脏破裂，看病花了70多万元。虽然医保报销一部分，个人还要承担40多万元，原本幸福的家庭一下子陷入困境。2015年1月，沈仁亮的妻子抱着试试看的想法，拨打市里新开通的"救急难"热线87995995。民政部门很快启动急难救助程序，帮助沈仁亮解决了生活困难以及后续治疗的费用问题。沈仁亮能得到及时救助，受益于江苏省2014年7月开始试点的"救急难"。从2014年底开始，"救急难"已在全省制度化推开。

天灾人祸可求助。江苏省内确定的首批"救急难"试点城市为南京等5个大市，此外还有10个县（市、区）。"救急难"在这些地区被纳入"大救助"范畴，包括基本生活救助和专项救助。群众遭遇临时生活困难，以及医疗、教育、住房、就业、受灾、疾病应急、流浪乞讨等方面的急难事件，都可以向当地民政部门求助。

扬州市民政局副局长王振祥说，遭遇"天灾人祸"，会使很多家庭一下子陷入困境。而原来的低保救助体系主要是以"收入"作为衡量标准，没有涵盖这些人。将"救急难"纳入救助体系，可以避免这些家庭陷入生存困境。为此，扬州市财政专门设立急难家庭救助专项补助资金，每年2 000万元。仅半年时间，就救助了122户急难家庭，投入资金280万元，平均每个家庭获得资助2万~3万元。

2014年底，仪征市新城镇凌桥村曹山组村民望美玲再次住院，一个月就花了8万多元。查出白血病后，这个家庭因看病已花费近80万元。得知情况后，新城镇民政办帮其申请了大病慈善和救急难救助，一次性资助2.3万元。后来，仪征市社会救助联席会议会商决定，再次给予望美玲"急难家庭救助金"10万元！

外来人口也可申请"救急难"。目前试点城市正建立快速响应机制,在县级民政部门开通社会救助热线,畅通申请救助和报告急难情况渠道。

南京、无锡、苏州将惠民保险、慈福民生、民生保险等纳入"救急难",商业保险大显身手。溧阳市"心愿树"爱心工作站与机关、企事业单位和社会组织签订共建协议,多渠道帮助困难家庭。东台市在村居成立"救急难"互助会,早发现、早救助。"救急难"融入"大救助"平台,由民政"一门受理"、多部门"协同办理",最终实现群众求助有门,迅速获助。

不仅仅是等求助。试点城市还普遍建立主动发现机制,对陷入生活困境的困难群众做到早发现、早介入、早救助。仅半年时间,全省就动员33万人次的社工、志愿者等参与救助,主动发现后实施救助人次达1.5万。

外来人口也可申请急难救助。12岁的胡泽宇(化名)和父母都来自安徽,父母已在张家港工作17年,一家人刚买了新房准备定居张家港,厄运却悄然而至。2014年9月1日,胡泽宇突发重症病毒性脑膜炎,医药费花了40万元。张家港民政局工作人员在微信朋友圈获悉情况后,主动介入,启动紧急救助程序,送去5 000元救助金。为确保有难能救,该市财政每年投入50万元新市民专项救助金,对罹患癌症、尿毒症及需器官移植等三类重大疾病,以及重度肢残、智残和精神病等特困新市民,给予最高5 000元的临时救助,打破了流动人口无法在非户籍地获得救助的局限。

救助范围将更宽泛。江苏省民政厅救助处处长赵晓东表示,长期以来,部门之间已形成"自家的孩子自家抱"的习惯,不愿多事、惹事,造成"等钱救助""不敢出手"的现象,"推行救急难,就必须摒弃这种怕麻烦的思想,主动出手"。试点中,民政部门发现,"急难"往往与疾病并生。因此,民政和卫生等部门联手,建立疾病应急救助制度,对身份不明或无力缴费的患者,给予及时救治。

儿童大病救助关系千家万户的幸福,但一例救助可能就需要几十万元。江苏省对这些孩子的救急难路径是,用足、用好现有城乡基本医疗保险和医疗救助政策,再通过慈善救助制度安排,对贫困家庭重大疾病患儿再次给予资助,目前单笔最高救助金近30万元。

有了"救急难",救助范围更宽泛,如"支出型贫困家庭"的救助一直是空白点,但南京、淮安、南通等地已先行试点,打破以"收入"认定为准入条件的旧格局,缓解了收不抵支家庭的困难。不过,相关负责人坦言,"救急难"试点中也发现不少难题:"急难"对象范围难确定、类型复杂化、政策衔接不紧密、资金使用规范难、医疗救助托底难、民政牵头难的情况依然存在。今后,江苏省将把"救急难"作为民政重点综合评估"一票否决"项目捆绑考核,这意味着将有更多城市、更多百姓纳入"救急难"保障。

资料来源:唐悦,宋金萍. 救急难:让穷困者求助有门. 新华日报,2015-02-06

【复习思考题】

1. 临时救助的基本特征是什么?

2. 临时救助的给付方式有哪些?
3. 英国社会基金的主要内容有哪些?
4. 澳大利亚临时救助主要项目有哪些?
5. 简述我国临时救助的发展。

第十章

社会救助管理

社会救助管理伴随着社会救助制度的建立而产生，是现代社会管理专业化分工的必然产物。作为政府最基本的社会管理职能，社会救助管理的根本目的是提供公共产品，其本质是一种社会事务管理和社会政策管理。

第一节 社会救助筹资

社会救助筹资是社会救助的主体对实现社会救助所必需的资金所开展的筹集活动，主要涉及救助资金的来源渠道和筹措方式。社会救助资金的筹集过程是社会救助制度运行的起点和基础。因此，社会救助筹资是社会救助制度有效运行和发挥社会救助功能的前提，是实现社会救助政策目标的物质保证。社会救助筹资的能力和水平决定着社会救助的范围、水平和有效性。

一、社会救助筹资的经费来源与拨付方式

从理论和实践来看，社会救助筹资的经费来源主要涉及两个层面，即社会救助的资金来源和各级政府在社会救助筹资中的责任分摊。

（一）社会救助的资金来源

从国家和个人来看，社会救助资金在不同的国家其来源构成有不同程度的差异。但通常大多数国家都担负起了主要的责任，个人都无须为之缴费，只要低于基本生活保障的标准，就可以无偿地获得政府提供的基本生活保障补贴和各种援助。

从国内和国外来看，发展中国家的社会救助的资金来源可分为内部的资金来源和外部的资金来源。内部的资金来源主要包括一般性税收、工薪税、特种税以及国家收回的各种"欠款"；外部的资金来源主要是国外的捐赠。从各国的制度实践来看，许多

发展中国家的社会救助严重依赖海外援助。非洲国家和拉美地区的社会救助资金和开支，大部分来自于海外援助。亚洲国家的许多社会救助项目，其主要资金来源是国外的粮食援助和其他援助。过于依赖外部资金，会影响到社会救助项目的可持续性。而主要依靠国内资金的国家，通过各种税，并采取政府预算拨款的方式筹资，占了主导地位[1]。

（二）各级政府在社会救助筹资中的责任分摊

从世界各国社会救助筹资实践来看，可将各级政府在社会救助筹资中的责任划分归纳为以下三种类型。

第一，中央政府全责型，典型代表有英国和捷克共和国等国。中央政府经费负担的办法主要有两种：一种办法是中央政府以一种类似实报实销的方式，对所有收入低于贫困线的家庭提供社会救助；另一种办法是中央政府将救助预算拨付给地方，由地方政府根据具体情况向贫困家庭提供救助[2]。

第二，中央政府和地方政府共责型，典型代表有比利时、荷兰等国。在许多国家，特别是实行联邦制的国家，社会救助的筹资责任通常由地方政府和中央政府分摊。这种模式是一种相对比较通用的模式。这种模式中的关键问题是如何根据各地财力的不同，确定比较合理的分摊比例。许多国家的各级政府根据其财政能力就政府间的转移支付达成协议，以保证社会救助预算资金到位[3]。

第三，地方政府全责型，典型代表有挪威等国。此模式的优点很突出：一方面，地方政府可依据各自的实际情况进行社会救助，资金使用率高，能够发挥社会救助拥有的功能；另一方面，救助资金的管理更为有效，弹性比较大。但是单纯由地方政府负责，往往会导致救助资源与救助需要之间的不均等分配，此外，各地救助标准不一样，需要救助的情形也各不相同，脱离了社会救助的公平原则和宗旨。

（三）中央政府社会救助资金拨付的方式

中央政府承担的社会救助资金，拨付给地方政府的方式多样，通常主要有以下三种。

（1）按人头拨款。中央政府根据救助对象的人数，按规定的救助标准把救助资金拨付给地方政府。此种方式又可分为两种类型：一是开放式。即中央政府负担所有与救助项目相关的费用。这种办法可能使地方上的社会救助机构想方设法扩大救助面而不考虑成本。而中央政府的对策是制定严密的管理规定，加强对项目的监督和审计。二是封闭式。即中央政府规定一个拨款额度的最高限（封顶线），超出部分概不负责。这种办法有利于促使地方政府节约开支，但可能使某些符合救助条件的对象得不到应有的救助。

（2）一次性拨款。中央政府将救助资金一次性划拨给地方政府，有两种做法：一是

---

[1] Subbarao K, Bonnerjee A, Braithwaite J, et al. Safety Net Programs and Poverty Reduction: Lessons from Cross-country Experience. Washington: The World Bank, 1997.

[2] Alderman H. Social assistance in Albania: decentralization and targeted transfers. LSMS Working Paper, no. 134, World Bank, 1998: 3.

[3] 关信平，郑飞北，肖萌. 社会救助筹资及经费管理模式的国际比较. 社会保障研究, 2009, (1): 98-110.

无条件拨付，即中央政府并不对经费的使用提出特定的要求，地方政府可自行支配这笔资金；二是有条件拨付，即中央政府规定预算拨款只能用于社会救助，专款专用。

（3）配套拨款。中央政府拨款与地方政府的救助资金相配套。此种方式也有两种类型：一是开放式，即中央政府对地方政府的各项支出都配套提供资金。对于中央政府来说，这种方法很难控制拨款的总量。二是封闭式。中央政府根据一定的比例提供配套资金，并规定拨款额度的最高限（封顶线）。这种办法要求精心设计配套比例和配套封顶线，以便有效控制地方政府的行为[①]。

二、社会救助筹资的经费管理

救助资金的筹集关系着社会救助的开展，而救助资金的管理则关系着资金的使用效率。社会救助资金管理是国家和政府依据法规和政策，通过一定的程序、采用一定的方式和手段对社会救助资金进行运行、协调和监督的活动过程。社会救助的经费管理在社会救助制度中是一个重要的方面。在这个方面，所有国家面临的最重要的问题是中央和地方的关系问题。但是具体的制度安排非常复杂，不同的国家有不同的安排。从中央政府和地方政府的事权和财权的划分上来看，主要有以下几种。

（一）中央政府集中管理型

中央政府集中管理模式是指由中央制定规则、提供资金和进行管理。例如，英国、澳大利亚和新西兰等国，均由中央政府确定社会救助标准并负责具体管理，且由中央财政拨款。中央政府集中管理模式使不同的社会救助项目之间形成较好的衔接配合，整个救助体系内部具有很强的协调性。统一的资格标准使社会救助体系更容易管理，成本也更低。该模式的救助体系还具有决策上的一致性和管理上的公平性等优点。无论是在技术水平上，还是在管理能力上，地方政府与中央政府相比都有一定差距。地方政府通常缺乏自主性，并没有足够的财政能力去采取有效的救助行动。

（二）地方政府管理型

地方政府管理模式是指中央政府制定社会救助标准，由地方政府根据具体情况实施。采取地方政府管理的国家有日本、瑞士、瑞典、芬兰和挪威等。与中央型救助管理体系相比，社会救助项目经费管理的地方化，可以使项目更能适应各地区的需要和财政能力。地方政府通常比中央政府更了解自己地区的问题，对地区居民的特殊需要更为敏感，能够确保救助金得到最有效的使用和最准确的发放。在地方化的经费管理模式下，地方政府最有动力去控制成本和实施一些积极的救助措施。

地方化的模式及其动力取决于各个国家的特定情况。近年来，部分发展中国家都采用了将公共管理和公共财政地方化的做法。社会救助的地方化蕴含着较大的矛盾。一方面，它要求在国家层面，中央政府要有很强的管理水平，来从整体上推动地方化的进程；

---

① Neubourg C. Incentives and the role of institutions in the provision of social safety nets. Social Protection Discussion Paper Series, The World Bank, 2002: 1-19.

另一方面，它又要求地方要独立于国家，不依赖于中央。当中央政府将救助管理权力移交给地方政府时，管理机制会变得更加复杂。因为在地方化的过程中，为了确保各地方的社会救助项目有统一、协调的目标，政府管理的难度会随之加大。

（三）中央和地方政府分层管理型

中央和地方政府分层管理模式是指社会救助由不同层级的政府共同分担财政责任。中央政府通常制定贫困标准并负责管理，部分专项救助由相应的社会机构统一管理，资金来源于中央政府及缴纳费用；其他非现金救助由地方政府出资并负责管理。法国、美国和卢森堡等国家实行这种体制。其优点在于，充分考虑到各级政府的财政能力，使一些财政能力不足的政府，不必征收大量的税收。但这种模式的缺点在于，当有一定数量的政府部门参与社会救助的管理时，就有可能产生成本转嫁现象。成本转嫁会发生在政策制定层面和政策执行层面：在政策制定层面，一些政府部门修改其项目政策时，会使一些原属于其管理范围内的救助责任转移到其他政府；在政策执行层面，项目管理者会通过一些办法将被救助者推给其他的社会项目。因此，财政分担的模式要想取得成功，必须有两个前提条件：第一，有关救助对象和救助标准的规定必须十分清楚，并得到严格的管理，不会出现政府之间互相推卸救助责任的现象；第二，这种体系必须能够应对某个政府部门修改政策而影响到其他政府部门的财政状况的情况[①]。在政策变动导致各部门或各级政府财政责任不平衡的情况下，必须确保必要的资金流动，避免政策制定和管理中的成本转嫁问题。

三、我国社会救助筹资

（一）我国社会救助资金来源

我国社会救助资金以政府财政拨款为主，社会捐赠、福利彩票发行等各种形式的社会募捐是社会救助资金的重要辅助来源。财政拨款部分通常先由民政部门做出预算，一部分作为定期定量救助，另一部分是临时性救助。此外，国家财政还拨付自然灾害救助款，民政部门直接视自然灾害发生情况再予以发放。汶川地震以来，通过社会募捐形式筹集资金、赈灾救灾已构成灾害救助资金的重要来源。具体来说，我国各项社会救助资金来源如下。

1. 城乡居民最低生活保障的资金来源

我国城乡居民最低生活保障的资金来源主要包括各级财政预算安排的资金、社会捐赠收入等。根据国务院《关于进一步加强和改进城乡最低生活保障工作的意见》的规定，各级财政部门应将城乡低保资金纳入同级财政预算。同时，通过财税优惠政策，鼓励和引导社会力量提供捐赠和资助，多渠道筹集城乡低保资金。各级民政部门应按照预算编制要求，根据低保对象人数、低保标准、补助水平和滚存结余等有关数据，认真测算下

---

① OECD. The Battle Against Exclusion: Social Assistance in Canada and Switzerland. Paris: Organization for Economic Co-operation and Development，1999.

年度城乡低保资金需求报同级财政部门。经同级财政部门审核后，列入预算草案报本级人民代表大会批准。在年度预算执行过程中，如需调整城乡低保资金预算，应由各级民政部门根据实际情况向同级财政部门提出申请，经财政部门审核并按规定程序报批后实施。各级财政部门应当将城乡低保工作经费纳入财政预算，综合考虑城乡低保工作量等因素予以合理安排。基层城乡低保工作经费不足的地区，省市级财政给予适当补助。城乡低保工作经费不得从城乡低保资金中列支。

2. 医疗救助的资金来源

我国医疗救助的资金来源主要包括中央和各级地方政府财政预算安排的资金，以及慈善和社会捐助等。根据《关于进一步完善城乡医疗救助制度的意见》的规定，推进城乡医疗救助多渠道筹集资金。要强化地方政府责任，地方各级财政特别是省级财政要切实调整财政支出结构，增加投入，进一步扩大医疗救助基金规模。中央财政安排专项资金，对困难地区开展城乡医疗救助给予补助。各地要动员和发动社会力量，通过慈善和社会捐助等，多渠道筹集资金。县级财政部门要在社会保障基金财政专户中设立城市和农村医疗救助基金专账，办理医疗救助资金的筹集、拨付。县级民政部门要做好医疗救助资金的发放工作。要加强对城乡医疗救助基金的管理，在确保基金安全的前提下，做到基金收支基本平衡，略有结余。

3. 住房救助的资金来源

我国的住房救助资金以各级政府财政预算安排的资金为主，其他来源为补充，多渠道筹集，主要包括：政府财政拨付的专项资金；住房公积金增值收益中提取的住房救助补充资金；公房出售款中按一定比例提取的资金，从社会福利彩票发行的筹集款中适当提取一定比例，专项用于住房救助；接受社会捐赠的资金；等等。住房救助资金由住房救助行政管理部门委托银行设定的专户专项存储管理。

4. 灾害救助的资金来源

中央财政和地方财政历来是我国灾害救助资金的主要来源。中央财政预算将救灾款列为专门科目。救灾保险制度的建立是对传统灾害救助制度的一项改革，它以财政供款和社会筹资为经济后盾，为灾害救助提供了新的资金来源；互助储金会、储粮会等互助互救组织是发掘群众的互助潜力，主动迎击自然灾害的一种积极举措，成为灾害救助的一个资金来源；中国红十字会、中华慈善总会、中国青少年发展基金会等组织是动员社会捐助，激发社会成员爱心奉献的中坚力量，为灾害救助资金提供了重要的来源渠道。此外，国际援助也是灾害救助资金的一个重要来源。

5. 教育救助的资金来源

我国教育救助资金的主要来源渠道有：在中央和地方财政预算之内列入的贫困地区教育专项拨款；中国青少年发展基金会、全国妇联等NGO实施的"希望工程"和"春蕾计划"等；一些基金会、慈善机构和个人的捐赠；世界银行、亚洲开发银行等国际组织的教育贷款和教育援助。

(二)我国社会救助筹资的优化

建立稳定、可靠的社会救助筹资机制,是我国当前和今后一个时期社会救助资金筹集环节的主要任务。应以政府财政承担着主体责任,逐步加大财政投入,同时,激活社会筹资活力,提升社会筹资能力。

(1)强化政府的主导作用,扩大政府财政支出比例。要加快财政预算支出结构调整步伐,按照建立社会公共财政的目标,加大中央和地方各级财政对社会救助工作的投入,在国家预算时适当提高社会救助在财政预算支出中的比例,既包括中央政府应通过政策制定、财政预算等方式加大资金投资,又包括地方政府依据各地的经济发展水平采取适合本地区救助的模式,并随着保障人数的增加和救助标准的提高,逐年增加拨款额。

(2)拓宽社会筹资渠道,增加社会救助资金的来源。第一,鼓励社会捐赠,完善捐赠税收激励政策。其包括进一步完善社会筹资尤其是社会捐赠的相关法律法规,以及相关的渠道、方式和手段。充分调动个人、企事业单位、机关、社会团体的积极性,做好社会捐赠工作,并使之经常化、制度化,为实施社会救助提供必要的款物补充。第二,扩大社会福利彩票的发行,补充社会救助资金的不足。发行福利彩票是面向社会筹集资金的行之有效的重要途径。福利彩票扩大发行,提高筹资比例后,新增的资金可用于社会救助。

第二节 社会救助运行

社会救助作用的发挥,离不开特定的社会救助运行机制。社会救助运行机制是社会救助中各主体、各要素之间相互联系、相互作用的具体方式。社会救助运行包含社会救助的识别机制、帮扶机制和管理机制[①]。识别机制通过具体的标准和程序识别救助对象,决定哪些群体或个体成为社会救助对象;帮扶机制是根据社会救助具体需求,决定采取哪种措施对致贫原因进行干预;管理机制涉及对社会救助对象的动态管理,决定社会救助资源如何配置更有效。

一、社会救助运行主要内容

(一)社会救助的识别

社会救助常规对象的识别,主要包括生活救助对象和专项救助对象的识别,识别的主要手段是家庭经济状况核对。我国《社会救助暂行办法》中规定:建立社会救助家庭经济状况信息核对平台,为认定社会救助对象提供依据。民政部门相继出台具体的家庭经济状况核对办法,对核对范围、核对内容、核对方式及核对程序等提出具体要求。民

---

① 孙远太. 社会救助运行机制的功能障碍与改进路径. 中国行政管理, 2016, (10): 40-44.

政部门还会同公安部门、中国银行业监督管理委员会、中国证券监督管理委员会等建立社会救助信息查询比对机制，核查比对家庭财产信息。逐步将家庭经济状况核对从最低生活保障认定核对扩展到申请医疗、教育、住房等救助项目的认定核对。

社会救助非常规对象的识别，主要是对面临突发性、紧迫性和临时性困难问题的群众的识别认定，识别的主要方式是"救急难"机制。"救急难"机制包含两个方面，即依申请受理和主动发现受理。其中，主动发现受理是这一工作机制的特色。民政部门在发现或接到相关救助信息线索后，主动地检查核对情况，对符合条件的对象积极协助其申请救助。

（二）社会救助的帮扶

第一，直接、单一的帮扶。即对社会救助的帮扶对象，采用现金和实物等方法直接救助。《社会救助暂行办法》中规定：对批准获得最低生活保障的家庭、特困供养人员和受灾人员，给予基本生活保障。其中，对最低生活保障对象主要是现金救助，对特困供养人员以现金救助为主、实物救助为辅，对受灾人员以实物救助为主、现金救助为辅。

第二，间接、复合的帮扶。即对社会救助的帮扶对象，从物质和现金救助转向物质保障、生活照料、精神慰藉、心理疏导、能力提升和社会融入相结合的综合援助。在实施上，主要依靠部门协调机制和"一门受理、协同办理"机制来具体实施。在《社会救助暂行办法》中，确立了政府领导、民政部门牵头、有关部门配合、社会力量参与的社会救助工作协调机制。社会救助的"一门受理、协同办理"由民政部门牵头，政府其他相关部门配合，实现生活救助和专项救助的对接。目前在街道（乡镇）设立了社会救助申请窗口，大多数街道（乡镇）制定了社会救助申请分办、转办流程。社会救助的"一门受理、协同办理"为我国社会救助逐步由单纯的生活救助向综合型救助转型奠定了基础。

（三）社会救助的管理

社会救助动态管理的主要目的是使救助对象能进能退，救助水平能升能降。对社会救助的管理最有效的方式就是构建相对的激励机制。

（1）社会救助正激励机制。社会救助正激励机制就是促进救助对象退出的方式和手段，主要体现为与就业相关的政策内容，如对最低生活保障家庭中有劳动能力的失业成员，政府通过各类现金补贴、免费就业服务、公益性岗位安置等方式给予就业救助，并保证类似家庭至少有一人就业。例如，北京市规定最低生活保障对象通过就业脱离最低生活保障范围，半年之内仍然可以领取最低生活保障金；成都市规定最低生活保障对象实现就业或自主创业，可以申请就业激励补助。

（2）社会救助负激励机制。社会救助负激励机制主要是对社会救助对象不当行为（消极就业、骗保等）的惩罚措施。例如，对于最低生活保障家庭中应该就业而未能就业的成员，连续三次拒绝接受介绍工作的，对其最低生活保障金进行减发或者停发。

二、优化社会救助运行路径

（一）健全社会救助精准识别机制

（1）健全社会救助对象识别机制。目前我国的社会救助对象认定以家庭经济状况为标准，主要是以收入和财产状况来衡量，尤其侧重于容易操作的收入。但实际上贫困并不仅仅表现为收入，还体现在政治权利、经济权利、文化权利等方面。因此，不应采取单一的家庭经济状况标准，而应采用多维度的标准来识别认定社会救助对象，加入健康、教育、消费等多项指标，更准确地识别出相对贫困群体。

（2）建立社会救助对象需求识别机制。社会救助有效实施的关键是精准地收集和确定社会救助对象需求。通过多种方式途径定期搜集社会救助对象的需求信息，对搜集到的社会救助需求信息进行分析研究和分类整理，将其作为社会救助实施的依据，使社会救助工作有的放矢，及时准确地回应贫困者的需求。

（3）健全社会救助信息化机制。在利用银行、证券、税务、工商、社会保障等部门的信息基础上，建立起社会救助对象识别的信息网络平台，通过构建跨部门、多层次的核对信息平台，更好地对申请者家庭收入和财产状况进行核对。形成省、市、县三级联网的家庭经济状况信息共享机制，为社会救助提供大数据支撑服务。在此基础上，逐步建立城乡各类困难群众基本信息数据库，实现社会救助管理的精细化。

（二）完善社会救助帮扶机制

（1）建立分类救助机制。在社会救助实施过程中，应分类施保，将生活救助和专项救助相对分离。根据社会救助对象的救助需求，将简单叠加在基本生活保障的其他救助项目剥离出来，从收入定位逐步过渡到需求定位和类别定位，分类提供医疗、教育和住房等各类专项救助。

（2）健全差异化救助机制。对丧失、缺乏劳动能力的社会救助对象，应该侧重于满足他们的生存型需求，采取生存型的救助方式，通过基本生活保障解决其基本生存问题；对具备劳动能力的社会救助对象，应该侧重于满足他们的发展型需求，采取发展型的救助方式，通过教育救助和就业救助等方式，最终帮助他们摆脱贫困状态。

（3）完善社会救助服务购买机制。社会救助服务有助于社会救助的转型升级，通过开展政府购买服务有助于弥补社会救助资源不足。在政府购买社会救助服务中，可以通过购买社会救助服务岗位和社会救助服务项目两种方式来实施[1]。

（三）改进社会救助管理机制

（1）健全就业激励机制。对于有劳动能力的社会救助对象，要强制其接受就业救助，提升其就业竞争能力和个人发展能力。通过个人能力提升和就业促进政策重新就业的对象，设置一个包括时间和收入水平双重标准的过渡期。例如，社会救助对象如果六个月连续稳定就业，且收入水平高于最低生活保障标准两倍，则应强制退出最低生活保障；

---

[1] 林闽钢. 关于政府购买社会救助服务的思考. 行政管理改革，2015，（8）：24-27.

反之，如果在时间上或者收入水平上达不到标准，则应允许其继续获得最低生活保障，从而实现对社会救助对象再就业行为的有效激励。

（2）建立分类退出机制。社会救助退出机制根据救助对象有无劳动力确定。对于无劳动能力者，属于社会救助的长期对象，遵循自然退出的原则。社会救助退出机制主要针对就业困难家庭和支出型贫困家庭。对于就业困难家庭，救助对象具备自力更生的能力，对此应强化其就业能力，通过就业达到退出社会救助的目的。对于支出型贫困家庭，要有针对性地采取医疗救助、教育救助和住房救助等措施，扶持该类家庭渡过生活难关，并有针对性地提供社会救助服务达到退出的目的。

（3）完善代际贫困干预机制。社会救助不应只关注当前的贫困，还应积极关注贫困的代际转移问题，明确把阻断贫困代际传递作为社会救助的目标之一。干预代际贫困就要对社会救助家庭的未成年子女实施特殊救助。对于在学的未成年子女要施以补偿教育，以多种形式消除教育中的不平等现象，推动他们更好地适应学校生活、以教育公平阻断贫困代际传递。对于走向就业的社会救助家庭子女，要做好就业帮扶工作，消除基于非能力的就业排斥机制，推动他们融入社会生活，帮助他们完成从学校到工作的转换过程[①]。

第三节 社会救助评估

与政府部门提供的其他公共服务一样，社会救助是否科学有效，需要对其进行评价。社会救助评估是指评估主体通过科学地设定社会救助统计指标，对社会救助的效益、效率与有效性进行有效的判断与评价，主要包括对产出量测量、成本测量、结果测量、服务质量测量、公民满意度测量、政策的社会负面效应测量等方面进行评估。

一、社会救助评估的主体和功能

（一）社会救助评估的主体

1. 政府部门

政府部门作为评估主体的优势在于，熟悉本部门运行规则，可以充分利用制度安排，评估工作可以有效顺利地进展，同时较为全面地反映评估过程中存在的问题，提出解决问题的有效方案，制定符合部门特点的评估标准，具有可行性与操作性。但也容易存在夸大部门成绩的倾向，对已有的问题隐而不报或者视而不见的现象。

2. 非政府部门

社会救助非政府部门评估主体主要包括被救助对象和专业评估组织（第三方机构）等。被救助对象作为社会救助服务的直接使用者和消费者，对社会救助的效率、质量和

---

① 孙远太. 社会救助运行机制的功能障碍与改进路径. 中国行政管理, 2016, 10: 40-44.

效果具有最直观的感受，可以说最具发言权，是社会救助评估的天然主体，专业评估组织（第三方机构）是社会救助绩效评估的重要主体，主要有受行政机构委托的研究机构、专业评估组织（包括大专院校和研究机构）、中介组织等，第三方评估弥补了政府自我评估的缺陷，在促进社会救助发展中发挥了不可替代的作用。总的来讲，随着社会救助评估主体的多元化发展，非政府评估主体在社会救助中发挥着越来越重要的作用。

（二）社会救助评估的功能

（1）描述和反映功能。社会救助评估可描述一定时期内接受社会救助的人数及摆脱贫困的人数，反映社会救助政府决策效果、执法力度、管理和服务的质量，以及在覆盖面、受益人规模、对象变动、救助资源供给、救助效果、社会效益等方面的变动情况，使人们对社会救助绩效有一个全面和科学的认识。

（2）评价功能。通过系统的社会救助评估可以对社会救助的决策、执行、管理、监督产生的效果进行评价、分析、比较。一方面，借助不同时期、不同地区指标的对比分析，了解社会救助工作的发展水平和速度，评价其是否真正起到了降低贫困率、维持社会稳定并促进社会融合的作用；另一方面，可通过比较实际指标值与标准值或既定目标值之间的差异，了解社会救助工作目标实现的程度，评价该项工作发展规划的实施状况与执行效果[①]。

（3）监测矫正功能。监测和跟踪社会救助的运行过程，对社会救助运行的各项指标与标准值进行比较，对社会救助运行状况做出预测，找出偏差指标，进行分析，从中发现产生偏差的原因或存在的问题，并及时调整社会救助政策，并使政策制定更具针对性和有效性，更好地为政府部门社会救助的决策与实践服务，从而最终实现社会资源的最优配置。

二、社会救助评估指标设定

社会救助评估指标是用来反映一定时空内社会救助发展的对象、规模、速度、效益等方面变化情况的一系列统计指标的结合的整体。当前迫切需要在社会救助工作得到大力发展的基础上，建立一套社会救助评估指标体系，对该项工作的运行情况进行科学分析，为政府部门的政策制定与规划提供合理依据。

（一）社会救助评估指标构建的原则

1. 科学性原则

科学性原则是各项指标设计需遵循的首要原则。其目的是使指标对社会救助工作的评价反映更符合实际状况、更具客观性，对社会救助制度的改进更具指导意义。社会救助评估指标体系在设计过程中，一定要从社会救助工作本身的性质与特点出发，同时充分考虑经济发展水平。指标内容、指标参考值、计算方法、比较分析等各个环节都要更

[①] 吉尔伯特 N. 社会福利的目标定位——全球发展趋势与展望. 北京：中国劳动社会保障出版社，2004：12-13.

具科学性、合理性。

2. 可比性原则与差异性原则相结合

可比性原则是指评估指标的制定应该有利于同一时期不同国别、地区之间的横向比较以及同一地区不同时间段的纵向比较，便于通过相互比较借鉴经验。同时，由于社会救助是社会保障的一个子系统，其资金主要来源于政府财政，这一性质决定了相对于其他社会保障子系统来说，社会救助更明显地与国家财政、地区财政，进而与国别经济、地区经济发展状况相关。因此，社会救助评估指标体系在总体设计、统计内容、统计口径、计算方法等方面需要遵循可比性原则；在指标参照值或标准值的确定上，就应充分考虑到地区差异性，避免目标确定过高或过低影响到决策的实施状况。

3. 可操作性原则

社会救助绩效评估的设计并非纯理论研究，更注重的应是其实践指导性。这要求各项指标应该具有实际可测量性，保证数据的可获得性、准确性、实际性。若统计资料与数据难以搜集，指标体系的设计也就失去了实际意义。

4. 全面性原则

指标的设计需涉及社会救助工作的各个环节，综合考虑各个方面。而且指标设计过程中，也要综合考虑影响社会救助绩效的各个因素，既要包含客观性量化评价指标，也要包括以公众满意度为主的主观性评价指标，从而多层面、全方位地对社会救助绩效予以客观评价。

（二）社会救助评估指标构建

社会救助评估涉及经济、社会和政治各个方面，因此，社会救助评估指标也可以从各种角度来设定，如社会救助内容指标有人口贫困率、贫困人口救助率、灾害救助率、弱势群体医疗救助率等；从社会救助效果方面来看，有职能绩效指标、影响指标、潜力指标等。

三、社会救助评估的路径

（一）社会救助对象确定的评估

社会救助对象确定合理与否关系到社会救助资源能否得到合理的分配，需要救助的社会群体能否得到应有的、足以改观其生存状况的救助资源。因此，评价社会救助绩效，首先要评估社会救助对象的确定标准是否合理、社会救助资源是否在最需要救助的人群之间分配。

（二）社会救助实施过程的评估

对于社会救助实施过程的评估主要体现为领取率，也即社会救助率，即实际获得社会救助的人数与应获得社会救助人数的比例。领取率指标是对政府贫困救助覆盖面的反映,理论上所有符合社会救助申请条件的社会成员都应得到相应的援助。领取率指标可反映出社会救助制度的覆盖面。领取率越高,说明这一制度覆盖的贫困家庭及其成员越广泛。

但在社会救助制度执行过程中,往往有部分救助对象没有被纳入社会救助体系之中。存在这些"合格的未申请人"的主要原因包括:第一,信息不对称问题。贫困家庭及其成员在面临物质匮乏的同时,也存在信息资源的缺乏问题。对社会救助的申请时间、条件、程序不了解,会造成贫困家庭及其成员错过申请时间或者不知如何申请。第二,耻辱感。由于社会救助资源的稀缺性以及社会救助对象的特殊性,社会救助制度只能通过选择性的方式来定位救助对象。家计调查式的对象选择方式以及接受救助事实本身会涉及申请者的隐私与尊严,耻辱感的产生使部分困难群体放弃申请并接受社会救助的权利。

(三)社会救助效果的评估

(1)贫困率与脱贫率。社会救助工作致力于维持贫困者生存的同时,更应关注贫困者自身生存能力的提高。贫困率通常反映一个地区的整体贫困状况,贫困率下降幅度越大,说明社会救助的效果越明显。脱贫率是一定时期内的脱贫人口占该时期贫困总人口的比例,相对于贫困率来说,脱贫率在反映社会救助的实施效果上更具直观性。

(2)公众满意度。公众满意度是衡量政府绩效的重要指标,政府的各项行为都应该以公众满意度为导向。社会救助工作都要由公众满意度来反映。公众满意度的调查对象既应包括社会救助范围外的社会成员,还应包括接受救助的对象。通过公众感觉和救助对象评价进行多层面的评估分析,有利于全面地观察社会救助制度的运行及其存在的问题,使救助效果评估更具客观性和全面性。

第四节 社会救助监管

社会救助监管是指由国家行政管理部门、专职监督部门、利害关系者及其他相关主体对社会救助管理行为过程及结果实行监察和督守,使其遵守国家有关法规和政策的要求,确保社会救助目标的顺利实现。良好的社会救助监管主要是借助内、外部约束力而产生效力,它是社会救助有序、高效运行的主要手段。

一、社会救助监管的主体和类型

从理论和实践来看,社会救助的监管基本上以行政监督为主导,专门监督和社会监督为补充。

(一)国家机关的监管

(1)国家权力机关的监管。其主要是人民代表大会及其常务委员会对社会救助的监管，包括两方面：一是法律监管，主要是对有关涉及行政部门，以及有关社会救助的行政法规、规章和规范性文件的合法性进行监管，并对社会救助的法律法规的实施情况进行监管。二是工作监管，主要是人民代表大会及其常务委员会全体或部分组成人员对社会救助日常工作进行考察、调研、监督、检查。

（2）国家行政机关的监管。其主要是各级人民政府对社会救助的监管，主要包括：制定与社会救助监管有关的行政法规、行政规章、地方性规章和有关规范性文件；采取听取汇报、述职报告等形式，对所属的民政劳动保障行政部门、财税部门的社会救助及其基金征缴、管理和运作、支付工作进行监督；各级政府法制部门（法制办）对上述机关的规范性文件进行备案以及合法性审查；等等。

（3）国家司法机关的监管。国家司法机关对社会救助的监管主要是检察机关（检察院）的监管和审判机关（法院）的监管。检察机关的监管是一种专门监督，其监督的方式主要是对在社会救助方面的违法犯罪行为提起公诉，尤其是对国家机关及其工作人员在履行职务行为过程中的违法犯罪行为提起公诉；对有关单位的有关违法行为发出检察建议书；受理举报、控告，接受当事人抗诉申请并决定是否提起抗诉；等等。审判机关监管主要是法院对违反社会救助法律法规的行为进行审判。

（4）经济管理部门的监管。经济监管主要是指国家经济管理部门针对社会救助资金管理部门根据各自的职能权限，代表国家对社会救助资金的筹集、运营、支付过程进行的监督。其主要有以下几种：一是财政监管。其主要是财政部门对社会救助资金管理部门遵守财政法规和财务会计制度情况，以及对社会救助管理机构的经费预算的监管。二是审计监管。这是由专门从事审计业务的部门对社会救助资金的财政收支、基金运营的效益和违反财经法纪的行为所进行的经济监督。其包括对社会救助资金的核定收缴、对付、上解、储存、拨付、调剂、使用等环节进行全面的审计监督。三是金融监管。金融监管是指国家金融管理部门对社会救助资金管理部门的金融活动是否符合国家金融政策所进行的经济监督。

（5）各级监察机关的监管。各级监察机关有责任对相关部门履行职责情况进行监督，严肃查处社会救助中的贪污、挤占、挪用等违纪违规行为，依纪依法追究相关单位和人员的责任。

（二）社会的监管

（1）社会组织的监管。其主要是指各民主党派、人民政协和社会团体对社会救助的监管。他们通过多种形式、多种途径积极地开展监督工作，是社会救助监管的重要力量。社会团体的监督，主要是指城乡群众自治性组织、各类社会团体对社会救助所进行的监督和管理。

（2）公众的监管。公众对社会救助进行监管的方式除了举报、投诉之外，还可以就其自身受到的社会救助方面的权利和受到的侵害提起复议、诉讼，以维护自己的合法权益。

（3）新闻舆论的监管。新闻媒体通过如实报导，或发表评论，或通过民意测验等方式造成社会舆论，从而引起社会和有关政府部门关注，对有违法违规的行为的社会救助管理机构或工作人员施加社会压力，实现舆论监督的目的。

二、社会救助监管的基本原则、目标与任务

（一）社会救助监管的基本原则

（1）法治原则，即符合法治建设要求。社会救助监管体系的建立和完善要与法治化进程相一致，要在法律的框架下有序进行。

（2）协调性原则，即保持整体协调。社会救助监管，不仅要与资金筹集、管理、运营等体系相互适应、相互配合，而且要与其他金融监督机构做好协调工作，保持一致，形成一个有序运转的整体。

（3）责任原则，即分工明确，职能清晰。社会救助的监督主体与监督对象之间应当明确领域，特别是要与经办机构划清职能范围，保证既不缺位也不越位。

（4）可操作原则，即要增强可操作性。监督体系的建立和完善，要注意实际效果，保证能够对社会救助中存在的问题进行及时、灵活的调整和解决；要有明确的监督标准、切实可行的监督手段、便于操作的监督程序、明确的责任分工。

（二）社会救助监管的目标与任务

从社会救助监管的内容来看，社会救助监管的目标是防止权力被滥用，使权力合法有效行使，保证社会救助工作及时高效实施。我国社会救助正处在转型发展过程中，问题和矛盾错综复杂，社会救助监管的任务既要突出重点，抓主要矛盾，抓关键问题，又要着眼全局，做好社会救助具体工作的监管。

（1）对社会救助相关法律法规、政策、制度的执行情况的监管。

（2）对社会救助资金的监管，包括社会救助资金的筹集、管理及支付等有关情况，重点是对是否存在违法或违规运作的问题进行监管。

（3）对社会救助受益者在资格认定上的监管。

（4）对媒体和群众对社会救助有关情况的举报、申诉进行受理，并监管有关部门对举报和申诉问题的处理、落实情况。

三、强化社会救助监管的路径

（一）全面推进社会救助信息公开

监管的首要条件就是获取信息，即监管主体获取监管客体的行为信息，然后对获取的信息进行分析和判断，最后对监管客体的行为实施控制。在监管的过程中信息是具有垄断性和隐蔽性的，这就阻碍了监管的有效实行。因此，社会救助监管的首要前提就是信息公开。

第一，以《中华人民共和国政府信息公开条例》为基础，不断完善社会救助法律法规，以法律的形式确保公民对社会救助的知情权。同时，加强社会救助的信息公开渠道建设，形成多元的信息公开手段和方法，确保信息公开的简便、快捷和低成本。

第二，积极宣传社会救助政策。要充分利用公开栏、电子屏、网站平台等渠道，通

过会议宣讲、集中咨询、现场解读、分发传单、摆放展板等方式，宣传社会救助政策法规，使群众了解救助申请条件、申请审批程序以及救助对象的权利和义务等常识内容，使社会各界都能了解社会救助工作，支持参与社会救助工作。

第三，公开相关社会救助信息。政府主管部门要在网站公布救助资金的使用状况，在公开栏或人员集散场所及时公示救助对象的评议情况和审批情况，以便接受群众监督，提高社会救助工作的透明度。

第四，建立社会救助信息申请被拒的申诉机制[①]。所谓的信息申请被拒申诉是指公民要求信息知情权被拒绝时，可以通过第三方（主要是法院）进行申诉，从而确保其权利的实现。社会救助信息公开能否成为公民权利、其权利能否获得真正的保障，在很大程度上取决于是否拥有一套健全的公共服务信息申请被拒的申诉机制。从国际经验来看，申诉机制的保障应建立在司法审查机制的基础之上。公民信息获取的权利由法院直接予以保障。因此，社会救助信息公开有必要设立以法院为主的第三方仲裁和申诉机制，以保证救助信息公开的制度化、规范化、透明化。

（二）科学设置社会救助监管机构，强化责任追究

合理、高效的监管机构设置是确保社会救助的政府监管得以充分实施的关键所在。第一，需要明确各个社会救助监管部门的权责及职能范围，防止部门职能交叉模棱两可的情况出现；第二，精简社会救助监管机构，对于重复设置的监管机构一律依法撤销，只保留必要的部门和机构，同时禁止设立功能交叉的机构；第三，加强各社会救助监管部门的配合协调，紧密联系，确保监管机构的有效运转。在此基础上，加强监管力度，严格问责追究。实行责任追究是遏制违规行为、提高服务水平的有效抓手，是促进社会救助制度化、规范化建设的重要措施。

（三）培育和提升社会监管能力

（1）培育媒体和公众对社会救助的监管意识。通过增强媒体和公众对社会救助的理解、认同和参与，媒体和公众可以充分认识到其作为社会救助监管者的重要角色。同时，政府及其相关部门要有效地引导媒体和公众参与社会救助的实施，鼓励发展公众的自主、自治和志愿服务意识，培养现代公民精神，以社会救助的有效实施为目标，对社会救助活动进行积极客观有效的监管。

（2）完善媒体和公众对社会救助的监管方式。正确合理的监管手段和方式可以使监管事半功倍，媒体和公众的监管可以通过调查研究、座谈、书面提出意见、社会舆论讨论及举行听证会等多种方式进行。

（四）建构多元监管联动机制

一个完整有效的社会救助监管体系不仅要强化和提升每个监管主体的能力和水平，

---

① Chapman R A, Hunt M. Open Government: A Study of the Prospects of Open Government with in the Limitations of the British Political System. London: Croom Helm Ltd, 1987: 141.

更重要的是构建政府、社会组织、新闻媒体、公众等监管主体之间的联动监管机制，使之形成合力。

（1）构建社会救助监管的信息共享平台。建立机构监管综合信息系统，形成社会救助的信息采集、信息查询、机构管理、统计分析、风险预警和综合风险评价等一整套信息搜集公开交流系统。通过公开透明的社会救助信息交流和发布机制，及时准确地了解和持续跟踪社会救助的整个过程，当社会救助出现新的动态和变化时及时有效地调整监管各方监管手段和策略，以利于监管机构确定监管的重点与对策，使监管工作有的放矢，形成准确及时有效的监管。

（2）构建社会救助监管的多层次协调合作机制。依法界定社会救助各主体的权责关系。合理划分政府内部各部门之间的权责，从中央到地方再到本级政府的各部门之间的权力要合理分配和制衡。同时，要对社会组织和媒体公众监管进行适度授权，确保其合法有效地利用自身拥有的资源和其他社会公共资源参与社会救助的监管。

【本章小结】

社会救助管理是由国家和政府以及社会组织根据国家的政策与法规，通过一定的机构与程序，采取一定的方式、方法和手段，对各种社会救助事务进行计划、组织、协调、控制与监督的过程。其主要包含社会救助筹资、社会救助运行、社会救助评估、社会救助监管四个方面。

社会救助筹资是社会救助的主体对实现社会救助所必需的资金开展的筹集活动，主要涉及救助资金的来源渠道和筹措方式。我国社会救助资金以政府拨款为主，社会捐赠、福利彩票发行等各种形式的社会募捐是社会救助资金的重要辅助来源。

社会救助运行机制是社会救助中各主体、各要素之间相互联系、相互作用的具体方式。社会救助运行包含社会救助的识别机制、帮扶机制和管理机制。

社会救助评估是指评估主体通过科学地设定社会救助统计指标，对社会救助的效益、效率与有效性进行有效的判断与评价。社会救助评估的主体分为政府部门和非政府部门。社会救助评估具有描述和反映、评价、监测矫正等功能。社会救助评价指标是用来反映一定时空内社会救助发展的对象、规模、速度、效益等方面变化情况的一系列统计指标的结合的整体。社会救助的评估可以从社会救助对象确定、社会救助实施过程、社会救助效果三个方面进行。

社会救助监管是指由国家行政管理部门、专职监督部门、利害关系者及其他相关主体对社会救助管理行为过程及结果实行监察和督守，使其遵守国家有关法规和政策的要求，确保社会救助目标的顺利实现。社会救助监管包含国家机关的监管和社会的监管。

【关键术语】

社会救助管理　社会救助筹资　社会救助运行　社会救助评估　社会救助监管　社会救助经费管理　社会救助评估指标　社会救助信息公开

【案例】

澳大利亚是如何进行社会救助绩效评估的？

在澳大利亚社会救助资金支出中，一部分是通过社会福利联络中心发放给救助申请者，一部分由政府部门支付给社区组织，资助其为当地困难群众提供个性化服务。

澳大利亚政府采取了不同的绩效评价方法来考核上述社会救助资金的有效性。针对通过社会福利联络中心发放的社会救助资金，社会服务部、统计局、审计署等部门每年对社会救助项目进行30%的抽查，2014年抽查的救助准确率为95%。在不准确的5%中，主要有三种情况：一是申请者因非英语语言背景等情况，没有核查清楚家庭经济财产状况；二是申请者的家庭经济情况发生变更，没有及时向社会福利联络中心申报调整；三是个别申请者故意隐瞒、欺骗甚至造假骗取救助金。对于前两种情况，只需进行修正并退还多发的救助金。对于蓄意骗取救助金的，则视情况严重与否处以停止发放救助金、罚款、追究刑事责任等处罚。

针对社区组织代为提供社会救助服务的，政府与该社区组织签订购买服务合同时，通常会约定关键考核指标，如该组织在本社区开展活动次数、规模、时间等，每年会派专人听取社区组织负责人述职。另外，社区组织有义务公开年度工作和财务报告。

资料来源：徐华，王继航，杨凤欣，等.澳大利亚社会救助制度考察报告.中国民政，2016，（4）：57-59

【复习思考题】

1. 什么是社会救助管理？社会救助管理包括哪几方面的主要内容？
2. 社会救助筹资的经费管理有哪几种模式？
3. 简述社会救助运行优化路径。
4. 简述社会救助评估的主体和功能。
5. 结合实际谈谈如何强化社会救助监管。

第十一章

社会救助法

社会救助权是社会救助法的逻辑起点。在现代社会中，救助贫困公民是国家和社会义不容辞的责任和义务，而获得社会救助是公民应该享有的权利。社会救助法是调整社会救助关系的法律规范统称，它是社会救助制度可持续发展的重要基础。

第一节 社会救助法概述

一、社会救助法的概念

社会救助法是调整社会救助关系，由国家强制力保障实施，以法律法规、规章及其他规范性文件为载体的法律规范的总称。社会救助以保障公民平等的社会救助权为立法宗旨。社会救助权保障意味着任何公民在陷入贫困状态需要国家救助时，无论何种原因陷入贫困或其他需要救助的情形，均平等地享有向国家请求帮助的权利。

社会救助权蕴含着平等权属性，只要是公民，无论其何种身份，在享有社会救助权利方面，应该是平等、不受歧视的。由国家通过国民收入的再分配来确保国民基本生活的社会救助权的实现是需要成本的，也即公民社会救助权是需要政府"买单"的权利。确定而稳定的资金来源是社会救助权利实现的物质基础，政府作为社会救助权的主要义务主体，责无旁贷地承担社会救助责任。

当然，社会救助权保障并不意味着权利主体不承担任何责任，更不意味着社会救助权可以滥用。近二十年来，西方发达国家都在推行社会救助制度改革，改革的内容之一就是在维护公民法定社会权利的同时强调公民的义务，针对有劳动能力的社会救助领取人，设定待遇领取的"工作条件"。此外，权利同任何其他事物一样，也是有限度的，拥有了权利的同时也就意味着拥有了权利的限度。

二、社会救助法的特点

社会救助不同于社会保险和社会福利,因此,作为调整社会救助关系的社会救助法也具有自己的特点。

(1)社会救助法律关系中权利的享受不以履行义务为前提。不同于权利义务相关联的缴费制的社会保险法律,社会救助法律关系中,符合社会救助条件的主体,可以按照法律的程序或条件获得国家和社会的救助,其权利享受不以其履行缴费义务为前提。

(2)社会救助法律关系主体具有特殊性。社会救助法律关系的主体一方为国家,另一方为全体符合救助条件的社会成员,即因经济困难、不能维持基本生活,或者遭受急难事故或自然灾害的公民等。

(3)社会救助法保障的权利主要是救助对象的生存权。社会保险法、社会福利法解决的不仅是社会成员的生存问题,而且包括提高社会成员的生活质量问题。社会救助的待遇水平通常是以维护社会成员的最低生活需要为标准。这一特征也使社会救助法成为整个社会保障法律体系中的最后一道防线。

(4)社会救助法是实体规则和程序规则的有机结合。社会救助法是社会救助对象的权利保障法,规定救助对象的实体性权利是其主要内容;社会救助法需要规定家庭经济状况调查的程序、社会救助标准的制定和调整程序、社会救助申办程序等,规范社会救助机关权力的行使。实体规则和程序规则的结合是社会救助法通过程序正义以实现社会救助给付的公平公正,维护公民社会救助权利的必然要求。

第二节 国外社会救助法

一、英国的社会救助法

英国是现代社会救助制度的发源地,也是世界上制定社会救助法最早的国家。1601年英国颁布的《伊丽莎白济贫法》,奠定了英国乃至欧美各国社会救助立法的基础,开创了用立法推进社会保障事业的先例,为世界各国的社会救助立法提供了宝贵的经验。

(一)英国的传统社会救济法

英国传统的社会救济可以追溯到中世纪时期。在以社会保险制度为核心内容的现代社会保障制度出现之前,英国社会已经存在着各种各样的社会救济形态,如基督教的慈善施舍、同业行会的互助互济。但真正以立法来确认社会救济制度,要从第一部济贫法的颁布开始。

1. 《伊丽莎白济贫法》

1601年,英国女王伊丽莎白颁布了世界历史上第一部济贫法——《伊丽莎白济贫法》。该济贫法的主要内容包括:第一,建立教区贫民监督官和教区济贫委员会;第二,为有劳动能力的人提供劳动场所；第三，资助老人、盲人等丧失了劳动能力的人，由贫民救济院收养他们，或者施以院外救济；第四，建立贫民教养院、平民习艺所等救助机构，组织穷人和孤儿习艺；第五，从比较富裕的地区征税去补贴贫困地区；第六，提倡父母子女的社会责任。该济贫法还规定，社会救济的基金以每户固定缴纳的税款为主，那些不依法缴纳济贫税者将遭受牢狱之灾。《伊丽莎白济贫法》颁布后，英国政府又陆续颁布法令，对济贫制度做了补充，形成了比较系统的济贫模式，并在17~18世纪的英国济贫事业中发挥了重要作用。

2. 《斯宾汉姆法》

18世纪下半叶，工业革命的开始使英国再次面临严重的社会问题。1795年，英国颁布了《斯宾汉姆法》。该法的核心内容是按照食品这一基本生活资料价格的高低来确定人们的最低生活费用标准。该法的颁布，使英国社会救助制度发生了变化。该法对《伊丽莎白济贫法》时代片面强调院内救济的做法进行了矫正，把济贫的范围扩大到有人工作的贫穷家庭，建立了一种更为广泛的户外救济制度，使低收入者可以通过享受补贴的方式领取院外救济，得到某种最低限度的生活保障。

3. 新济贫法

面对社会救助制度存在的种种问题，1832年，英国国王威廉四世下令成立济贫行政与实施委员会，负责对全国的济贫状况进行调查。1834年，英国议会根据调查委员会的报告，通过了《济贫法修正案》（又称新济贫法）。新济贫法彻底否定了《斯宾汉姆法》的户外救济方法，宣布停止向济贫院以外的穷人发放救济金，强迫他们重新回到习艺所去。新济贫法创立了全国性的行政机构——济贫委员会，将济贫由分散变为集中，克服了地方济贫管理腐败和不称职的局限，为在全国范围内建立统一的社会救助制度奠定了基础。

（二）英国的现代社会救助法

随着英国贫困问题的加剧和社会问题的复杂化，新济贫法规定的院内救济的办法根本无法解决越来越多的社会问题。19世纪中晚期，英国某些地方已经采取大规模发放院外救济等违反新济贫法规定的做法，扩大济贫的范围。随着人们社会贫困观的出现，废除济贫法，建立更科学、更人道的社会救助制度已经成为一种趋势。1908年，英国政府颁布了《老年年金法》，规定政府有责任为年满70周岁且收入低于一定水平的老年人提供生活保障。1909年，英国《济贫法》和救济事业调查委员会的报告最早提出了"公共援助"这一新概念，主张彻底废除以惩戒穷人为主要目的的济贫法，代之以合乎人道主义精神的公共援助。

1911年，英国颁布了《失业保险与健康保险法》，对健康保险和失业保险做了法律规定。1925年颁布了《寡妇孤儿及老年年金法》，对因经济危机而造成的失业人口和其所赡养的人口的生活保障进行了规定。1933年，英国成立了失业保险法定委员会和失业救济管理局，分别负责失业保险和失业救济。1934年，英国通过新的失业法，该法令将长期失业的情况从社会保险计划中分离出来单独给予救济。这些法律规定已经突破了济贫法时代"院内救济"的局限，体现出了保障公民生存权的国家责任特点。

第二次世界大战后，随着以社会保险为核心的新型社会保障制度在英国的逐步建立，英国的社会救助法律开始被纳入社会保障法的整体框架中。被称为"福利国家之父"的贝弗里奇教授，提出了一整套对英国公民均适用的福利国家指导原则，提出国家对于每个公民"从摇篮到坟墓"，即由生到死的一切生活与危险都给予安全保障，建立全面广泛的福利计划。英国政府以《贝弗里奇报告》为理论依据，建立更为全面、完整的社会保障制度。1944年英国通过了《国民保险部法》；1945年通过了《家庭津贴法》；1946年通过了《国民保险法》、《国民工伤保险法》和《国民健康服务法》。这样，以社会保险为核心的新型社会保障制度逐渐在英国形成。然而，社会保险制度的建立并不能取代社会救助制度。因为社会救助制度可以弥补社会保险制度的不足，它能够覆盖社会保险制度所未能解决的各种社会问题的受害者。

1948年英国颁布了《国民救助法》。国民救助制度有了重大发展，主要如下：第一，确定隶属于国民保险部的国民救济局为各类社会救济事务管理机构，将无能力参加社会保险者、不具备领取社会保险津贴资格者，以及已经失去了继续领取社会保险津贴资格者界定为救济对象，并确定了国民救济的具体标准。第二，对于对贫穷的个人所提供的救济支出、地方政府为贫穷人所提供的住所和其他服务、与国民救济制度相关的各种支出，均由立法机构——议会批准的拨款承担。第三，国民救济在实施过程中需要对申请者进行家庭收入状况调查。《国民救助法》在英国社会保障法制史上具有里程碑的意义。它标志着在英国实施了350多年的济贫法退出历史舞台和现代社会救助制度在英国的诞生。自此，英国的社会救助制度被纳入现代社会保障的制度框架。该救助法改变了济贫法时代对社会救助的价值定位。该救助法规定，凡无财力维持生活或财力需要补充才能生活的人，政府给予现金补助。国民救助经费大部分由国库支付。国家设立国民救助委员会主管国民救助，隶属于当时的年金和国民保险部。1966年将国民救助改为补助待遇，由补助待遇委员会负责管理，其主要特点是弱化原来的短期待遇，强化长期待遇，从而有利于老人。

1974年英国通过的《社会安全修正案》对社会救助内容做了较大的改变，主要是将分类补充的社会救助整合为补充安全所得。社会救助包括以下内容：第一，补充安全所得，包括老人、盲人与残疾人的现金给付；第二，失依儿童的家庭补助，主要是面向依赖家庭的救助工作；第三，医疗补助；第四，常规救助，是指对那些不符合联邦补助方案的贫困者，由各州另行提供一般救助以维持贫困者的生活；第五，食物补助，包括食品券补助和妇女、婴儿与儿童的补充食物计划；第六，住宅补助，包括公共住宅和房租补贴两种。

1976年，英国通过《补充救助法》，对社会救助的对象、内容等方面做了更为明确的规定，指出凡是16岁以上的英国居民，其收入来源不能满足最低生活需要者，都可以申请社会救助。经过多年的发展，英国形成了非常完备的社会救助体系，其社会救助的范围是非常广泛的，主要包括低收入家庭救助、老龄救助、儿童救助、失业救助及疾病救助等内容。

1986年，英国颁布了《1986年社会保障法》，该法案引入了收入扶助、社会基金及家庭救济金，以及修订过的住房补贴方案。直到今天，该法案的主要内容仍然是现代社会救助制度的主体构成。

二、美国的社会救助法

美国是一个移民国家，最早到达美洲大陆的移民将伊丽莎白时代贫济法及其精神带到北美洲，在登上新大陆的较短时期内各殖民地纷纷建立了济贫制度。北美最早的济贫所出现在纽约殖民地伦斯勒，较早的私人慈善团体是1651年出现的苏格兰人慈善协会，由居住在波士顿的27个苏格兰人组成。私人慈善组织主要通过捐税、捐赠、遗赠及其他形式提供慈善基金，向需要救助的穷人提供现金及食品、衣服、居住条件。殖民地政府通过纳税人缴纳的济贫基金实施有限的慈善济贫，北方新英格兰各殖民地议会设有专门的行政官员负责济贫工作，南方各殖民地则由教区委员会负责济贫事宜。

美国建国后，虽然"促进公共福利"的思想被正式写进了1787年《美利坚合众国宪法》，但由于工业化的迅速发展和可以轻易得到农田使人们认为，只要愿意，任何人都可以找到一份工作，导致贫穷的责任不在于社会而在于个人。同时，自由主义和达尔文主义的社会思潮，使人们对济贫制度的社会正当性和效用产生了疑问。这一时期，社会救济主要还是由家庭、朋友、私人慈善机构及教会提供。地方政府也有权通过安排师徒合同，将孤儿、弃儿等安排在其他家庭抚养。地方政府还设立救济院和贫民收容所以帮助病弱者和失业者。从总体上来说，在美国这样一个自由主义思想盛行的国家，政府总是避免承担过多的社会救助责任，政府倡导社会互组和社会团体的救助。直到19世纪末，美国的社会救助依然停留在地方性济贫的较低水平上，没有形成全国统一的制度。

20世纪初美国经济走向繁荣，为推进社会福利事业提供了物质基础。然而，工业化、城市化和经济集中化的趋势也带给了美国越来越多的社会难题。例如，由于贫富差距的扩大，财富迅速集中到少数人手里，一般家庭日益难以照顾老、残、孤、寡者。因而，这些社会问题的解决，对社会救助制度提出了更高的要求。

而真正导致社会救助制度化的是始于1929年的罕见的世界性经济危机。经济危机的爆发，给美国社会带来了困难，广大人民处境非常悲惨。当时美国总统、共和党人胡佛根本不考虑社会救助对社会稳定的作用，认为社会救助不应该依靠政府，而应依靠慈善组织、互助机构和私人捐助。但事实证明，自愿性的慈善组织和互助组织并没有处理广泛而深重贫困问题的能力，唯有政府才能够担当起这一重任。1931年9月23日，纽约州率先通过了《纽约州失业救助法案》，并成立临时紧急救助署，为失业和贫困家庭提供救济，从此将救助的主要责任由慈善机构和民间组织转移到了政府。

1933年，罗斯福当选美国总统，为缓和国内劳资矛盾，摆脱危机，推出了一系列改革措施，史称罗斯福新政。新政强调国家干预社会经济生活，包括由国家出面实施社会救助等。罗斯福强调，每个人的安全只有通过政府的力量调动社会各种因素才能得到保障。当年5月罗斯福签署了《联邦紧急救助法》，建立起第一个全国性的救助机构——联邦紧急救助署，从而进一步将救助公民的主要责任从州、市等地方政府转向联邦政府，开辟了社会救助的新纪元。

在罗斯福签署的若干重要法案中,对美国社会经济发展影响最深的立法,当属1935年8月14日生效的《社会保障法》。《社会保障法》放弃了长期主导美国社会的自由主义主张,改变了过去那种由地方政府扶助援救,或由民间团体自救自助的济贫传统,将贫困的预防提高到一个前所未有的高度。该法对贫困问题采取了两道防线,即社会保险和社会救助。社会保险项目主要有老年保险和失业保险;社会救助项目主要有失业救济、医疗补助、儿童补助等。《社会保障法》强调联邦政府在解决社会问题上的责任,由联邦政府向各州提供财政拨款,用以解决老人、盲人、残疾人、失业者、儿童面临的经济困难。

1935年的《社会保障法》在美国的社会救助法制史中具有划时代的里程碑意义,它不仅标志着美国的社会救助立法从地方政府向联邦政府的转变,而且在一定程度上缓解了社会矛盾,促进了经济的恢复。它同时奠定了美国社会保障制度的立法基础,开创了美国特色的福利国家制度的新时期。1962年,美国颁布《公共福利修正案》,治理贫困的重点开始转向提高贫民的能力方面,进一步扩大了社会救助的范围。1974年,美国对《社会保障法》做了重大修改,将原来由联邦政府补助各州办理的老人救助、盲人救助、残疾人救助,重新收回由联邦政府统一办理,称为补充保障收入计划,至此建立了美国式的社会救助制度[①]。2002年,布什政府又提出了第二阶段深化福利改革的方案,出台了《为自立而工作法案》,在倡导通过就业自食其力的"工作福利",减少福利依赖的基础上,着力强调改善家庭结构,强化健康的婚姻关系,减少非婚生子女等。自2012年以来,奥巴马政府提出反贫困计划,让更多的民众得以接受政府的救济。

美国的社会救助制度比较完善,其社会救助的主要项目包括抚养未成年儿童家庭救助、补充保障收入、医疗照顾和医疗救助、住房补助、食品补助和其他救助项目。

抚养未成年儿童家庭救助是由政府以现金资助单亲有子女家庭或父母失业家庭及丧失劳动能力的家庭。对于受供养的子女,通常救助到18岁。尽管联邦政府支付此项救助资金一半以上费用,但该项目的行政管理权却委托给了州政府,由州政府决定项目受益资格标准和受益水平。

补充保障收入是旨在救助贫困的65岁以上的老年人、盲人、伤残者而设立的社会保障项目。补充保障收入项目的收益比抚养未成年儿童家庭救助项目更为丰富,但它同样由州政府来决定接受救助的资格标准和救助水平,因此同样因不同的州福利水平的差异而大相径庭。

医疗照顾和医疗救助是美国联邦政府最重要的医疗保障项目。医疗照顾制度主要为65岁以上老年人和伤残保障受益人支付大部分住院和医疗费用。医疗救助项目以穷人和伤残者为对象,费用由联邦制度和州政府共同承担,目的是向低收入的老人、盲人、残疾人、孕妇和多子女家庭提供医疗资助。此外,各州还可向那些虽然能维持日常生活、收入来源却不足以满足全部医疗开支的人提供帮助。

住房补助是联邦政府为解决低收入阶层住房短缺和居住条件低下的问题而建立的救

[①] 牛文光. 美国社会保障制度的发展. 北京:中国劳动社会保障出版社,2004:163.

助计划，主要是提供低租金的公共住房，房租补贴住房，贷款利息补贴，妇女、婴儿和儿童住房补贴；消除贫民窟，发起新镇运动，以及解决国内外移民和非法移民的住房问题等。

食品补助主要由食品券、儿童与老年人营养、剩余食品分配三大项目构成，目的是确保贫困者能够获得基本的食物需求，以解决贫困阶层的基本生活。

其他救助包含一般救助、紧急公共救助、贫困家庭子女教育、就业机会和基本技能计划。一般救助是为那些不符合联邦救助方案资格的人，由各州另行提供一般救助方案以维持贫穷者的生活。有的州提供现金给付，有的州包括医疗给付、住院、丧葬，以及其他物质救助；紧急公共救助由 1979 年成立的联邦紧急救援总署负责执行，处理包括火灾、地震、洪水、风灾、爆炸、化学事故、核事故与核销毁等各种灾害及国际争端中的难民安置等防灾救援工作；贫困家庭子女教育的主要形式是政府向"学区"提供资金，以资助在其中就学的贫困家庭的学生顺利完成义务教育；就业机会和基本技能计划旨在帮助小孩在三岁以上的、享受抚养未成年儿童家庭补助的穷人接受职业教育或职业培训。

三、日本的社会救助法

社会救助制度在日本通常称为生活保护制度，即对贫困者进行最低生活水平保障的制度，由于属于政府行为，由国家出资救助，又被称为国家救助制度。

日本是在圣德太子时期（公元 574~622 年）开始关注社会救济的，由于当时大力提倡由中国和朝鲜传入的佛教，建立了各种用于慈善济贫活动的寺院，体现了佛教的慈悲仁爱思想。7 世纪中叶，日本又在中国隋唐制度的启发下，实行了意义深远的大化运动，废除了贵族制和奴隶制，转入以律令制为特征的封建时代。此后，日本颁布了有关救助穷人的济贫条令，预示着日本的社会救助制度开始萌芽。

日本现代的社会救助制度是在明治维新之后逐渐建立起来的。明治初期，日本中央政府实施"恩给"制度，主要是由中央政府向退伍军人和退休官员发放老年生活费。明治中后期，这一制度的对象扩大到教职员、警察、官办企业的劳动者。

1874 年，明治日本政府颁布了救济生活贫困群体的《恤救规则》。《恤救规则》的主要内容如下：一是救济活动主要建立在居民的相互帮助、相互友爱之上；二是救济对象严格控制在老人、儿童、患病及残疾人的范围之内；三是救济内容是时限 50 天的食品费；四是有劳动能力的人不在此救济制度范围之内；五是国家、地方政府对救济活动没有绝对责任，只是对救济活动给予指导性的建议。显然，《恤救规则》属于道义性的救助，并不具备现代社会救助制度的要素。

20 世纪 30 年代是日本生活保护制度的快速发展时期。1929 年，日本取消了《恤救规则》，颁布《救护法》（该法于 1932 年实施），确立了日本现代社会救助制度。

第二次世界大战后，贫困问题成为日本政府面临的最为深刻的课题之一。1945 年 12 月，日本政府制定了《生活困难者紧急生活援助纲要》，开始实行一系列的扶贫救贫措施。这些措施对当时的贫困状况起到了一定的缓解作用。同时，日本在美国占领军的监督和指导下进行了民主改革。为了救助战后处于贫困状态的人们，美国占领军于 1946 年 12 月向日本政府提交了备忘录，提出了四点要求作为日本战后推行社会救助政策的最高原则：第一，国家应平等和无差别地救济穷人；第二，国家应承担起保护穷人的责任；第三，国家不得向其他个人或团体转嫁这种责任；第四，国家为实施救济要提供充足的预算保证，不得加以任何限制。

以上述原则为基础，1946 年 10 月，日本在《生活困难者紧急生活援助纲要》的基础上制定了《生活保护法》。该法确定了关于无差别保护的原则，标志着日本的生活保护法开始具备了近代国家公共救助制度的基本要素；该法是日本战后贫困群体救济制度法律化的开始，救济制度体现了国家责任原则；该法将分散的救济制度统一到生活保护制度体制中，覆盖范围体现了一定程度的无差别平等原则，即只要其生活水准在最低保障线以下就应该按照平等的原则予以救助。

1950 年 5 月，日本政府对旧生活保护法进行修改，颁布了现行的日本《生活保护法》（也称新生活保护法）。该法于 1951 年正式实施，它将日本的社会救助制度带入了一个新的发展阶段。《生活保护法》进一步明确国家对国民生存权保护的责任，明确无差别平等的原则（对于品行不良者以及有犯罪经历的人员也不例外），强调社会福利专业化和具体实施管理的规范化，增加了教育救助和住宅救助项目，实现帮助贫困者自力更生的目的。

随着社会经济的不断发展，日本的新生活保护法前后经过了十多次的修订，最终形成了今天完善而有特色的生活保护制度。

日本的生活保护法始终遵循如下原则：第一，无差别平等原则，即生活保护制度的对象是所有国民，体现了普遍性、平等性宗旨；第二，国家责任原则，即生活保护属于政府行为，政府是生活保护的第一责任人；第三，最低生活保障原则，即生活保护制度立足于"最低"，保障的是贫困国民的最低限度生活。确定最低标准生活的依据是维持健康的有文化的生活；生活保护重在帮助被救助者自立，这是根本宗旨。换言之，对贫困的保护不应该只是给予生活补助，而是在援助生活的同时，引导和启发贫困者的个人才能，以促进其自立。

日本生活保障制度的实施还遵循了以下基本原则：第一，申请保障原则。生活保障的实施必须由被保障人、其义务抚养人或其他同居的亲属提出申请，在特殊情况下，个人无法或无能力行使申请权时，即使没有申请，也可以实施必要的生活保障。第二，保障基准原则。生活保障的实施是否有必要，以及给予生活补贴的程度，这些不能由实施机关主观决定，而应有统一的客观标准。为此，由厚生大臣制定最低生活基准，申请人的财产收入与该基准相比的差额部分就是生活补助的范围。因此，在实施生活救助之前，必须对申请人的家庭收入进行调查。原则上，申请人家庭所有的现金、财产、收入均被列为收入之内，但慈善团体的捐款、捐物除外，理由是出于对捐赠人善意的尊重。本人缴纳的社会保险费、为参加工作而得到的交通费等也除外，意在鼓励勤劳，促其自立。第三，保障的补充性原则。日本的生活保障制度要求生活贫困的人必须将可以利用的资产、能力及其他所有东西用于维持其最低限度的生活。也就是说，生活保护是最后的救助手段，如果陷入了贫困，首先要尽可能地利用自己的资产和能力，利用民法所规定的有赡养义务人的赡养及根据其他法律所开展的救助，只有在这些方法仍然不能维持最低生活时，才有资格接受生活保护。第四，以家庭为单位原则。日本生活保障制度的对象是以家庭为单位的，而不是以个人为单位进行的。因此，申请生活保护的人是否陷于贫困线之下，以及对其生活补助程度的判断，是以本人所属的整个家庭进行衡量的。

2013年，日本内阁会通过了《生活穷困者自立支援法》，规定设置福利事务所的地方自治体实施自立咨询支援事业，并且向因离职而失去住房的生活穷困者支付相当于房租的"住居确保给付金"[①]。2013年5月17日，日本内阁通过了《〈生活保护法〉修正案》，并于2014年4月开始实施。随着经济危机的影响及人口老龄化问题，日本开始削减生活保护开支、加强对不正当领取生活保护费者的惩罚，并着力提高劳动者就业积极性、推进支援贫困者自立[②]。

日本生活保护制度的内容多种多样，全面而又细致，主要包括生活保障方面的现金救助和生活保护设施方面的实物与服务救助。

生活保障方面的救助主要有七个方面：一是生活救助。即先由政府根据不同地区确定最低生活费用标准，然后根据困难家庭的申请，政府向其补助差额。除此之外，政府还提供一次性发放人工营养费补助、入院患者用品补助以及对孕产妇、高龄者、母子家庭、残疾人等提供额外补助。二是教育扶助。即家庭子女教育费出现困难时，由政府根据中、小学校的收费标准，在教材费、学校伙食费、上学交通费等方面给以补助。三是住宅救助。其是指当低收入家庭在房费、房租或房屋维修费等方面出现困难时由政府给予补助。四是医疗救助。其是指当接受生活救助的人生病或受伤时，以及因支付医疗费使收入低于生活标准时，由政府指定医疗机构或支付现金给予帮助。五是分娩救助。其是指对低收入家庭妇女分娩时参照一般费用标准给予差额补贴。六是失业救助。其是指接受生活救助的人在开业时、就职时、技能学习时或其他为了从事劳动而必须支出费用时给以补助。七是丧葬救助。其是指对收入困难家庭处理丧葬费用的救助。

生活保护设施方面的救助有四个方面：一是对那些身体或精神上存在明显障碍而难以独立生活的人，提供救护设施；二是对那些因身体或精神上的原因而需要收容和保护的人，提供治疗设施，促进其康复，回到社会怀抱；三是对没有住处的被保护者，为其提供住所设施；四是对那些因身体、精神或家庭方面而使就业能力低下的人，为其提供就业或技能学习设施。

最低生活标准由厚生大臣每年公布发表，这一标准与申请人的年龄、家庭构成和所在地区等因素有关。由于日本各地经济发达程度和生活水平不一致，日本实行了分地区分档次规定最低生活标准的办法。

日本的生活保护制度属于政府行为，由各级政府的行政长官承担责任。厚生劳动省社会援护局是日本生活保护制度的最高管理机关，社会福祉事务所是负责审核和实施生活保护的最高管理机关，福利事务所是负责审核和实施社会保护的最基层机构。

---

① 吕学静，康蕊. 日本政府在社会救助中的立法责任研究：兼论对我国的启示. 社会保障研究，2015，(12)：70.
② 吕学静，王争亚. 日本社会救助制度的最新改革动向及对中国的启示. 北京劳动保障职业学院学报，2014，(2)：6.

四、德国的社会救助法

早在 1881 年 11 月,威廉一世在《黄金诏书》中就规定工人们在因患病、发生事故、伤残和年老而造成生活困难时,应得到救助,以使其基本生活得到保障。

德国现代的社会救助制度始于 20 世纪,当时称为济贫事务和福利事务,主要是地方社区组织和私人慈善机构负责办理。为了处理第一次世界大战后的通货膨胀所产生的大量的贫困问题,政府在 1924 年制定了关于救济义务的法令,第一次对公共救济的享受条件、救济的种类和程度做出了全国统一的规定。第二次世界大战以后,民主德国与联邦德国分立,实行各自的社会救助政策。

1961 年,联邦德国颁布了《联邦社会救助法》,规定凡是生活在德国的居民,无论是德国人还是外国人,只要遇到该救助法所列的各种困难时,都可以要求得到社会救助。1965 年、1969 年和 1974 年先后对该法做了修改,改善了救济的支付办法、扩大了对残疾者的救济范围,增加了特殊社会困难救济事项。1975 年绝育和计划生育救济也被列入《联邦社会救助法》。20 世纪 90 年代初民主德国与联邦德国合并后,基本上继续实行《联邦社会救助法》。

德国颁布的有关社会救助的法律有《社会救助法》《社会法典》《残疾人社会保险法》《农民养老救济法》《劳动就业法》《战争伤亡人员抚恤法》《失业救济条例》等。

德国社会救助立法较其他西方国家全面而具体。德国的社会救助内容涉及范围很广,除了对生活无法自立者提供日常社会救助外,还对一些特殊情况提供救助。

日常生活救助主要是用于低收入家庭的日常生活用品的消费,包括食品、住房、衣物、化妆用品、家庭用品、取暖费、日常个人必需品等,有些还包括一定限额内的社会活动和文化娱乐费用,对于其中较大数额的消费往往提供一次性救助。如果申请者和家人同住,则社会救助只对其个人消费按月提供现金救助,不包括任何家庭费用;如果申请者单独居住,则几乎可以得到上述所列各项开支的救助。

特殊情况救助主要包括:第一,预防性的健康状况照顾(如体检)以及卧床休养治疗。第二,生病期间救助以及其他医疗救助(受助金额大致与法定医疗保险金相当)。第三,孕妇及产妇救助(受助金额也是和法定医疗保险金相当)。第四,针对严重的体力、脑力或心理缺陷者的综合救助,包括治疗、照顾、社会安置、促进就业等。第五,针对需要被护理人员的救助,若申请者需要在家接受护理,则按需要护理的程度提供各项救济金,包括消费补偿金、月护理津贴等。如必要,还可以提供支付特殊护理人员的护理费,某些情况下,还可以为护理人员缴纳适当的养老保险费。第六,家务劳动帮助,如在家庭中的母亲生病或在疗养院接受康复治疗时,为家庭提供帮助。第七,克服特殊社会困难的救助。第八,满足老年人特定需要的额外救助,如帮助老年人得到或保有老年人公寓;等等。所有这些特殊情况救助也体现了德国社会保障制度高福利的特点。

德国社会救助法律中规定居民要受到社会救助也要提出申请,负责社会救助的有关组织按照一定的程序审批发放救助经费或物品。州、市、县都设有负责社会救助的组织,但具体主管单位不完全一致,有的是福利联合会,有的是社会救助管理处。除了国家救助机构外,还有一些社会福利团体协助国家提供救助,它们建立养老院、专门学校、医疗站、治疗站、社会中心等，为社会困难群体提供帮助。

五、瑞典的社会救助法

瑞典传统的社会救济可以追溯到中世纪。中世纪欧洲政治和文化的突出特点是宗教权力高过世俗权力，因而在中世纪瑞典的各种救济措施中，教会提供的慈善救济具有十分重要的影响。教会不仅在遇到天灾人祸时以教堂为中心组织各种救济，而且出资建立孤儿收容院、疯人院等各种慈善机构，对有特殊需要者提供经常性救济。

16世纪宗教改革后，天主教会的垄断地位被打破，教会因大量的土地和财产被没收而无法继续过去那样的慈善工作。但与其他欧洲国家不同的是，瑞典教会仍然继续赈济贫民、救死扶伤以及开展教育等慈善活动。到18世纪中叶，瑞典开始把济贫工作正式列为教会的法定职责。

18世纪以后，由于瑞典开始进行土地制度改革，大量失去土地的人，或进城谋生，或四处流浪行乞，给瑞典社会的稳定带来了巨大压力。为解决这一社会问题，瑞典政府效仿英国的做法，于1723年首次颁布了《济贫法》，规定各市镇当局应该对贫困人口提供救济，并可以征收济贫税，以便保障这种救济所需要的费用。1847年，瑞典政府颁布新济贫法，规定穷人有权接受救济，社会救助是一项公民权利，而不是获得施舍的个人乞讨。因此，提供社会救助就成为各地政府不可推卸的责任。

1871年，瑞典政府再次通过新的济贫法，规定要动员体力强壮的人自谋生计，对于老弱病残者提供必要的安置措施，这实际上是减轻了政府在为贫困人口提供救济方面的义务。但是，由于当时国内社会问题加剧，已经建立起来的强制性社会保险制度提供的津贴水平极为有限，难以保障领取者的基本生活，因此，瑞典政府在1918年不得不再次颁布济贫法，恢复了政府在向贫民提供救济方面的责任。1918年的济贫法制度所提供的救济较之以前更加容易获得，但是，受益者必须以丧失一些公民权利为代价，其中包括丧失选举权。

进入20世纪40年代后，在英国《贝弗里奇报告》的影响下，瑞典大踏步地朝着福利国家的方向发展，逐步建立起"瑞典模式"的现代社会保障制度，成为福利国家的典范。由于社会保险制度的基本原则是实行缴费原则，这就使一部分低收入者因难以承担社会保险费而被排斥在社会保险制度之外。此外，瑞典社会保险制度的突出特点是，必须在具备领取社会保险津贴资格的情况下，才可以领取或继续领取社会保险津贴。这样，社会保险制度就不能为所有的人们提供应有的社会保障，也不能满足社会保险制度参加者全部的社会保障要求。这就需要在社会保险制度之外，建立一种社会救助制度作为社会保险制度的补充。虽然传统的济贫法也发挥着社会保险制度补充措施的作用，但其在实施过程中所体现出来的对贫困者的施舍性、歧视性、惩罚性和侮辱性越来越受到人们的批评。人们希望建立充分体现人道主义和公民权利的社会保险制度的补充形式。

在上述情况下，瑞典政府于1957年通过了《社会福利和社会救助法》，废除了传统的济贫法，建立了新的社会救助制度。这一制度完全是作为现代社会保险制度的补充。1957年的《社会福利和社会救助法》要求地方政府必须向有需要的家庭和个人提供救助，与救助有关的任何支出均由中央政府承担,突出强调了国家对社会成员应承担的社会救助责任和义务。依据该法,社会救济的对象主要是儿童和妇女,并且主要是生活救助。

1969年,瑞典开始实行家庭房租补贴制,领取养老金的退休人员及享受残疾抚恤金、遗孀抚恤金、低收入家庭补贴的人,经过调查后,由政府给予不同标准的住房补贴。

1982年,瑞典社会民主党政府颁布了《社会服务法》以代替《社会救助法》。根据这部法律,如果其他方式不能满足个人需要时,任何人都有权为了一般的维持生存和生活的费用从社会福利署得到救助。通过救助,要保证个人能够达到一种体面的生活水平。出于使受助者能够独立生活的目的,组织救助必须最大限度地扩大自己的资源。《社会服务法》体现了更多的人道主义,也体现了对各种社会救助者的自尊心和独立意识的尊重,其内容不仅涉及现金救助,还涉及老年、学前儿童、残疾人关怀及其他形式的救助,从而为瑞典公民提供了较之以前更加全面充分有效的社会保障。

第三节 中国社会救助法制

一、中国社会救助法制的历史发展

中国的社会救济古已有之,主要针对的是灾民、难民和流民而实施荒政和官民并举的慈善救助行动。但是,社会救济立法却比较晚,"从总体上说,中国社会救济工作的历史,实际上就是一部没有法律界定的历史,从其一般原则到具体的内容操作,既缺乏法律规制,也缺乏恒定化的程序,带有很大的主观随意性"[①]。民国以来,社会救济向现代社会救助制度转化。1943年,国民政府颁布了中国历史上的第一部社会救助法律——《社会救济法》。但是,在国民党统治时期,社会救济法没有也不可能得到认真的实施。

中华人民共和国成立以来,社会救助法律制度的发展进入一个崭新的历史时期,社会救助法律制度大致可以分为以下两个时期。

(一)改革开放前的社会救助法制

1. 社会救助法制的创建阶段:1949~1956年

中华人民共和国成立后,面对当时经济凋敝、民众生活困苦、失业众多等社会现实,党和政府高度重视社会救助工作,把社会救助作为保障人民群众生命安全、稳定社会秩序、巩固新生的社会主义政权的一项重要任务来对待。

1949年12月,政务院发布《关于生产救灾的指示》,指出"生产救灾是关系到几百万人的生死问题,是新民主主义政权在灾区巩固存在的问题,是开展明年大生产运动、建设新中国的关键问题之一",要求"各地人民政府应给予灾民或合作社一部分贷款,并拨出一部分救济粮扶助灾民生产自救",并成立各级生产救灾委员会,开展救灾工作。

---

① 钟明钊. 社会保障法律制度研究. 北京:法律出版社,2000:352.

1950年2月，中央人民政府成立中央救灾委员会，该委员会成为组织全国救灾工作的强有力机构。1950年4月，中央人民政府召开了中国人民救济代表会议，讨论建立社会救济制度，会议确定了"在人民政府领导下，以人民自救自助为基础，开展人民大众的救济福利事业"的救灾工作方针。会后成立了中国人民救济总会，通过了《中国人民救济总会章程》，救灾运动在全国城乡蓬勃开展。1950年6月，为了保障失业人员的基本生活，政务院专门颁布了《关于救济失业工人的指示》；劳动部同时颁布了《救济失业工人暂行办法》，自同年7月起施行，该办法确定了对城市失业工人的救济原则及具体措施。1950年7月，中央人民政府内务部召开第一次全国民政工作会议，正式确立了"生产自救、节约渡荒，群众互助，以工代赈，辅之以必要的救济"的救灾工作方针。7月，政务院批准了《中国人民救济总会章程》。

1952年5月，内务部发布《关于生产救灾工作领导方法的几项指示》，进一步确立了由各级人民政府首长直接领导的救灾管理体制。

1953年，中央人民政府内务部颁发了《农村灾荒救济粮款发放使用办法》，把无劳动能力、无依无靠的孤老残幼，定为一等救济户。1953年，在第三次全国社会救济工作会议上，内务部公布了城市社会救济的具体标准，即大城市每户每月一般不超过5~12元，中小城市每户每月一般不超过3~9元（1956年，上述标准修改为"能够维持基本生活"的原则）。

在农村，除坚持对因灾造成生活困难的群众实行救济外，于1956年开始的农业合作化运动对老、弱、孤、寡、残疾的农村社会成员实行"五保"制度。1956年6月，第一届全国人民代表大会第三次会议通过了《高级农业生产合作社示范章程》，该章程中规定："农业生产合作社对于缺乏劳动力或者完全丧失劳动力、生活没有依靠的老、弱、孤、寡、残疾的社员，在生产和生活上给以适当的安排和照顾，保证他们的吃、穿和柴火的供应，保证年幼的受到教育和年老的死后安葬，使他们生老死葬都有依靠。"这一规定确立了中国农村的"五保"制度，即对于无劳动能力、无生活来源和无法定抚养人的社员，由集体经济组织负责安排他们的基本生活的制度。"五保"制度（现行的五保包括保吃、保穿、保住、保医、保葬或保教）建立以后，成为农村最重要的社会救助制度，对于保护弱势群体、稳定社会秩序、治理农村贫困问题发挥了不可估量的作用。

创建时期的社会救济活动是针对当时特殊国情采取的临时性措施，社会救济并没有形成完整的制度模式。政府的社会救助措施大多数是比较松散的，只包括自然灾害救济、城乡困难户救济等，在很多时候其作用无异于杯水车薪。政府在社会救济方面虽然做了大量的工作，却没有形成统一的立法，在制度建设上除了"五保"制度外基本上没有什么建树，各种规定散见于各主管部门的文件之中，社会救助工作主要依靠政策进行调整。

2. 社会救助法制的调整阶段：1957~1968年

1957年1月，国务院发布《关心职工生活方面若干问题的指示》，对职工住宅、上下班交通、疾病医疗、生活必需品供应、困难补助、长期与家人分居两地和冬季宿舍取暖问题等做了指示，为进一步实施各种职工福利津贴打下了基础。同年11月，国务院发布《关于国家机关和事业、企业单位 1957 年职工冬季取暖补贴的补充通知》。

1958 年，全国刮起了"共产风"，实行所谓"按需分配"。各地农村停发了社会救济款，取消了社会救济工作，加之随之而来的自然灾害，农村的贫困问题雪上加霜，社会救济制度遭受重创。针对人民公社化后部分地区五保户、困难户的生活困境，1963 年 5 月，内务部发布《关于做好当前五保户、困难户供给补助的通知》，对五保户、困难户的生活照顾做了进一步规定。1963 年，内务部通过了《认真贯彻执行农村人民公社工作条例，进一步做好农村社会救济工作》的文件，文件强调要正确认识做好贫困户补助工作的意义，要求社队从总收入中提取一定数量的公益金，保证贫困户补助的需要；在口粮分配上，对贫困户要给予照顾，保证贫民的基本生活。

1962 年 3 月，内务部和财政部联合颁发《抚恤、救济事业费管理使用办法》，明确规定了抚恤救济费的使用原则和使用范围。1963 年 3 月，内务部和财政部发布《抚恤、救济事业费管理使用办法》。

1965 年 6 月 9 日，国务院颁布《关于精简退职的老职工生活困难救济问题的通知》，对 20 世纪 60 年代初期国家精简职工生活困难的社会救济问题做出了规定。该通知规定 1957 年底前参加工作，自 1961 年以后被精简，并领取过一次性退职补助金的职工，凡是现在全部或大部分丧失劳动能力、年老体弱或长期患病影响劳动和家庭生活的，由当地民政部门按月发给本人原标准工资 40%的救济费；领取救济费后，家庭生活仍有困难的，再按社会救济标准给予救济；享受救济补贴的职工本人，医疗费用由民政部门补助三分之二。同年 9 月，内务部发布《关于精简退职的老职工生活困难救济工作中若干问题的解答》，具体解释了通知中规定的救济对象、享受待遇条件、待遇标准和有关政策，从而在精简退职职工中建立了社会救济制度。

3. 社会救助法制的受挫阶段：1969~1977 年

1966 年 8 月"文化大革命"运动爆发，中国社会保障事业从 1969 年进入挫折阶段。因内务部被撤销，工作人员被遣散，社会救助工作基本上处于瘫痪状态。城市原有的救济对象及对穷社穷队的救济仅能维持，其他社会救济基本上处于停滞状态。

（二）改革开放后的社会救助法制

1. 改革开放初期的社会救助制度：1978~1992 年

十一届三中全会以来，我国开始进入社会主义建设时期，社会救助制度也得以恢复和发展。1978 年 5 月民政部正式恢复成立，在其下由农村社会救济司主管农村社会救济工作，城市社会福利司主管城市社会救济工作。各级民政部门也迅速建立了社会救济专门工作机构，为社会救济各项政策的制定和实施提供了组织保障。1983 年 4 月召开的第八次全国民政会议明确了新时期我国社会救济工作的基本方针是"依靠群众，依靠集体，生产自救，互助互济，辅之以国家必要的救济和扶持"。1985 年起，全国逐步推行乡镇统筹解决"五保"供养经费的办法，以保证"五保"对象的基本生活来源。

城市社会救助工作也得到快速恢复和发展。1979 年 11 月，民政部召开全国城市社会救济福利工作会议，明确城镇救济对象主要是"无依无靠、无生活来源的孤老残幼和无固定职业、无固定收入、生活有困难的居民"。

这一时期的社会救助工作虽然得到比较快的恢复和发展,但并未突破原有体制和框架,城乡社会救助分别按各自路径发展。救助经费的投入缺乏必要的保障机制;救助工作的随意性较大,救助对象认定、救助标准和救助程序有待进一步完善;等等。从总体上看,这一时期的社会救济制度具有过渡性特征,无论是制度设计、具体操作,还是资金投入都与困难群众的救助需求存在较大差距,城乡贫困问题依然十分突出。

2. 社会救助法制的改革探索期:1993~1998 年

为了保障因为社会变革而发生贫困的城市居民的生活,稳定社会秩序,缓解社会矛盾,我国政府在经历了"送温暖工程"等临时性、道义性的救济措施后,开始考虑创建一种制度化的持久性措施,社会救助法制建设的步伐逐渐加快。1993 年 6 月,上海市率先建立城市居民最低生活保障制度,并以此取代了以往实施数十年的传统救济办法。它确立了一条最低生活保障线,规定凡是家庭收入低于这一保障线的家庭都可以申请最低生活保障金,消除了原有的救助对象身份限制,中国社会救助制度变革的序幕由此拉开。1996 年,民政部在总结上海等城市开展低保工作经验的基础上,号召全国各城市建立最低生活保障制度。1997 年 9 月,《国务院关于在全国建立城市居民最低生活保障制度的通知》颁布,我国城市最低生活保障制度开始在全国实施。

在城市居民最低生活保障制度不断完善的过程中,国家也对农村特困群体救助的制度化进行了探索。1994 年 1 月,国务院颁布《农村五保户供养工作条例》,用专门法规的形式将农村五保制度稳定下来,确立了对农村最贫困群体——"五保户"的社会救助制度,农村五保户供养工作走向规范化。同年 4 月,国务院颁布《国家八七扶贫攻坚计划(1994—2000)》,这是我国历史上第一个有明确目标、明确对象、明确措施和明确期限的扶贫开发行动纲领。1996 年底,民政部印发《关于加快农村社会保障体系建设的意见》和《农村社会保障体系建设指导方案》,要求各地把建立农村居民最低生活保障制度作为农村社会保障体系的重点。1996 年 10 月,《中共中央、国务院关于尽快解决农村贫困人口温饱问题的决定》发布。

3. 社会救助法制的全面建设期:1999 年至今

1999 年 9 月,国务院颁布了《城市居民最低生活保障条例》,自同年 10 月起实施。以该条例的颁布为标志,最低生活保障作为一项法律制度已正式确立。该条例对保障对象、标准、资金来源、申请程序等做了明确规定,我国最低生活保障制度最终定型,开始进入正规化、法制化建设时期。《城市居民最低生活保障条例》的颁布在中国社会救助立法史上具有划时代的意义,它标志着我国社会救助制度在经济体制和社会转型中迈出了关键一步,是社会救助制度从幕后走向前台、从残补型走向制度型的重要标志;标志着中国城市居民最低生活保障制度建设开始进入法制化的轨道,城市最后的安全网正式构成。它也昭示了城镇人均收入低于最低生活保障标准的居民获得社会救助是其基本人权,实行社会救助是国家义不容辞的责任。《城市居民最低生活保障条例》颁布实施后,国家陆续出台了扩大制度覆盖面、增加财政投入、加强信息管理系统建设、规范委托金融机构代发低保金、规范低保对象档案的管理、规范低保对象的认定条件等相关政策规定。例如，2000年1月，民政部颁布《关于深入贯彻〈城市居民最低生活保障条例〉进一步规范完善城市居民最低生活保障制度的通知》；2001年11月，《国务院办公厅关于进一步加强城市居民最低生活保障工作的通知》发布。

随着最低生活保障制度在城市的推广和普及，农村的社会救助制度建设也提上议事日程。2006年1月，国务院公布《农村五保供养工作条例》。该条例把农村五保供养经费由过去的集体统筹改为国家财政支付，明确了国家对农村贫困群体的救助责任，实现了五保供养从传统的农民集体内部的互助共济模式向政府财政保障的现代社会救助模式的根本性转变。在社会救助法制建设史上，其开启了农村贫困老年人权益保护的新篇章。2007年7月，《国务院关于在全国建立农村最低生活保障制度的通知》的发布，标志着我国农村最低生活保障制度正式建立。农村最低生活保障制度的建立，使农民这一国家基本群体与其他群体处于同等地位上，这在中国历史上是第一次在整体上对民生价值的重大提升，反映出社会理念和制度的更新与进步。同时，也意味着城乡社会救助制度的一体化开始成为社会救助制度建设的追求，社会救助立法的目标和价值取向进一步明确。

除了生活救助以外，我国在专项救助和临时救助等方面的法制建设也取得了很大成效。

在医疗救助方面，2003年11月，民政部等部门颁布了《关于实施农村医疗救助的意见》。2005年3月，国务院办公厅转发民政部等部门制定的《关于建立城市医疗救助制度试点工作的意见》。2009年，民政部等四部门联合下发了《关于进一步完善城乡医疗救助制度的意见》，规定了建立健全满足困难群众的医疗服务管理制度，是对城镇职工基本医疗保险和居民基本医疗保险的补充，使困难家庭能享有相关的基本医疗保障待遇。2013年12月，财政部、民政部印发《城乡医疗救助基金管理办法》，进一步对医疗救助资金的使用加以规范。

在教育救助方面，2004年8月，民政部和教育部联合颁布了《关于进一步做好城乡特殊困难未成年人教育救助工作的通知》，使农村贫困未成年人的教育救助有了依据。2004年12月，民政部发布《关于做好普通高等学校困难毕业生救助工作的通知》。2007年5月，国务院发布《关于建立健全普通本科高校高等职业学校和中等职业学校家庭经济困难学生资助政策体系的意见》。

在住房救助方面，2003年12月，建设部颁布了《城镇最低收入家庭廉租住房管理办法》。2005年7月，建设部和民政部印发《城镇最低收入家庭廉租住房申请、审核及退出管理办法》。2007年8月，国务院发布《关于解决城市低收入家庭住房困难的若干意见》，首次明确提出把解决低收入家庭住房困难工作纳入政府公共服务职能。2007年11月8日，经建设部、国家发展和改革委员会等九部门联合签署、建设部发布的《廉租住房保障办法》，首次将廉租房的覆盖范围由租房困难的城市"最低收入家庭"扩大到了范围更广的"低收入家庭"。2009年住房和城乡建设部联合财政部、国家发展和改革委员会等下发了《关于2009年扩大农村危房改造试点的指导意见》，提出逐步解决农村贫困户的危房问题。2008，国家出台了《城市低收入家庭认定办法》。

在自然灾害救助方面，2001年，民政系统就开始着手制订灾害救助预案。2003年，民政部制定了具有预案性质的《民政部应对自然灾害工作规程》。2006年1月，国务院颁布实施了《国家自然灾害救助应急预案》，对灾害发生后的应急救助做出了规定。2008年6月，国务院颁布《汶川地震灾后恢复重建条例》，灾害救助法规逐步健全。2010年，国务院为了规范自然灾害救助工作，保障受灾人员基本生活，制定《自然灾害救助条例》，建立了灾害救助制度。2011年，颁布《国家自然灾害救助应急预案》，对应对重大自然灾害时的应急救助进一步进行了规定。

在临时救助方面，2003年6月，国务院颁布《城市生活无着的流浪乞讨人员救助管理办法》，同时废止了1982年5月国务院发布的《城市流浪乞讨人员收容遣送办法》。这标志着强制性的收容遣送制度正式退出历史舞台，以自愿受助、无偿援助为原则的人性化的救助制度正式确立。2003年7月，民政部颁布《城市生活无着的流浪乞讨人员救助管理办法实施细则》。2007年，民政部发布《关于进一步建立健全临时救助制度的通知》，临时救助制度开始在全国范围内建立。2014年10月，国务院出台《关于全面建立临时救助制度的通知》，对临时救助的具体制度做了细化规范。

2014年2月，国务院颁布并实行《社会救助暂行办法》，第一次以法律规范的形式，确立民政部门统筹的，地方政府、社会力量积极参与的，基本生活救助和专项救助为主要内容的社会救助制度体系，实现了社会救助的统筹发展，是我国社会救助法制发展的历史性突破。《社会救助暂行办法》分总则、最低生活保障、特困人员供养、受灾人员救助、医疗救助、教育救助、住房救助、就业救助、临时救助、社会力量参与、监督管理、法律责任、附则共13章70条。《社会救助暂行办法》构建了社会救助制度体系，加强了社会救助统筹协调，有助于社会救助城乡统筹发展，建构社会救助家庭经济状况查询核对机制。该办法为规范社会救助行为提供法律依据和保障，是促进社会公平的庄严承诺、建设法治中国的必然要求。

《社会救助暂行办法》构建了一个分工负责、相互衔接、协调实施、政府救助和社会力量参与相结合的中国特色社会救助制度体系，标志着我国社会救助事业进入制度定型和规范发展的新阶段。社会救助制度的定型和规范，为社会救助法提上立法议程创造了条件。

二、我国社会救助法制的基本内容

2014年我国颁布了《社会救助暂行办法》，共13章70条，其中确立的社会救助模式是生活救助与专项救助相结合的救助体系。生活救助包括最低生活保障和特困人员供养；专项救助包括受灾人员救助、医疗救助、教育救助、住房救助、就业救助及临时性救助（表11-1）。

表11-1 《社会救助暂行办法》的主要内容

章节	主要内容
总则（8条）	立法目的，社会救助基本原则，社会救助主管机关，乡镇（街道）、社会救助经办机构、村（居）委会职责，社会救助工作协调机制及经费保障，社会救助管理信息系统，社会力量与社会救助，社会救助表彰、奖励

续表

章节	主要内容
最低生活保障（5条）	最低生活保障对象，最低生活保障标准，最低生活保障申请审批程序，补助方式与分类施保，动态管理
特困人员供养（6条）	供养对象，供养内容与供养标准，申请审批程序，乡镇人民政府、街道办事处职责，终止供养及公示，供养方式
受灾人员救助（7条）	救助对象及属地管理，自然灾害救助物资储备库，转移安置与应急救助，灾情发布，过渡性安置，恢复重建，春荒冬令救助
医疗救助（6条）	建制目的，救助对象，救助方式，申请审批程序，医疗费用结算机制，疾病应急救助
教育救助（4条）	救助对象，救助内容与方式，救助标准，申办程序
住房救助（5条）	救助对象，救助方式，住房困难标准和救助标准，申请审批程序，保障措施
就业救助（5条）	救助对象与救助内容，救助底线，申请审批程序，不接受救助的处置，对用人单位的就业扶持
临时救助（5条）	救助对象，申请审批程序，救助事项与标准，流浪乞讨救助
社会力量参与（5条）	参与方式，优惠政策，向社会力量购买服务，社会工作服务机构和社会工作者，建立社会力量参与社会救助的机制和渠道
监督管理（9条）	监督机关，家庭财产申报与核查，取得证明材料，社会救助统一受理，工作人员保密，信息公开，社会监督，资金、物资监管，行政复议或行政诉讼
法律责任（4条）	社会救助管理人员的管理责任，管理人员截留、挤占、挪用、私分社会救助资金、物资的法律责任，"骗保"的责任，社会监管中的救助对象刑事责任
附则（1条）	施行日期

我国社会救助法制建设虽然已经取得了很大成就，但是仍需继续完善。当务之急是出台社会救助法。2014年《社会救助暂行办法》的颁布实施，推动了社会救助体系的整合与完善，标志着我国社会救助制度体系的基本形成。完善社会救助法的当务之急是加快社会救助法的立法进程，通过立法程序将《社会救助暂行办法》修改完善后上升为法律，解决社会救助领域的基本法律缺位问题，为社会救助提供高位阶的法律依据。

社会救助立法，需要对现有的比较成熟的生活救助制度进行整合、优化后上升为法律，在社会救助法中予以规范。生活救助法律规范需要统一规范城乡最低生活保障中的经济状况核查问题，城乡最低生活保障标准的制定主体、程序和费用计算依据、低保对象动态管理问题，明确生活救助各方当事人的权利义务。同时，社会救助立法需要进一步完善各项专项救助制度，明确社会救助相关主体的责任，构建社会救助的正当程序。

【本章小结】

社会救助法是调整社会救助关系，由国家强制力保障实施，以法律法规、规章及其他规范性文件为载体的法律规范的总称。国外社会救助法律比较发达，英国、美国、日本、德国、瑞典等国家都建立了各有特色的社会救助法制。

经过多年的发展，中国的社会救助法制框架基本构建，其标志是《社会救助暂行办法》的颁布实施。《社会救助暂行办法》以行政法规形式规定了最低生活保障、特困人员供养、受灾人员救助、医疗救助、教育救助、住房救助、就业救助、临时救助八项社会救助制度和社会力量参与，构建了一个分工负责、相互衔接、协调实施、政府救助和社会力量参与相结合的中国特色社会救助制度体系，标志着中国社会救助事业进入制度定型和规范发展的新阶段。社会救助法制建设的重要任务是加快社会救助法的立法进程，为社会救助提供高位阶的法律依据。

【关键术语】

社会救助法　社会救助权　专项救助

【案例】

骗保就该追究刑责

《甘肃省城市居民最低生活保障办法》明确规定，采取虚报家庭收入、伪造证明材料等不正当手段骗取城市居民最低生活保障金的，由县级政府民政部门追回资金，构成犯罪的，依法追究刑事责任。

近几年来，随着城乡低保金标准不断提高，加上基层职能部门监管不力，以及少数工作人员徇私枉法，的确有不少不符合条件的人通过伪造申报材料成功骗取了低保资格，让一些该保的低收入群众没有获得低保资格。虽然各级政府对造假骗保行为非常重视，也出台了不少制度政策，但是并没有彻底杜绝骗保现象的存在，仍然有不少不符合低保资格的人骗取了低保，在社会上造成了极其恶劣的影响，引起了广大老百姓的强烈不满。

造假骗保屡禁不绝，一个很重要的原因就在于对造假骗保行为的惩处力度不够，起不到约束作用。按照大多数地方处理造假骗保行为的做法，普遍只是简单的取消骗保人员的低保资格，对于骗保人员来说没有任何损失。严厉一点的，也不过只是外加两三倍于低保金的罚款而已，经济处罚太轻。正是这样轻微的处罚使造假骗保行为的违规成本太低，起不到威慑作用，很多人乐此不疲。况且骗保行为被查出的概率并不是那么高，只要没人举报，一般很少、很难被查出。

实际上按照法律规定，不管是造假骗取低保资格的行为，还是造假骗取购买、租住经济适用房等保障性住房资格的行为，都符合法律上诈骗罪的定罪标准，就应该依法理当以诈骗罪追究造假骗保等行为的法律责任。但是，由于顾及一些骗保人群属于弱势群体，甚至因为骗保人员与职能部门工作人员有一些特别关系，没有依法追究骗保人员的刑事责任，从而降低了他们骗保的成本。现在，甘肃立法规定对造假骗保行为，追究刑事责任，实质上不是从严处罚骗保行为，只不过是依法处理，是法制的回归而已。追究骗保人员的刑事责任，实际上主要是提高骗保的违法成本，以达到惩处骗保行为的目的。

当然，为了彻底斩断造假骗保利益链，除了严惩造假骗保者之外，还必须对监管不力的职能部门工作人员给予严惩，不能蜻蜓点水，以轻松的行政处分了之。对材料审核不严的工作人员，必须依法追究玩忽职守罪；而对帮助他人骗保的工作人员，必须依法追究徇私舞弊罪。

资料来源：张立美. 骗保就该追究刑责. 兰州晨报，2013-08-21

【复习思考题】

1. 什么是社会救助法？如何理解社会救助法的特征？
2. 阐述英国社会救助法的发展历程。
3. 简述《社会救助暂行办法》的主要内容。
4. 如何完善中国的社会救助法制？

参 考 文 献

贝弗里奇 W. 2004. 贝弗里奇报告——社会保险和相关服务. 劳动与社会保障部社会保险研究所译. 北京：中国劳动社会保障出版社
贝克 U. 2004. 风险社会. 何博闻译. 南京：译林出版社
曹明睿. 2005. 社会救助法律制度研究. 厦门：厦门大学出版社
常青，杨颖秀. 2010. 英国高等教育学生资助制度分析——以里丁大学为例. 外国教育研究，(10)：50-55
陈良瑾. 1994. 中国社会工作百科全书. 北京：中国社会出版社
陈良瑾. 2009. 社会救助与社会福利. 北京：中国劳动社会出版社
陈书洁，张汝立. 2011. 政府社会服务观与社会公共服务改革：英美政府购买社会公共服务的比较研究. 探索，(4)：147-151
陈晓律. 1996. 英国福利制度的由来与发展. 南京：南京大学出版社
丁建定. 2004. 瑞典社会保障制度的发展. 北京：中国劳动社会保障出版社
丁建定. 2014. 英国济贫法制度史. 北京：人民出版社
范仲达. 2016. 英国积极救助制度及其借鉴启示. 国家行政学院学报，(4)：124-128
冯英，聂文倩. 2008. 国外的社会救助. 北京：中国社会出版社
弗里德曼 M. 1988. 资本主义与自由. 张瑞玉译. 北京：商务印书馆
高如峰. 2001. 义务教育投资的国际比较与政策建议. 教育研究，(5)：3-10
关信平. 1999. 中国城市贫困问题研究. 长沙：湖南人民出版社
关信平. 2015. 关于全面建立临时救助制度应注意的几个问题. 中国民政，(7)：19-21
郭林，张巍. 2015. 积极救助评述：20世纪以来社会救助的理论内核与政策实践. 学术研究，(4)：54-62
郭涛. 2010. 论美国大学教育救助制度与镜鉴. 郑州大学学报（哲学社会科学版），(7)：174-176
何芳. 2007. 英国高等教育收费及对学生资助的改革. 教育评论，(3)：121-123
吉登斯 A. 2001. 现代性——吉登斯访谈录. 尹宏毅译. 北京：新华出版社
江亮演. 1989. 社会救助的理论与实务. 台北：桂冠图书股份有限公司
考特 W H B. 1992. 简明英国经济史（1750年至1939年）. 方廷钰译. 北京：商务印书馆
克拉潘 J H. 1974. 现代英国经济史（上）. 姚曾廙译. 北京：商务印书馆
来红州. 2007. 灾害救助标准的历史沿革. 中国减灾，(11)：12-13
兰剑，慈勤英. 2015. 现代风险社会与"急难"风险的应对——兼论社会救助救急难的常态化机制构建. 青海社会科学，(4)：58-64

兰剑, 慈勤英. 2016. 社会救助政策的"负激励"风险及其防范. 西北农林科技大学学报(社会科学版),(3): 155-160
李登明. 2001. 法国教育的特点和问题. 基础教育研究,(12): 42-43
李文静. 2011. 结合国外教育救助制度论我国教育救助制度的发展. 科学之友,(2): 136-137
李彦昌. 2004. 城市贫困与社会救助研究. 北京:北京大学出版社
联合国国际劳工组织. 1989. 社会保障基础. 王刚义, 魏新武译. 长春:吉林大学出版社
梁土坤. 2016. 时代变迁中的临时救助制度:实践效果与未来方向. 西北人口,(2): 16-21
林闽钢. 2010. 中国社会救助体系的整合. 学海,(4): 55-59
林闽钢. 2012. 现代西方社会福利思想——流派与名家. 北京:中国劳动社会保障出版社
林闽钢. 2015. 社会保障国际比较. 北京:科学出版社
林闽钢. 2016. 中国社会救助发展报告//郑功成. 中国社会保障发展报告(2016). 北京:人民出版社
林闽钢. 2017. 社会保障如何能成为国家治理之"重器"? 基于国家治理现代化视角的研究. 社会保障评论,(1): 34-42
林闽钢, 董琳. 2006. 欧盟反社会排斥政策探讨. 公共管理高层论坛,(1): 127-145
林亦府. 2013. 从"福利依赖"到"工作自救"——美国福利制度改革对中国城市低保制度可持续发展的启示. 哈尔滨工业大学学报(社会科学版),(1): 45-50
刘继同. 2003. 社会福利与社会保障界定的"国际惯例"及其中国版涵义. 学术界,(2): 57-66
吕学静. 2016. 日本社会救助制度的最新改革及对中国的启示. 苏州大学学报(哲学社会科学版),(3): 23
侣传振. 2007. 法国义务教育资金从何而来. 中国乡村发现,(6): 132-138
马尔萨斯 T R. 2008. 人口论. 郭大力译. 北京:北京大学出版社
满燕云, 隆国强, 景娟, 等. 2011. 中国低收入住房:现状及政策设计. 北京:商务印书馆
芒图 P. 1983. 十八世纪产业革命:英国近代大工业初期的概况. 杨人楩, 陈希秦, 吴绪译. 北京:商务印书馆
牛文光. 2004. 美国社会保障制度的发展. 北京:中国劳动社会保障出版社
潘锦棠. 2010. 社会保障学. 大连:东北财经大学出版社
曲绍卫, 潘建军. 2006. 美国大学生多元资助方式评析. 比较教育研究,(10): 25-30
时正新, 廖鸿. 2002. 中国社会救助体系研究. 北京:中国社会科学出版社
史探径. 2000. 社会保障法研究. 北京:法律出版社
粟芳, 魏陆, 等. 2010. 瑞典社会保障制度. 上海:上海人民出版社
唐钧. 2005. 城乡低保制度:历史、现状与前瞻. 红旗文稿,(18): 14-17
唐钧. 2012. "十一五"以来社会救助发展的回顾及展望. 社会科学,(6): 65-76
陶传进. 2014. 社会组织参与"救急难":可能运作模式及其问题分析. 中国社会组织,(20): 17-18
童星. 2007. 社会转型与社会保障. 北京:中国劳动社会保障出版社
童星, 林闽钢. 1994. 我国农村贫困标准线研究. 中国社会科学,(3): 86-98
王保真, 李琦. 2006. 医疗救助在医疗保障体系中的地位和作用. 中国卫生经济,(1): 40-43
王振耀. 2009. 社会福利与慈善事业. 北京:中国社会出版社
吴庆. 2005. 公平诉求与贫困治理:中国城市贫困大学生群体现状与社会救助政策. 北京:社会科学文献出版社

吴小芳. 2011. 我国城市就业救助政策研究. 社会保障研究,（4）：67-77
伍国春. 2010. 日本社区防灾减灾体制与应急能力建设模式. 城市与减灾,（2）：18-22
肖萌, 梁祖彬. 2010. 社会救助就业福利政策研究. 社会保障研究,（1）：96-108
徐丽敏. 2008. 国外福利依赖研究综述. 国外社会科学,（6）：78-83
徐祖荣. 2010. 社会转型期城市医疗救助理论和经验. 北京：中国经济出版社
许晓华. 2010. 自然灾害救助的现状、问题及改进. 中小企业管理与科技,（4）：88-89
薛澜, 刘冰. 2013. 应急管理体系新挑战及其顶层设计. 国家行政学院学报,（1）：10-14
杨昌江. 2008. 贫困生与教育救助研究. 长沙：湖南教育出版社
杨翠迎, 郭光芝. 2012. 澳大利亚社会保障制度. 上海：上海人民出版社
杨帆, 刘怡. 2011. 美国劳动所得税抵免制度及其借鉴. 国际税收,（7）：33-37
杨思斌. 2009. 中国社会救助立法研究. 北京：中国工人出版社
俞德鹏. 2014. 社会救助专项立法研究. 北京：中国社会科学出版社
臧雷振, 黄建军. 2011. 减灾救灾社会参与机制的国际比较及启示. 中国应急管理,（10）：26-31
张浩淼. 2014. 我国临时救助制度建设及其思考. 社会保障研究,（1）：153-163
张建伟. 2012. 城市化背景下的减灾文化建设：美国的经验与启示. 城市发展研究,（8）：139-141
张奇林, 杨红燕. 2007. 中国医疗保障制度改革研究：以美国为借鉴. 武汉：武汉大学出版社
张强, 陆奇斌, 张欢. 2009. 巨灾与NGO——全球视野下的挑战与应对. 北京：北京大学出版社
张沁. 2008. 美国应急反应体系的特点和启示. 宏观经济管理,（12）：69-70
赵立卫. 2005. 美国大学生资助的"资助包"制度. 比较教育研究,（2）：55-56
赵明玉, 杨秀玉. 2014. 英国普惠性学前教育政策及启示. 外国教育研究,（8）：54-61
赵淑芬, 黄光芬. 2007. 美国工作福利制对中国低保救助的启示. 云南行政学院学报,（6）：114-118
郑春荣. 2012. 英国社会保障制度. 上海：上海人民出版社
郑功成. 2000. 社会保障学——理念、制度、实践与思辨. 北京：商务印书馆
郑功成. 2004. 从福利教育走向混合型的多元教育体系——中国的教育福利与人力资本投资. 清华大学教育研究,（5）：1-8
郑功成. 2005. 社会保障学. 北京：中国劳动社会出版社
郑功成. 2008. 中国社会保障改革与发展战略. 北京：人民出版社
郑功成. 2011. 中国社会保障改革与发展战略（救助与福利卷）. 北京：人民出版社
郑军, 彭欢. 2012. 中西方社会救助制度中政府责任差异的比较分析——基于制度文化的视角. 经济问题探索,（2）168-173
郑益乐. 2016. 英国学前教育改革的成功经验及启示. 教育探索,（4）：149-153
钟仁耀. 2013. 社会救助与社会福利. 上海：上海财经大学出版社
钟玉英. 2012. 当代国外社会救助改革及其借鉴. 中国行政管理,（12）：74-77
周宝砚. 2011. 我国自然灾害救助存在的问题与对策. 中国应急救援,（4）：33-37
周昌祥. 2006. 防范"福利依赖"的思考. 经济体制改革,（6）：151-154
朱勋克. 2015. 社会救助法新论. 北京：中国社会出版社
Barker R L. 1999. The Social Work Dictionary. Washington：NASW Press
Fauri F F. 1965. Foreword：Encyclopedia of Social Work. 15th Issue. New York：Boyd Printing Company Inc

Haddow G, Bullock J, Coppola D. 2008. Introduction to Emergency Management. Oxford: Elsevier Science

Handler J F. 2003. Social citizenship and workfare in the United States and Western Europe: from status to contract. Journal of Europen Social Policy, 13(3): 229-243

Howell F. 2001. Social assistance: theoretical background//Ortiz I. Social Protection in Asia and the Pacific. Manila: Asian Development Bank

Mood C. 2011. Lagging behind in good times: immigrants and the increased dependence on social assistance in Sweden. International Journal of Social Welfare, 20(1): 55-65

Moore J. 1987. Speech to Conservative Constituency Parties Association. Londres: Conservative Central Office

OECD. 1998. The Battle Against Exclusion. Paris: Organization for Economic Co-operation and Development

Sullivan M. 1996. The Development of the British Welfare State. London: Prentice Hall

后 记

本书是劳动与社会保障专业的主干课教材之一，系统地阐述了社会救助的起源与发展，介绍了中外社会救助的历史沿革和发展现状，论述了社会救助的概念、特点、方式和基本理论，对社会救助体系的主要项目进行了介绍，全面概括了各项社会救助制度的主要内容，探讨了我国社会救助发展趋势。本书反映了该领域国内外的最新研究成果，内容丰富，结构简洁，有很强的指导性、概括性和启发性，便于学生对课程内容的整体把握。

本书由林闽钢（南京大学）担任主编，负责拟定全书的写作提纲，完成全书的统稿工作，霍萱帮助整理了注解和参考文献。

全书由多位作者合作完成：杨思斌（中国劳动关系学院）、王增文（南京大学）、陶鹏（南京大学）、吴小芳（华南师范大学）、王晓东（内蒙古大学）、季璐（南京农业大学）、王刚（广西区委党校）、梁誉（南京财经大学）、崔仕臣（温州医科大学）、康镇（南京大学）、霍萱（南京大学）。

本书具体分工如下：

第一章（林闽钢、霍　萱）

第二章（林闽钢、康　镇）

第三章（王增文）

第四章（陶　鹏）

第五章（崔仕臣）

第六章（王晓东）

第七章（季　璐）

第八章（吴小芳）

第九章（梁　誉）

第十章（王　刚）

第十一章（杨思斌）

由于编者水平所限，疏漏不妥之处在所难免，恳请国内外同行学者和广大读者惠予批评指正。

林闽钢

2017 年 5 月 8 日